JN202601

木本雅康　著

日本古代の駅路と伝路

同成社　古代史選書　29

はしがき

本書は、歴史地理学の立場から、日本古代の地方道路について考察したものである。はじめに、全体の構成と各章の概要について述べる。

第一章の「古代の地方道路」は全体の総論にあたる部分で、官道の測量と敷設やその構造、およびそれが古代の地域計画において果たした役割について記した。

第二章の「古代常陸国の駅路と内陸水運」では、常陸国の東海道本道の駅家のほとんどが渡河点にあることに注目し、また同国が蝦夷征討の軍事的位置にあったことから、それらの駅家が水陸両用の機能を持っていたことを明らかにした。

第三章の「その後の東山道武蔵路」では、東山道武蔵路が宝亀二年に廃止された後も伝路として機能し、そのおおよそのルートが、鎌倉街道へとつながっていく過程について考察した。

第四章の「因幡国気多郡の古代官道」では、早くから一郡内に複数の官衙が存在する郡として注目されてきた気多郡において、駅路と伝路は別路であったことなどを指摘した。

第五章の「島根県出雲市で発掘された道路状遺構の意義」では、杉沢遺跡等で発掘された道路状遺構が山陰道駅路にあたり、尾根道の造作の仕方において、秦の直道の遺構との共通性が認められることなどを指摘した。

第六章の「播磨国明石・賀古・印南三郡の古代伝路」は、吉本昌弘によって駅路のバイパスとされてきたルートを、明石・賀古・印南三郡を結ぶ伝路ととらえなおして、復原を行った。

第七章の「西海道の古代官道」は、第八章以下の総論にあたる部分で、西海道の古代官道の様々な特徴について述べた。

第八章の「筑前国穂波・嘉麻両郡の古代官道」では、これまで直線的な駅路の空白地帯とされてきた同地域において、その痕跡の所在を指摘し、駅路の機能と密接な烽についても若干考察した。

第九章の「肥前国基肄・養父両郡の古代官道」では、両郡が西海道北部の最重要地域として、駅路・伝路や、その他「車路」などの官道がはりめぐらせていたことを指摘した。

第一〇章の「肥前国彼杵郡の古代駅路」では、同地域の駅路を復原し、特に駅家想定地や郡界に所在する巨石について注目した。

「あとがきにかえて」では、本書における駅路と伝路の復原的考察により、地域性と時代に即した地方道路の意義が展望できることを述べた。

目次

日本古代の駅路と伝路

第一章　古代の地方道路

一　官道の測量と敷設

1　官道の種類と実態

日本古代の官道とは、公権力によって作られた道路であり、律令国家（律令制）においては、①駅路、②伝路、③その他の官道、からなる。駅路とは、駅制で使用する道路で、駅家が設置された官道である。伝路は、史料用語ではないが、各郡が持つ伝の機能に対応した官道で、具体的には伝使が通る道であり、郡家と郡家を連絡している。なお、伝路の中でも、特に伝馬が通る道を「伝馬路」と呼んで区別する場合がある。(1)その他の官道としては、都城の朱雀大路や、国府と駅路とのアクセス道、官営の瓦窯の設置にともなって作られた道路(2)など、多様なものが考えられるであろう。

この中で特に駅路については、歴史地理学および考古学の研究によって、その形態的特徴が判明している。すなわち、駅路は最短距離となるように、平野部ではできるだけ直線的に敷設され、またその道幅も、七～八世紀には、九～一二メートル、九～一〇世紀には六メートル程度あるような大変広いものであった。一方、伝路については研究が少なく、その実態がわからないところが多いが、一応幅が六メートル程度で、直線的な形態をとる場合もあったようである。その他の官道は、文字通り多種多様な形態をとる。

2 官道の直線性

それでは、まず駅路を中心に、歴史地理学や考古学によって明らかになったその実態について見ていきたい。

駅路は平野部では、直線的に敷設されたが、それがどのような測量方法によってなされたかについては、具体的な文献史料がないので、復原された駅路から想像するしかない。それによると、駅路は丘陵の突端や独立丘陵、丘と丘のギャップなどを目標地点として直線的に走り、そこで向きを変えて、次の目標地点までまた直線的に走る場合が多い。向きを変える場合、基本的にカーブを描かず、いわゆる「折れ」を作るので、全体的な路線形態は、折れ線グラフのようになるのが特徴である。カーブを描いた駅路は、下野や豊前の国庁付近、大隅国蒲生駅想定地付近などに若干あるが、きわめて珍しいと言える。なぜ駅路がカーブではなく、折れを作るかという点については、単純にカーブを設定するのが技術的に難しかったと考えることができる。あるいは、やはり直線的な路線形態をとるローマ道の場合も方向を変える場合は、カーブを描かず折れによっており、車との関係で説明する解釈がある。すなわち、初期ローマ帝国の車は、車軸が車台に固定されていたので、カーブを切るのが難しく[3]、方向を変える際には、その地点でいったん停止する必要があったので、道路もそれに合わせた形態をとっていたとするものである。京都の祇園祭の山鉾のようなものをイメージすればよいであろう。あるいはより広く古代人の空間に対する感覚からくるものと考えることができるかもしれない。たとえば、古代山城の外郭線においても、基本的にカーブを描かず、曲がる所は「折れ」構造になっている。都城のプランや街路なども直線を基本としており、カーブという形態は、律令制の時期にはあまり存在しないようである。

3　官道敷設の目標物

ところで古代駅路は、かなりの高山を目標物とすることもある。たとえば、群馬県高崎市の高崎情報団地遺跡[4]や同県玉村町の砂町遺跡[5]で発掘された推定初期東山道は、浅間山（標高二五六八メートル）を目標物としている（図1）。あるいは、近江国の清水・鳥籠駅間の東山道駅路は、伊吹山（標高一三七七メートル）を目標物としている。[6]これらのケースは、高山のすぐ麓を駅路が通過するわけではなく、かなり手前で折れていくことになる。

また、木下良[7]は、兵庫県姫路市街西部において山陽道駅路を踏襲して直線に通る西国街道が、独立小丘の薬師山（琴岡）南麓部でわずかに迂回しているケースや、熊本市の龍田山西麓を通る想定西海道駅路にも同様の小迂回が見られることについて、これらは直線道の測設の際の目標の取り方に、わずかな誤りがあった結果生じたものではなかったかとして

図1　砂町遺跡の道路状遺構（画面奥、道路状遺構の延長上に浅間山が見える。玉村町教育委員会提供）

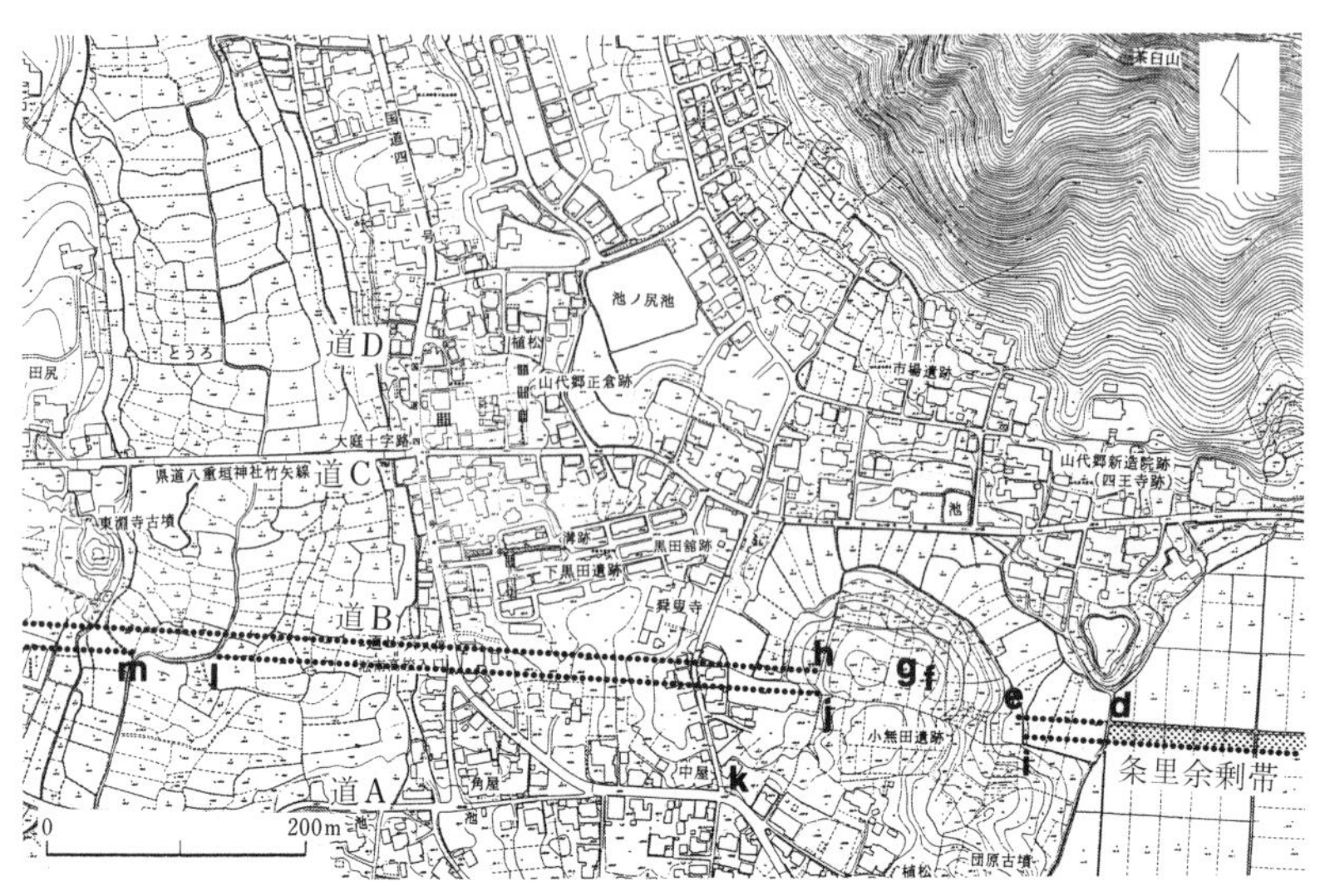

図2 出雲国府西方の想定駅路（中村太一『日本古代国家と計画道路』吉川弘文館より）

いる。あるいは、中村太一(8)が想定した出雲国府西方の山陰道駅路は、島根県松江市山代町の小丘陵上で若干カーブしているが、これは、東西からそれぞれこの丘陵を目標物として引いた直線道が、わずかに齟齬をきたした結果かもしれない(9)(図2)。さらに、駅路ではなく想定伝路であるが、下野国芳賀郡家に比定される栃木県真岡市の堂法田遺跡の西方で、東西から直線道が目標物としたと考えられる小独立丘において、南北にわずかに食い違いを見せているのも同様の要因であったと想像される(10)。

4 官道の敷設

目標物が決まったとしても、実際にどのようにして直線を引いたかについての史料はなく想像するしかない。二〇〇九年一〇月一二日に、NHK・BS2で放送された「古代日本のハイウェイ――一三〇〇年前の列島改造――」という番組では、一つの実験として、山（番組中ではビル）などの目標物を決めた後、棒を何本も立てていき、その棒と目標物を重ねるようにして、直線を引いていたが、現代の測量器との誤差は、ごくわずかしかなく、この単純な方法でも、かなり正確な直線が設定できるようである。先述した浅間山を目標物とする初期東山道駅路に比定される砂町遺跡の道路状遺構では、一本だけではあるが、路肩から竹杭が出土しており、側溝の内側のラインが直線的であることから作道の目印にしていた目標杭の可能性が指摘されている。(11) なお、棒を連ねる方法をとる場合、棒と棒との間には、縄をまっすぐ張ったのではないだろうか。想定駅路に沿って、しばしば「縄手」地名が見られることも関係するかもしれない。

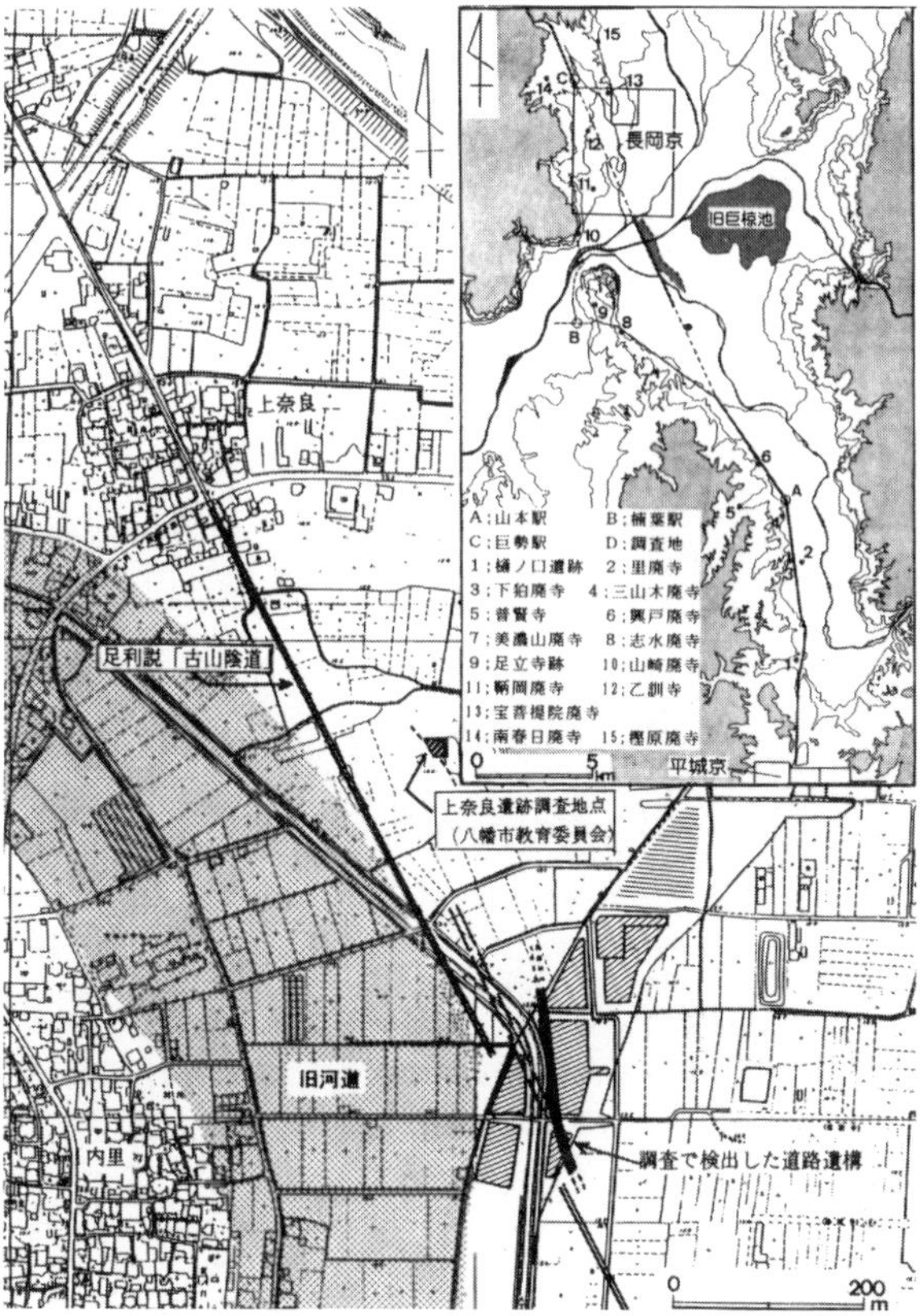

古代駅路を敷設する場合、目標物が定まったとしても、実際に直線を引くと、途中何か障害物がある場合には、その部分だけ避けることもある。すなわち、その場合は、計画線としての直線ということになろう。たとえば、山城国の古山陰道駅路のルートについては、現在残る直線道等

図3 足利説古山陰道と内里八丁遺跡で検出された道路状遺構
（森下衛「京都府八幡市内里八丁遺跡の道路状遺構」『古代交通研究』8、1998年より）

を手がかりとして、足利健亮[12]が直線的なルートを復原していたが、実際に、京都府八幡市の内里八丁遺跡[13]で検出された道路状遺構は、このラインとやや方位が異なるものであった（図3）。この場合、遺跡の西側を流れていた木津川の旧河道を避けて、この場所だけ道路を迂回させて造られていた可能性が高い。

ところで、実際に測量できる距離はどのくらいであろうか。荒井健治[14]は、埼玉県所沢市の東の上遺跡[15]で発掘された東山道武蔵路を、そのまま北へ延長すると、筆者[16]が武蔵路の利根川渡河点に想定していた刀水橋付近に到達することを指摘しているが、この間の距離は、約五五キロメートルある。そしてその後、その間の埼玉県所沢市や川越市・坂戸市で武蔵路と考えられる遺構が発掘調査によって検出されているが、それらは荒井が引いた線にきわめて近い地点に位置するものの、そのライン上に厳密に乗るわけではない。このことから、古代駅路敷設の際の測量は、大スケールのものと、小スケールのものを組み合わせて成り立っていると想像することができる。

以上のように、古代駅路の通過地点の設定が、最短距離になるように、きわめて即物的に行われたために、様々な問題を引き起こすことにもなった。たとえば、播磨国の明石・賀古・印南各郡の駅路は、兵庫県明石市和坂一丁目の丘陵の先端から西北に約一七キロメートルにわたって、ほぼ一直線に設定された。その結果、最短距離の駅路が敷設されたが、途中の加古川の渡河点は、川幅が広い氾濫原を通ることになった。したがって、このルートは必ずしも後世まで使用されず、平安時代後期には、渡りやすい上流で川を越えるルートがメインとなったと推測される[17]。地形を無視して、駅路が敷設される場合があったことが、全国的に駅路のルートが早く廃絶する要因の一つになったようである。

二　官道の構造

1　官道の幅員

官道の幅員については、これまで述べてきたように、七世紀後半～八世紀前期の駅路では、側溝間の心々距離で、九メートルや一二メートル、後期駅路や伝路は六メートル程度のものが多い。このように三の倍数を示すものが多いのは、三メートルがほぼ一丈にあたるので、古代官道は丈単位で設定されたからと見なされている[18]。ちなみに、発掘された難波大道は約六丈、下ツ道は約八丈の幅を有する。ところで、下ツ道の想定線は、奈良平野の条里地割に対して約四三メートル（一四丈）の固有の幅を有し、これを余剰帯と称する。実際には、発掘された下ツ道の幅は約二三メートルであるから、余剰帯の中に、両側に一〇メートル程度のスペースをとっていることになる。余剰帯は、西海道を除く七道駅路においても確認されている。たとえば、静岡平野の東海道駅路の余剰帯の幅は約一五メートルであり[19]、静岡市の曲金北遺跡[20]で発掘された道路状遺構の側溝間の心々距離は約一二メートルであったので、側溝の幅を考慮すると、ここでは余剰帯の中に、道路敷以外のスペースはなかったことになる。それに対して、山陽道や南海道の余剰帯は、広い所では二〇メートル程度あるので、その場合は、道路敷以外のスペースがあったことになる。木下[21]は、このスペースの意味について、天平宝字三年（七五九）の官符に見えて、『延喜式』雑式にも規定されている果樹を植えるための用地ではないかとしている。現在（二〇一六年）までのところ、発掘調査によって、そのような植樹の痕跡が確認された例は報告されていないが、今後、注意するべきであろう。

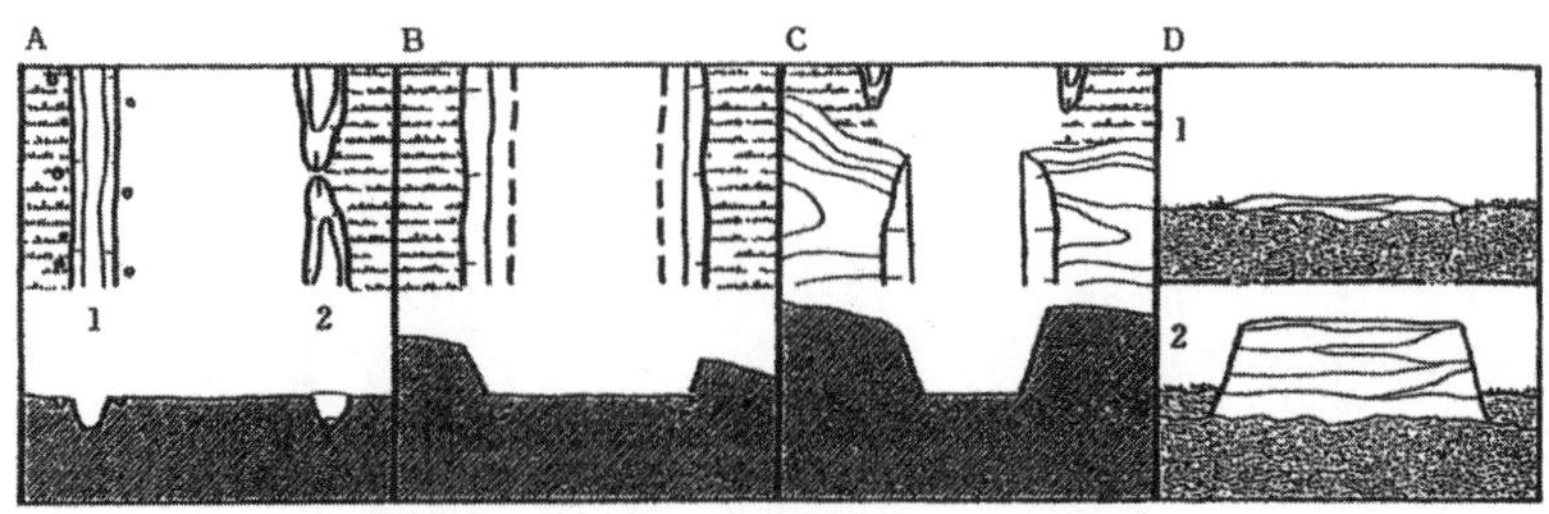

図4　山村信榮による古代道路施工タイプ（山村信榮「大宰府周辺の古代官道」『九州考古学』78、1993年より）

2　側溝について

道路の施工パターンに対する分類は、山村信榮[22]と近江俊秀[23]等が行っている。前者は、地形との関係から、A側溝を有するもの、Bオープンカット状のもの、C切り通し状のもの、D築堤状のもの、の四つに分類している（図4）。後者は、道路の断面形状から、盛土によるものと、切土によるものに大別し、盛土を二タイプ、切土を五タイプに細分した。さらに、路面の位置や側溝の有無、波板状凹凸面などについても分類した。ここでは、山村の分類に沿いながら、私見を交えて見ていきたい。

まず、平地部において両側溝をともなうもの（図4A）であるが、駅路においては、最も一般的なタイプである。側溝を設ける意味については、通水の痕跡が認められるものはむしろ少なく、東山道武蔵路においては、早川泉[24]が「土坑連結工法」と名付けた、側溝が一連の溝ではなく、長楕円形の土坑を連ねたような形状で、深さも一定しないものさえ存在する。したがって、通水よりも、第一義的には、側溝の間が道路という公的な土地であることを表示することにあると考えられる。ただし、通水はしなくても、側溝があることによって、路面から流れ込んだ水をある程度、地中に浸透させることは可能であったと考えられるので、もちろん排水の意味はあったであろう。また、上野国の初期東山道にあたると推定される群馬県伊勢崎市の矢ノ原遺跡[25]は、側溝が八世紀後半に水路として拡大され、そこからの分水路が路面を横断している。また、これに連なる群馬県太田市の下原宿遺跡(26)で検出された初期東山道の北側側溝は、その延長上に、新田堀用水が存在することから、同用水は、古代駅路の側溝を拡大して成立したことが明らかになった。さらに、埼玉県川越市で発掘された女堀(27)も、東山道武蔵路の西側側溝の拡大によって成立した可能性が高い(28)。このように、古代官道の側溝がのちに拡大されて、一部が用水路等として利用される場合があったと考えられる。なお、佐賀県佐賀市の松原遺跡(29)の場合は、駅路のほぼ全体を掘り下げて、中世に水路としているようである。

図５　佐賀県吉野ヶ里町の鳥の隈古代官道の切り通し
（調査のため樹木伐採時、佐賀県教育委員会提供）

３　切り通し状道路遺構

次に、切り通し状の道路遺構（図４C）であるが、古代駅路は、直線を志向するため、このような遺構が多々見られ、発掘調査を行わなくても明瞭な痕跡を残す場合が多い。切り通しが形成される要因は、言うまでもなく、道路が傾斜を直線的に登る際、その角度をできるだけ緩やかにするため、周囲よりも、道路の部分をオープンカット状に掘り下げることから生じる。切り通し部の道幅は、平野部に対して、狭まる傾向があるようである。切り通しの場合は、一般的に、側溝は必要ないと考えられるが、実際には、側溝が存在する場合がかなりあるようである。たとえば、佐賀県吉野ヶ里町の鳥の隈古代官道跡(30)で発掘された切り通し状の道路遺構（図５）には、底面に小礫を敷きつめ、さらにそれを粘土で固定するという入念な作りの側溝が存在する。これは、流水による側溝底面の侵食防止のためと考えられており、かえって、切り通し部においては、平野部と違って、流水を意識した側溝が作られる場合があるようである。なお、切り通しの場合は、長年月にわたる流水のため、当初の路面はまず残らないと考えられる。特に大規模な切り通しの場合は、流水が下刻して深い谷となり、道筋は、次第に側方の斜面に移動する場合が多いようである。[31]また、切り通しの内部に段を持つ例もある。たとえば、島根県松江市の松本遺跡群[32]で検出された道路状遺構は、古代山陰道にあたると考えられるが、幅約八～一〇メートルの切り通しの中に、さらに上幅二・七～四・六メートル程度の切り通しが存在する。中村[33]は、この遺構の形成過程について、当初、幅の広い切り通しが作られたが、雨水によって路面の土砂が削られ、それが繰り返されているうちに、路面ががたがたになって使用できなくなってしまったため、切り通しをもう一段掘り下げて路面を作ったからではないかとしている。

なお、切り通し状道路遺構は、いわゆるオープンカット的な形態をとるが、まったく平坦地において、なお、そこを一段掘り下げてオープンカット的に作られた道路状遺構（図4B）も存在する。台地上に存在するものとしては、たとえば千葉県市原市の稲荷台遺跡G地区[34]、東千草山遺跡[35]、山田橋表通遺跡[36]等で検出された一連の道路状遺構がある。このうち、稲荷台遺跡G地区では、台地縁辺を上面幅八・五メートル、路面幅四メートル、深さ〇・七五メートル程度に、オープンカット状に掘り込み、両側溝を有する。低地部の例としては、佐賀県神埼市の馬郡集落の北端で、試掘調査の結果、検出された幅約一〇～一四メートルの想定駅路があり[37]、道路全体が現水田面から約一・二メートルほど低い切り通しとなっていた。これら平坦地のオープンカット状の道路遺構の意味については、中世の鎌倉街道にも同様の例があり、軍事道路として行動を秘するためという説もあるが、この程度の深さでそれが可能だったかは疑問で、明確な解釈はない。特に低地部の場合は、雨水がたまる可能性もあり、道路としての条件は、かえって良くな

図6　青谷上寺地遺跡の道路状遺構模式図（鳥取県埋蔵文化財センター提供）

いはずである。実際に神埼市の場合は、調査前には、帯状の窪地となっており、蓮等が生えて湿地帯となっていた。

4　築堤状道路

道路が低地部を横切る場合、築堤してその上に道路を通す場合である（図4D）。栃木県那須烏山市の厩久保遺跡(38)で発掘された推定東山道が低地を横切る部分では、幅約六メートルの現在道を断ち割ったところ、腐食質の多い黒土を盛り上げた上部に、凸レンズ状の断面を示してロームの黄色土を入れて路面を強化している。なお、近江(39)は、ローム面について、路面ではなく、道路構築の際の盛土と解釈している。東京都国分寺市の恋ヶ窪遺跡(40)では、低湿地を通過する東山道武蔵路の遺構が検出されている。道路遺構は、旧河床上面の砂礫層上に、東西方向に粗朶を敷き、その上に径一〇～二〇センチメートルの礫を敷きつめ、さらにその上に赤土と黒土とを交互に積み上げている。このような版築状の道路遺構は、愛知県豊川市の上ノ蔵遺跡(41)や、佐賀県上峰町の堤土塁(42)等においても見られる。また、粗朶を使用した例としては、埼玉県吉見町の西吉見古代道路跡(43)や鳥取市の青谷上寺地遺跡(44)等がある。

前者では、砂利層の下に、広葉樹の皮を一定方向に揃えて敷いており、後者では、盛土中の粗朶には、部分的に井桁状に組まれている箇所が認められる（図6）。また、兵庫県朝来市の加都遺跡[45]で検出された道路状遺構は、山陰・山陽の連絡路にあたると考えられるが、宮ヶ田Ⅰ地区では、谷部を三〇メートルにわたって通過する。ここでは、基底幅約五・五～六・五メートル、幅員三・七～四・六メートルの盛土工法をとっているが、路肩と法面を川原石で覆っているのが特徴的である。

5　路面の状況

路面の認定は、通常、硬化面と呼ばれる、周囲の土壌よりも硬い部分が存在することを目安としてなされている。実際には、発掘調査以前に耕作等によって、すでに路面が削平されている場合も多い。硬化面には、作道や補修の際に人為的に構築したものと、通行の結果生じたものがある。近江[46]は、路面について、①表面を石や土器片などで覆うもの、②土を持ち込んで構築するもの、③路面を構成する土壌に石や木などを混ぜるもの、の三つに分類している。そして、①は、装飾的な意味合いが強く、事例が最も多い③は、路面強化という実用的な意味でなされたとしている。なお、路面に、並行する二条の硬化した部分が認められる場合があり、それらは、轍[47]と考えられている。

6　波板状凹凸面について

波板状凹凸面とは、道路遺構にともなってしばしば検出される、円形ないし楕円形のくぼみが一定間隔で並ぶもので、近江[48]によれば、古墳時代以降近世までの間、北は岩手県から南は鹿児島県まで、ほぼ全国的に認められるものである。近江は、それらは一律の要因で形成されたものではなく、①木馬道のような枕木の痕跡、②道路の基礎、③足掛け、④自然発生的なもの、⑤牛馬の歩行の痕跡、があるとした。そして、実際には、②の事例としての地盤強化によるものが多いと見ている。ところで、栃木県那珂川町の那須官衙遺跡内で発掘された道路状遺構[49]は、那須郡家を通過する官道と見られる。側溝は存在しないが、明瞭な波板状凹凸面が検出されており、その壁面および底面に工具痕が残っていることから、人為的に作られたものであることは明らかである（図7）。波板状凹凸面は、砂質土によって、人為的に埋め戻されており、路面そのものにはあたらない。ちなみに、調査担当者が地山のローム層、小川スコリア面、波板状凹凸面に定量の水を散布すると、波板状凹凸面が最も早く浸透した。このことから、大橋泰夫・板橋正幸[50]、中山晋[51]は、波板状凹凸面は、排水のための道路遺構の基礎工事であると解釈している。そのメカニズムは、浸透性の高い砂質土を入れることによって水はけがよくなることと、地山の小川スコリア層に凹凸をつけることによって表面積が大きくなり、このことも水の浸透をよくするからと思われる。波板状凹凸面の表面・壁面には、酸化鉄が大量に付着しており、この状況も水の浸透を繰り返した結果によるのであろう。道路にとって最も困るのは、路面に水がたまることによって、いたみが激しくなることである。しかし、道路のどこに水がたまりやすくなるかは微妙で、作道時にはわからない場合が多いであろうし、作道以後に通行によって道路がいたみ、部分的に水がたまりやすくなる場合もあるであろう。したがって、波板状凹凸面は、作道時よりもしばらく道路を使用した後に、水がたまりやすくなった部分に、施された場合が多かった

図7　工具痕が明瞭に認められる那須官衙関連遺跡の波板状凹凸面（栃木県教育委員会提供）

のではないだろうか。一般的に、波板状凹凸面が道路の走向方向の一部にしか認められなかったり、道路の中央部ではなく偏った所に存在したり、場合によっては、埋没した側溝の上に形成されたりする例があることは、このような状況を示しているからではないかと考えられる。

近江[52]は、波板状凹凸面を、布掘り事業や版築工法と比較することによって、軟弱地盤における地盤強化によって形成されたものが多いとしているが、それによってどれだけ地盤が強化されるかはやや疑問である。波板状凹凸面の凹部の埋土が硬化している場合が多いのは、意図的に填圧された場合もあろうが、「雨降って地固まる」という言葉があるように、雨が降ることによる水分の浸透が繰り返されたことによるものが多いのではないだろうか。もちろん道路の基礎としての波板状凹凸面の形成は、排水のためのものばかりではない。大分県の下郡遺跡群[53]の第九八・九九次調査で発掘された道路状遺構の波板状凹凸面は、水はけのよくない粘質土で埋められており、地形的にも高燥な地なので、ここでは路床強化と解釈されている。

以上のように、波板状凹凸面の性格については、近江が述べるように、多様なものが含まれていると考えられるが、最も一般的なのは、大橋や板橋、中山が指摘した排水のためのものではないかと考えられる。

三　古代の地域計画と道路

1　国府と駅路

次に、律令国家の様々な施設と官道との関係について述べる。その前提として、古代駅路がいつ敷設されたかという問題があるが、筆者等[54]は、七世紀第3四半期にあたる天智朝と見ている。国の役所である国府がいつ設置されたかについては、直接史料に見えない。山中敏史[55]は、国庁をともなう国府が成立したのは、八世紀第2四半期とし、大橋[56]は、七世紀末から八世紀初頭とする。いずれにせよ駅路の敷設は、国府の設置に先行していたであろう。したがって、国府の選地の一要因として、交通の要所である駅路の分岐点が選ばれた可能性がある。例として、参河・遠江・武蔵・常陸・出雲・播磨国等を挙げることができる。たとえば、常陸国の場合は、『常陸国風土記』の記述によって、東海道駅路の本道から香島神宮へ向う駅路が分岐していたことがうかがわれるが、両道が作ると考えられるT字路の西側で、南面する国庁が検出されている。その年代については、八世紀前葉とされるが、重複してさらにそれに先行する七世紀末から八世紀初頭の間に造営された官衙遺構が検出されている。[57]この遺構を茨城郡（評）家と見るか、初期国府と見るかについては見解が分かれているが、大橋が指摘するように、『常陸国風土記』には、当初茨城郡家は、旧那賀郡の地にあったと書かれており、この遺構を茨城郡家に比定すると、郡家は二度移転したことになり、そのことが『常陸国風土記』に記されていないのは不自然なので、初期国府説を有力としたい。注目すべきは、この官衙が南面せずに東面していることで、まさにT字路の方を向いて建設されたことになる。また、この場合、東面する国庁からT字路までの間に、メイン道路もあったであろうから、実際には、いわゆる「十字街」が形成されていたはずである。なお言うまでもなく、駅路の分岐点以外にも、ほとんどの国府が駅路に沿って設置された。

2　郡家と駅路

各郡の役所である郡家は、発掘調査の結果、七世紀第4四半期から八世紀第1四半期に、その出現を見る場合が多い[58]ので、やはり駅路の敷設の方が先行するようである。ただし、郡家の場合は、駅路が通過していない郡も多数あるので、その場合は当然、駅路との直接的な関係は持ち得ない。また、郡内を駅路が通過している場合でも、それに沿って郡家が設置される場合と、旧来の地域中心地に置かれたため、駅路に沿わず、伝路で連絡する場合があった。たとえば、下野国芳賀郡家の場合、郡内を駅路が通過しているが、郡家は栃木県真岡市の堂法田遺跡に比定されるので、駅路とは大きく離れ、駅路とは伝路で連絡している。[59] 一方、常陸国の香島郡家は、『常陸国風土記』の記述から、当初は香島社の北約四キロメートルの沼尾池付近にあったものが、香島社の南に移転したことがわかる。移転後の郡家は、香島社の南約一・五キロメートルの茨城県鹿嶋市の神野向遺跡に比定されるが、門井直哉[60]は、『常陸国風土記』編纂当時は、行方郡の曾尼・板来駅を経て香島社付近に到達する「香島に向ふ陸の駅道」が通じていたことから、駅路へのアクセスが容易な位置に、香島郡家が移転したとしている。

3 古代山城と官道

他に、郡寺・国分寺の設置、国境・郡界の設定、条里の施行等、様々な律令国家の地域計画に際して、駅路がその基準線の役割を果たすことがあったと考えられるが、それは駅路の敷設が、それらに対して一段階早かったため可能となった。それに対して、白村江の戦の敗北による対外的な危機に備えて築城された西日本の古代山城については、駅路と同時期に設置されたと考えられる点が注目される。すなわち、それらの山城を連絡するような「車路」と呼ばれる直線道が存在するのである。たとえば、天智天皇四年（六六五）に築城された古代山城として、大野城と基肄城が存在する。前者の東方、豊前方面へのルート上に「車路」地名があり、[61] 後者の南東、南、南西の方向に、それぞれ「車路」地名がある。また、『万葉集』に見える「城山道」は、基肄城が存在する基山の中腹を通る駅路にあたり、基肄城と駅路の密接な関係がうかがわれる[62]（図８）。肥後国の鞠智城は、最近の発掘調査から、大野・基肄城とほぼ同じころに築城された可能性が高まっているが、同城からも、東、南、西の三方に、「車路」と呼ばれる直線的な道路

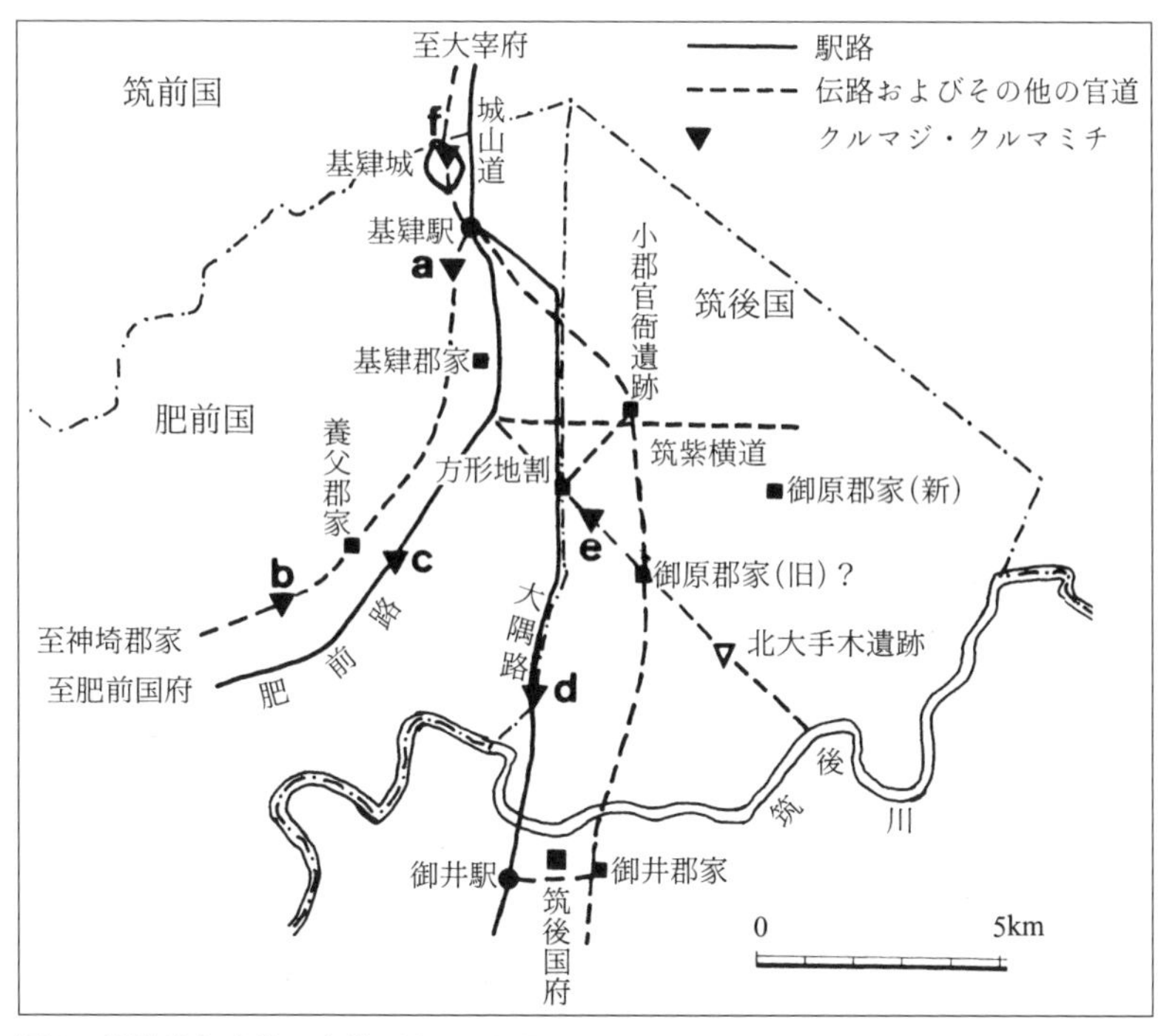

図8　基肄城と車路・車道（木本雅康「大野城・基肄城と車路について」鈴木靖民・荒井秀規編『古代東アジアの道路と交通』勉誠出版より一部改変）

が放射状に出ている[63]。その他、『日本書紀』天智天皇四年（六六五）と九年（六七〇）に、長門国に築城記事が見えるが、それに通じる可能性がある山口県下関市阿内に複数の「車路」地名が、また七世紀中葉の築造と推定される岡山市の大廻小廻城の東方にも「車路」地名が存在する。現在のところ、確認されている最東端の「車路」地名は、大津宮付近の滋賀県大津市三井寺町にあり、このことから木下[64]は、「車路」の起源を天智朝に求めている。これらの「車路」は、必ずしも駅路とは限らないようであるが、直線的計画道としての駅路の起源を「車路」に求めることができそうである。なお、いわゆる「神籠石系山城」と呼ばれる史書に見えない古代山城も駅路に沿うものが多いが、その築城年代について、白石成二[65]等は、天武朝を考えている。とすれば、すでに駅路は開通していたであろうから、それに沿って、「神籠石系山城」が設置されたことになる。

4　城柵と駅路

東日本においては、対蝦夷政策のため、陸奥・出羽両国に、城柵が設置された。それらの位置は判明しているものが多いが、陸奥・出羽両国における駅路の復原や発掘はきわめて少なくわからないことが多い。しかし当然、城柵間を連絡して軍隊や物資を移動させる道路は、必須のものであったから、西日本の古代山城と同様に、軍用道路のネットワークが存在したであろう。文献史料で道路の築造記事が見えるのは、『続日本紀』天平九年（七三七）四月条で、大野東人が陸奥国から男勝村を経て出羽柵へ達する「直路」の開削を行っている。この時の開削は、比羅保許山までで終わったが、『続日本紀』の「澗を塡み峯を疏る」という表現からも、かなり大規模な工事であったことがうかがわれる。なお、後にこのルートは全通したと考えられるが、天平宝字三年（七五九）に雄勝城が築かれ、また天平宝字年間に、出羽柵が秋田城に改修されると、それにともなって、右の軍用道路が駅路になったと推測される。すなわち、『続日本紀』天平宝字三年九月二六日条に「始めて出羽国雄勝・平鹿の二郡と、玉野・避翼・平戈・横河・雄勝・助河、幷せて陸奥国嶺基等の駅家とを置く」とある。これら直路や駅路で発掘調査の結果、その可能性が指摘されているのは、宮城県加美町の東山官衙遺跡の前面に広がる、壇の越遺跡中の幅約五～六メートルの東西道路のみである。[66]

他に城柵との関連がうかがわれる発掘された駅路としては、多賀城南面の幅一二メートルの東西大路が挙げられる。[67] 八世紀後半ごろの築造とされるが、[68] のちにこの道路と多賀城の南北大路とを基準線として、多賀城前面に街路が形成された。また、徳丹城の下層からは、両側溝の心々幅約一〇メートルから約六メートルに縮小された、南北に通る道路状遺構が検出されており、[69] これは志波城へ向う駅路と考えられる。やや南の岩手県紫波町の犬渕と片寄でも、これに連なると考えられる道路状遺構が検出されている。[70]

その他、各城柵の城門付近では、かなりの場所で門に取り付く道路跡が検出されているが、それらは規模が大きいものが多いので、城柵間を結ぶ官道も大規模なものであったと推測される。

註

(1) 中村太一『日本の古代道路を探す』平凡社、二〇〇〇年。
(2) 高橋美久二『古代交通の考古地理』大明堂、一九九五年。
(3) 本城靖久『馬車の文化史』講談社、一九九三年。
(4) 長井正欣「高崎情報団地遺跡の古代道路遺構」『古代交通研究』四、一九九五年。
(5) 群馬県佐波郡玉村町教育委員会編『砂町遺跡（第一〜三次調査）・尾柄町Ⅲ遺跡・中之坊遺跡』群馬県佐波郡玉村町教育委員会、二〇〇七年。
(6) 武部健一『完全踏査　古代の道』吉川弘文館、二〇〇四年。
(7) 木下良「近年における古代道研究の成果と課題」『人文地理』四〇―四、一九八八年。
(8) 中村太一『日本古代国家と計画道路』吉川弘文館、一九九六年。
(9) 木本雅康「出雲国西部の古代駅路」『出雲古代史研究』一一、二〇〇一年。
(10) 木本雅康「下野国の古代伝路について」『交通史研究』三〇、一九九三年。
(11) 中里正憲「群馬県砂町遺跡の古代道路遺構」『古代交通研究』九、二〇〇〇年。
(12) 足利健亮「乙訓郡を通る計画街路としての古山陰道について」藤岡謙二郎編『洛西ニュータウン地域の歴史地理学的調査』京都市都市開発局洛西開発室、一九七二年。

(13) 森下衛「京都府八幡市内里八丁遺跡の道路状遺構」『古代交通研究』八、一九九八年。
(14) 荒井健治「国府(集落)域存在の可能性について」『東京考古』一一、一九九三年。
(15) 所沢市教育委員会・所沢市埋蔵文化財調査センター編『東の上遺跡—飛鳥・奈良・平安時代編—I』所沢市教育委員会・所沢市埋蔵文化財調査センター、二〇一〇年。
(16) 木本雅康「宝亀二年以前の東山道武蔵路について」『古代交通研究』一、一九九二年。
(17) 木本雅康「明石・賀古・印南郡の古代伝路」兵庫県立考古博物館編『兵庫県古代官道関連遺跡調査報告書II』兵庫県教育委員会、二〇一三年。
(18) 木下良「日本古代道の道幅と構造—発掘の成果から—」『交通史研究』二四、一九九〇年。
(19) 矢田勝「駿河国中西部における古代東海道—地籍図分析と発掘成果からみた古代東海道と条里遺構—」静岡県地域史研究会編『東海道交通史の研究』清文堂、一九九六年。
(20) 静岡県埋蔵文化財調査研究所編『曲金北遺跡(遺構編)』静岡県埋蔵文化財調査研究所、一九九六年。
(21) 木下良「近年における古代道研究の成果と課題」『人文地理』四〇—四、一九八八年。前掲註(18)。
(22) 山村信榮「大宰府周辺の古代官道」『九州考古学』七八、一九九三年。
(23) 近江俊秀「道路状遺構の構造に関する検討」奈良県橿原考古学研究所編『鴨神遺跡』奈良県教育委員会、一九九三年。
(24) 早川泉「古代道路遺構の虚像と実像—東山道武蔵路の調査を通して—」『古代交通研究』六、一九九七年。
(25) 坂爪久純「東山道駅路と牛堀」湯浅正彦編『境町史　第三巻　歴史編上』境町、一九九六年。
(26) 群馬県編『群馬県史　通史編2　原始古代2』群馬県、一九九一年。
(27) 埼玉県埋蔵文化財調査事業団編『女堀II・東女堀原』埼玉県埋蔵文化財調査事業団、一九八七年。
(28) 前掲註(16)。
(29) 佐賀県教育委員会編『古代官道・西海道肥前路』佐賀県教育委員会、一九九五年。
(30) 前掲註(29)。

(31) 木下良「常陸国古代駅路に関する一考察―直線的計画古道跡の検出を主として―」『國學院雑誌』八五―一一、一九八四年。
(32) 建設省松江国道工事事務所・島根県教育委員会編『松本古墳群　大角山古墳群　すべりざこ古墳群』建設省松江国道工事事務所・島根県教育委員会、一九九七年。
(33) 前掲註（1）。
(34) 市原市文化財センター編『市原市稲荷台遺跡』市原市文化財センター、二〇〇三年。
(35) 市原市文化財センター編『千草山遺跡・東千草山遺跡』市原市文化財センター、一九八九年。
(36) 市原市文化財センター編『山田橋表通遺跡』市原市文化財センター、一九九九年。
(37) 神埼町教育委員会編『的小渕遺跡12区』神埼町教育委員会、一九八七年。
(38) 中山晋「鴻野山地区推定東山道確認調査概要」『栃木県埋蔵文化財保護行政年報（昭和六三年度）』栃木県教育委員会、一九八九年。
(39) 近江俊秀『古代国家と道路』青木書店、二〇〇六年。
(40) 上村昌男「東京都国分寺市恋ヶ窪谷底地の道路遺構」『古代交通研究』九、一九九九年。
(41) 豊川市教委区委員会編『上ノ蔵遺跡』豊川市教育委員会、二〇〇五年。
(42) 上峰村教育委員会編『堤土塁跡』上峰村教育委員会、一九七八年。上峰町教育委員会編『八藤遺跡Ⅱ　堤土塁跡Ⅱ』上峰町教育委員会、一九九八年。
(43) 吉見町教育委員会編『西吉見古代道路跡　西吉見条里Ⅱ遺跡発掘調査概報』吉見町教育委員会、二〇〇二年。
(44) 鳥取県埋蔵文化財センター編『青谷上寺地遺跡一三』鳥取県埋蔵文化財センター、二〇一四年。
(45) 兵庫県教育委員会埋蔵文化財調査事務所編『加都遺跡Ⅰ』兵庫県教育委員会、二〇〇五年。
(46) 前掲註（39）。
(47) 竹井治雄「轍雑考」京都府埋蔵文化財調査研究センター編『京都府埋蔵文化財論集　第三集』京都府埋蔵文化財調査研究センター、一九九六年。上村和直「仁和寺子院出土の車輪」『古代交通研究』一三、二〇〇四年。

(48) 前掲註(39)。

(49) 栃木県文化振興事業団埋蔵文化財センター編『那須官衙関連遺跡Ⅴ』栃木県教育委員会・財団法人栃木県文化振興事業団、一九九八年

(50) 前掲註(49)。

(51) 中山晋「道路遺構の調査方法」『古代交通研究』一〇、二〇〇一年。

(52) 前掲註(39)。

(53) 大分市教育委員会編『下郡遺跡群Ⅲ』大分市教育委員会、二〇〇五年。

(54) 木本雅康「古代駅路と国府の成立」『古代文化』六三—四、二〇一二年。

(55) 山中敏史『古代地方官衙遺跡の研究』塙書房、一九九四年。

(56) 大橋泰夫『国郡制と国府成立の研究』平成二四～二七年度科学研究費補助金基盤研究(C)研究成果報告書、二〇一六年。

(57) 石岡市教育委員会文化振興課編『常陸国衙跡—国庁・曹司の調査— 本文編』石岡市教育委員会、二〇〇九年

(58) 前掲註(55)。

(59) 木本雅康「下野国の古代伝路について」『交通史研究』三〇、一九九三年。

(60) 門井直哉「郡家の立地」条里制・古代都市研究会編『日本古代の郡衙遺跡』雄山閣、二〇〇九年。

(61) 木下良『事典 日本古代の道と駅』吉川弘文館、二〇一〇年。木本雅康「大野城・基肄城と車路について」鈴木靖民・荒井秀規編『古代東アジアの道路と交通』勉誠出版、二〇一一年。

(62) 木下良「古代山城と軍用道路」鳥栖市教育委員会編『鳥栖市誌 第二巻 原始・古代編』鳥栖市、二〇〇五年。木本雅康「基肄・養父両郡の官道」基山町史編さん委員会・基山町史編集委員会編『基山町史 上巻』基山町、二〇〇九年。

(63) 木下良「「車路」考—西海道における古代官道の復原に関して—」藤岡謙二郎先生退官記念事業会編『歴史地理研究と都市研究 上』大明堂、一九七八年。同「古代官道の復原的研究に関する諸問題—特にその直線的路線形態について—」『人

文研究』七〇、一九七八年。鶴嶋俊彦「古代肥後国の交通路についての考察」『地理学研究』九、一九七九年。同「肥後国北部の古代官道」『古代交通研究』七、一九九七年。同「古代官道車路と鞠智城」鈴木靖民・荒井秀規編『古代東アジアの道路と交通』勉誠出版、二〇一一年。木本雅康「鞠智城西南部の古代官道について」熊本県教育委員会編『鞠智城跡Ⅱ―論考編1―』熊本県教育委員会、二〇一四年。

(64)　前掲註(21)木下良「近年における古代道研究の成果と課題」。

(65)　白石成二『永納山城と熟田津―伊予国からみた古代山城論―』ソーシアル・リサーチ研究会、二〇〇七年。

(66)　村田晃一「陸奥北辺の城柵と郡家―黒川以北十郡の城柵からみえてきたもの―」『宮城考古学』九、二〇〇七年。

(67)　多賀城市教育委員会編『市川橋遺跡（第二三・二四次調査報告書）』多賀城市教育委員会、一九九九年。

(68)　進藤秋輝「多賀城発掘」青木和夫・岡田茂弘編『古代を考える　多賀城と古代東北』吉川弘文館、二〇〇六年。

(69)　矢巾町教育委員会編『徳丹城跡―第六六次・六七次発掘調査―』矢巾町教育委員会、二〇〇八年。同編『徳丹城跡―第六八次発掘調査―』矢巾町教育委員会、二〇〇九年。

(70)　紫波町教育委員会編『鎌倉街道遺跡第一次・第二次発掘報告書』紫波町教育委員会、二〇一四年。

〔補記〕

二で、官道に街路樹が存在していた可能性について述べたが、鳥取市の青谷横木遺跡で検出された山陰道駅路において、初めて街路樹の痕跡が確認された（坂本嘉和「鳥取県青谷横木遺跡の道路遺構と条里地割」（古代交通研究会編『第一九回大会資料集移動を支えた人と場・道』古代交通研究会、二〇一七年）。年代は一〇世紀後半まで降り、樹種は柳であるが、道路の片方の側溝の外側に盛土が築かれ、そこに街路樹が植えられたことなど興味深い。

第二章　古代常陸国の駅路と内陸水運

はじめに

古代常陸国の東海道本道の駅家の想定地を検討すると、そのほとんどが河川の渡河点にあることに気が付く（図9）。

木下良[1]は、その著書『事典　日本古代の道と駅』において、古代常陸国の東海道本道の駅家の位置について、次のように想定している。

①榎浦駅　稲敷市江戸崎町
②榛谷駅　龍ヶ崎市半田
③曾禰駅　土浦市
④安侯駅　笠間市岩間町安居
⑤河内駅　水戸市上河内
⑥石橋駅　那珂市本米崎字石橋

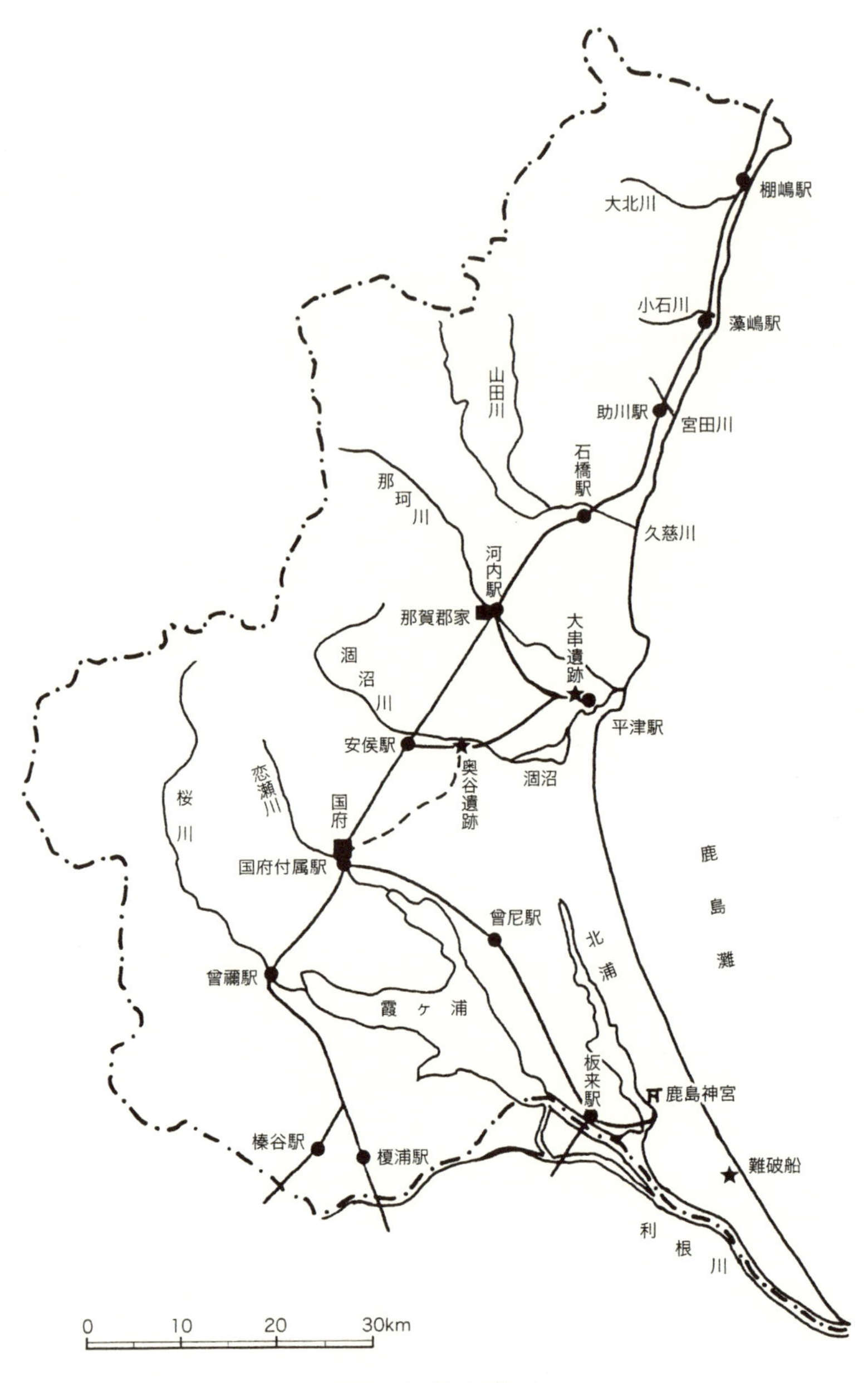
棚嶋駅
大北川
小石川
藻嶋駅
山田川
助川駅
宮田川
石橋駅
那珂川
久慈川
河内駅
那賀郡家
大串遺跡
涸沼川
平津駅
安侯駅
奥谷遺跡
涸沼
恋瀬川
桜川
国府
国府付属駅
鹿島灘
曾尼駅
北浦
曾禰駅
霞ヶ浦
板来駅
鹿島神宮
榛谷駅
榎浦駅
難破船
利根川
0
10
20
30km

図9　全体的概念図

⑦　助川駅　日立市助川町
⑧　藻嶋駅　日立市十王町伊師本郷
⑨　棚嶋駅　北茨城市

このうち、③は桜川、④は涸沼川、⑤は那珂川、⑥は久慈川、⑦は宮田川、⑧は小石川、のそれぞれ渡河点にあたる。⑨の棚嶋駅について、木下は同書においては、北茨城市内の場所を特定していないが、他の論文(2)においては、同市の磯原町に比定する通説(3)をほぼ妥当であろうとしているので、ここは大北川の渡河点にあたる。また、直接資料には見えないが、駅間距離の関係等から、木下(4)は、『延喜式』以前に、国府付近に国府の付属駅があったと推定しており、そこはおそらく恋瀬川の渡河点に近かったであろう。さらに①は、河川ではないが『常陸国風土記』信太郡条に「榎浦流れ海」と記される入海の渡海点に相当する。

このように、渡河点に駅家が置かれるケースは、全国的にかなり存在する。その意味については、二つの方向から考えることができる。一つは、河川を駅路の障害と見る考え方である。すなわち、船を使って渡河する場合、駅使と一緒に駅馬も船に乗せるのか、対岸に置かれた別の駅馬に乗り継ぐのかは不明であるが、後者の場合は、渡河点に駅家があると便利であろう。また、河川の増水等で足止めを食う場合も、渡河点に宿泊・休憩・給食施設である駅家があると助かるであろう。一方、駅家に駅路の陸上交通のみならず、河川の水上交通の機能もあったとする考え方があり、したがって渡河点に駅家が置かれていたとする見方も存在する。

結論から先に言えば筆者は、渡河点の駅家については、河川を障害とする見方に賛同し、すなわち水上交通の方は考慮されていなかった場合が大部分であったと推測する。それは、陸上の駅家・駅路の本来の機能は、緊急通信にあり、重量物の大量輸送に適し、その代わり速度が遅く、気象条件等に左右されやすい水上交通とは、本来その性格を異にするからである。また、駅路の路線決定は、丘陵の突端や、鞍部などを目標地点として、できるだけ最短距離になるようになされているので、それが河川を横切る場合、その地点が河川の港として適当な位置になるかは偶然性に左右されるからである。服部昌之[5]も一般的に「律令時代の陸海両路は相補完する機能もないではなかったが、本来は別個の目的のために設けられた並行的な制度であったと考えざるを得ない」と述べており、穏当な見解であろう。ただし、何事にも例外は存在し、筆者は古代常陸国の東海道本道の駅家の位置があまりにも見事に渡河点に位置することから、この中には、水陸両方に対する機能を有した駅家も存在したと考えたい。笹岡明[6]も、④〜⑨の駅家について、その設置にあたっては、水陸交通の要所が選定されたとしている。そしてその背景にあるのは、蝦夷征討に関する常陸国の位置である。

一　平津駅について

そのようなことを考えるきっかけとなったのは、『常陸国風土記』那珂郡条に見える平津駅の存在である。当駅は、『延喜式』には見えず、したがって、『延喜式』成立以前に廃止されたことがわかる。その遺称地は、水戸市平戸で、ほぼその場所が絞り込めるにかかわらず、その位置が東海道本道から飛び離れた所になるので、当駅が常陸国におけるどのような駅路上の位置を占めていたかについては諸説があった。たとえば、豊崎卓[7]は、『常陸国風土記』当時の東海道本道は、国府から平津・助川駅と連絡して、陸奥国方面へ向っていたとするが、この解釈では、国府から平津駅までが約三五キロメートル、平津駅から助川駅までの距離が約三八キロメートルも離れ、いずれも通常駅間距離の二倍以上になってアンバランスである。また、大脇保彦[8]は、『常陸国風土記』に見える曾尼駅と『延喜式』に見える曾禰駅とを同じものとして、榎浦津駅から霞ヶ浦を渡って曾尼駅に達し、国府を経由せずに、平津駅へ向うバイパス的路線があったのではないかとしたが、曾尼駅と曾禰駅が別の駅家であることは木下[9]の考証があり、また曾尼・平津駅間の距離が長くなって不適当である。

これに対し志田諄一[10]は、『日本後紀』の弘仁三年（八一二）条の、安侯・河内・石橋・助川・藻嶋・棚嶋の諸駅が廃止された記事や、同六年条の板来駅が廃止された記事に、平津駅が見えないことから、当駅は東海道の主要コースの駅家ではなく、ある期間に臨時に設置された可能性があるとする。また、陸の駅家ではなく、水駅として水運の拠点としての役割を担ったことが考えられるとする。さらに志田は、古代の倉庫群や「曹司」等の墨書土器を出土した茨城町の奥谷遺跡[11]に注目し、常陸国府からの物資を安侯駅から当遺跡まで陸送し、ここから船に積みかえ、涸沼から平津駅に達し、外洋を陸奥国鎮所へ運んだとする。久信田喜一[12]も、志田説を承けて、平津駅を那珂川・涸沼川水系の水運の拠点としての役割を担った河川港に設置された駅家であるとした。中村太一[13]も同様の見解を示すが、久信田が平津駅を陸の駅家ではなかったとしたことについては、「船馬並置」の駅家としての水駅の一種であった可能性があるとする。そして、東海道駅路からの連絡に、那珂川・涸沼川の水上交通が使われたことを否定しないものの、基本的には安侯・河内駅間付近の東海道駅路からの陸路を考えている。筆者も、志田や久信田や中村が述べるように、平津駅の性格を、蝦夷の地へ向う外洋への出口にあたる河川港に設置された駅家と見なしたい。

なお、中村は具体的な東海道本道と平津駅間の駅路を復原していないが、佐々木義則[14]は、安侯駅と平津駅を結ぶ道と、那賀郡家と平津駅とを結ぶ道を簡単に図化している。また、川口武彦[15]は、ソイルマークに注目することなどによって、那賀郡家と平津駅とを結ぶ伝路をより詳細に復原している。那賀郡家と河内駅は近接していたから、この道を河内駅と平津駅とを結んでいた駅路と読み替えることもできるかもしれない。

二　運漕ルートについて

それでは、具体的に平津駅から陸奥国に運ばれた物資には、どのようなものがあるだろうか。この点については、志田[16]や川尻秋生[17]、内山俊身[18]等の詳細な考察がある。それによると、蝦夷征討のため、大量の糒や穀が坂東諸国から陸奥国へ運ばれているが、それらは主に船を利用したとする。たとえば、養老六年（七二二）に、陸奥国の鎮所に私穀を運んだ者に、道の遠近に準じて外従五位下を授けるとする太政官奏が出ているが、早速翌年、常陸国那賀郡大領外七位上宇治部直荒山が私穀三千斛を陸奥国の鎮所に献じ、外従五位下を授けられている。志田[19]は具体的に、那賀郡の大領として郡家で政務をとっていた荒山は、郡家近くの那珂川を利用し、私穀三千斛を船に積んで平津まで下り、大船に積みかえて陸奥国の鎮所まで漕送したのではないかとしている。また志田は、常陸国府の工房とされる鹿の子C遺跡で生産された武器の輸送も水運によったのではないかとしている。この場合は、常陸国府から安侯駅まで陸送し、涸沼川を下って、平津駅から外洋に出たと想像される。

ところで、それら以南の地域から陸奥国への運漕は、どのようなルートをとったのであろうか。たとえば、天応元年（七八一）には、相模・武蔵・安房・上総・下総・常陸の諸国に、数十万斛を陸奥軍所に漕送させているが、中村[20]は最も遠い相模国の場合、走水→長津郷→淡水門→大津郷→置津郷→伊寺水門→九十九里浜沖→海上津→鹿島灘→平津駅→梁津郷→陸奥国蒲津郷（立屋津）という太平洋沿岸を北上するコースをとって回漕されたと推測している。ただし、この中の千葉県海上郡付近に比定される海上津から平津駅までの間の鹿島灘は航海の難所である。すなわち、おおよそ西に延びてきた日本列島は、その付近で北に方向を変えるため、黒潮は沖へ離れる。また、北からは親潮が南下してきて、黒潮にぶつかる。したがって、黒潮に乗ってきた船は、沖へ流されないように、大きく方向を北へ変えながら、同時に親潮に逆らって北上しなければならない。さらに、現利根川の河口以北は、平津駅まで延々と約六〇キロメートルも砂浜が続き、適当な寄港地がないのである。『常陸国風土記』香島郡条には、神栖市奥野谷・知手付近の太平洋岸に比定される(21)「軽野より東の大海の浜辺」に漂着して砂に埋もれている難破船の記事が見られる。この船は、国覔ぎのため、陸奥国の石城の船造りに作らせたものなので、北方へ向った可能性が高い(22)が、親潮に流されたのか、鹿島灘を南下して遭難したようである。やはりこの付近が航海の難所であったことを示していよう。

ところで、志田(23)も常陸国府から陸奥国の鎮所への漕送は、国府の側の高浜の海から鹿島を経て利根川河口の「安是の湖」から太平洋を北上する航路もあったが、この航路は黒潮が鹿島灘から大きく迂回するため危険がともなったので、国府─安侯駅─奥谷まで陸送し、そこから水路で奥谷─平津─陸奥国鎮所というコースがとられたのであるとしている。そこで、この外洋の航海の難所を避けるため、利根川河口から霞ヶ浦をさかのぼって、国府の外港である高浜もしくは恋瀬川の渡河点付近にあったと推測される国府付属駅で荷物を陸揚げし、駅路を安侯駅もしくは河内駅まで陸送して、再び涸沼川もしくは那珂川を下って、平津駅に達したというアイディアが生まれるのである。このような海路─陸路─海路というルートをはじめに指摘したのは笹岡(24)であり、内山(25)はこのルートを「常陸内陸廻りルート」と名付け、鹿島灘を北上して陸奥国へ向う「外洋廻りルート」と対置している。あるいは、国府付属駅よりも霞ヶ浦が進入している曾禰駅で陸揚げすれば、より大型船が近付けたであろう。その分、陸送する距離が長くなるが、船の規模や荷物の量などによって、高浜もしくは国府の付属駅等との間で使い分けがなされた可能性がある。ちなみに、曾禰駅付近は、『和名抄』の茨城郡大津郷にあたり、大化前代からの霞ヶ浦の良港であったと推測される。また、平津駅で涸沼川を下るか、河内駅で那珂川を下るかについても、前者より後者の方が川の規模がはるかに大きいので、大きな荷物は陸送する距離が長くなっても、河内駅まで運んだのではないだろうか。ちなみに、想定駅路が那珂川に下る部分は、全国の駅路でも屈指の巨大な切り通しが存在するが（近年、一部が埋め立てられて旧状をかなり失った）、これも大量の物資の運搬のための工事の結果かもしれない。

ところで、このような漕送・陸送・漕送というやり方は、現代人にとっては、きわめて煩瑣なものに感じられるかもしれない。しかし、近世の常陸国では、このような水陸両路を使った運送が積極的に行われていた。たとえば、水戸藩の年貢米は、城下杉山の藩庫に集められ、そのうち、江戸に送られる分は、那珂川から涸沼川を経て涸沼南岸の海老沢まで廻送され、それより霞ヶ浦北岸の小川までは駄送、そこで再度船積みされて江戸浅草の同藩蔵屋敷まで届けられた(26)。

あるいは、古代において、陸上交通と水上交通とを組み合わせた例としては、『播磨国風土記』賀古郡鴨波里の「舟引原」の例がある。すなわち、昔、神前村に荒ぶる神がいて、行く舟に対し交通妨害を行っていたので、往来の船は、印南の大津江から加古川をさかのぼって賀意理多の谷に入り、舟を曳き運んで、赤石郡の林の潮に通行させて出したという話である。この説話の意味と現地比定については、石見完次(27)と吉本昌弘(28)がほぼ同様の見解を示している（図10）。すなわち、加古川・明石間は播磨灘の潮流が早く、航海の難所であった。そこで、舟は加古川をさかのぼって、その支流の曇川に入り、分水嶺にあたる舟引原で舟を曳いて瀬戸川に達し、魚住泊付近に出た後、赤石郡の林の潮に達したとする解釈である。常陸国の例と比較すると、そのスケールははるかに小さく、また舟そのものを陸上で曳くという点なども異なるが、海の難所を避けて陸路を迂回するという構造は、まったく共通するものである。常陸国の場合、鹿島灘沿いを北上するコースをとって、運搬物を流失する危険を冒すよりも、時間と手間はかかっても、内海と陸路を経由する安全なルートが積極的に使用されたと想像される。また、常陸国の平野部の地形は、きわめて低平で起伏が少ないので、物を陸送するには好都合であったろう。その際、車を使用できれば、さらに効率的であったろう。そのような輜重車の存在を示す文献史料は存在しないが、笠間市の大字長兎路の小字地名「車道」は注目される。同地は、五万堀古道として発掘された東海道駅路の西約六〇〇メートルに存在する地名で、したがって想定駅路に沿っているわけではない。また、その地名がいつまでさかのぼるかも判然としない。ただし、地名は移動したり、またその範囲が拡大・縮小したりすることもあるので、駅路と関係する可能性がないわけでもなかろう。

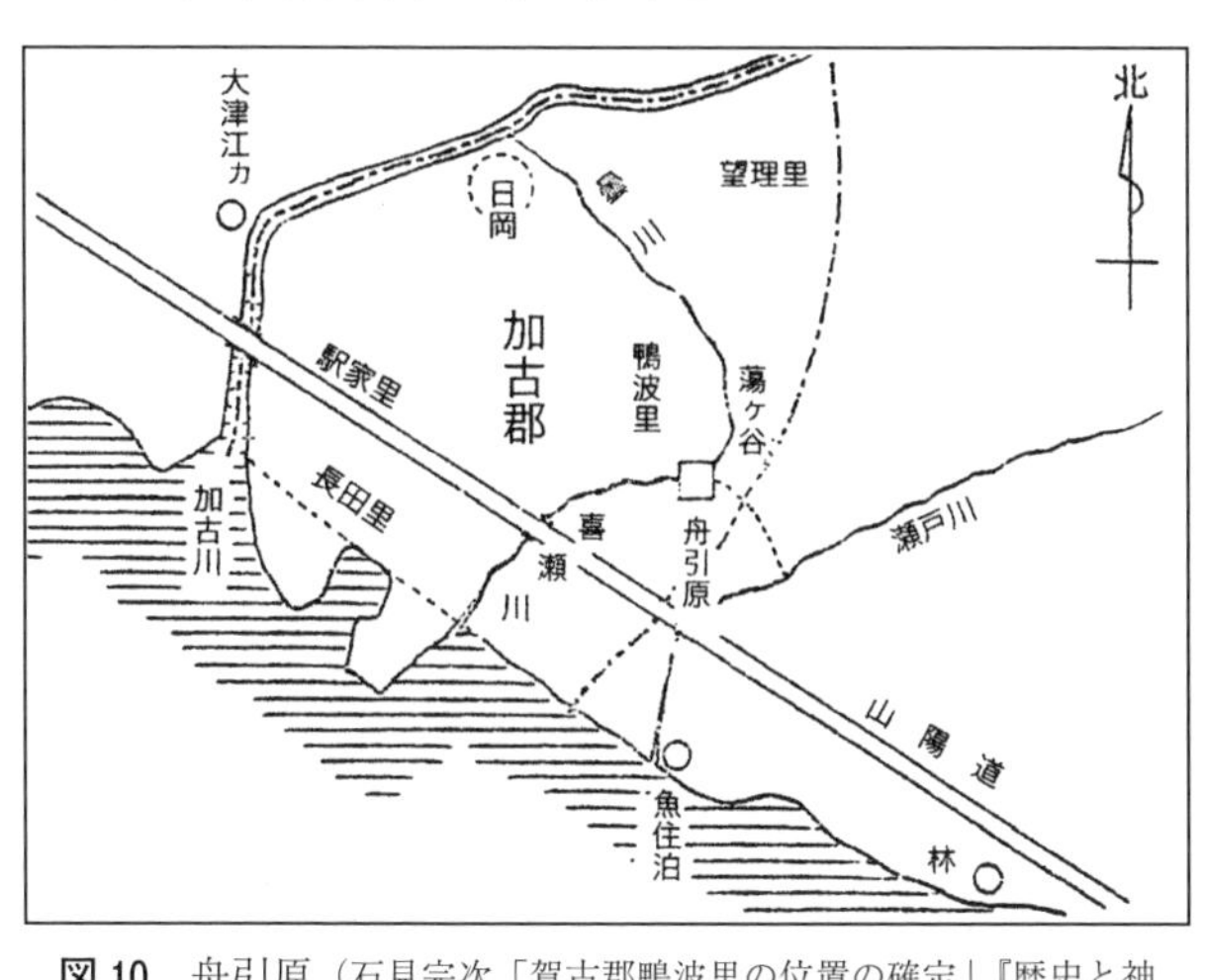

図 10　舟引原（石見完次「賀古郡鴨波里の位置の確定」『歴史と神戸』20-6 より）

九州北部から山陽道、畿内にかけて、古代官道に沿って「車路」の地名が多数分布している。木下[29]は、それらは、天智朝ごろに築城された古代山城間を通行した軍用輜重車に由来する地名と見る。現在のところ、古代官道に沿って確認された「車路」地名は、大津宮以西にのみ分布している。木下[30]は、肥前国の古代山城基肄城内の東北門と南水門とをつないで谷沿いに通る道路について、文化三年（一八〇六）に作製されたと見られる「椽之城太宰府旧蹟全図　南」に「車道」と記していることや、福岡県築上郡椎田町の想定駅路に沿って、大字上り松に「車路」と「車道」の小字地名が見られることから、車路も車道も同様の地名であるとしている。要するに、大津宮から西に発した官道に沿って、軍用輜重車の通行にちなむ「車路」地名が分布するが、それらの一部は「車道」とも表記されるようになっていったと推測される。笠間市長兎路の「車道」地名は、いわゆる大津宮以西の軍用輜重車の通行に由来すると見られる「車路」地名とは異なるが、やはり古代の車の通行によって生まれた地名の可能性はあろう。

なお志田[31]は、奥谷遺跡は蝦夷征討の軍需物資輸送の拠点として重要な役割を果たしたとして、安侯駅から平津駅までの物資の運搬について、奥谷遺跡[32]までは陸路を行き、そこで舟に積みかえて涸沼川を下ったとしている。しかし、安侯駅想定地のすぐ北に涸沼川が流れているので、陸路を行かなくとも、そのまま涸沼川を下った例が多かったのではないかと推測される。また、奥谷遺跡で検出された竪穴住居の数が飛躍的に増大するのは、九世紀第4四半期から一〇世紀第1四半期にかけてのころで、その後も中世にかけて建物群は存続する。奥谷遺跡の最盛期のころは、全国的に見て駅路の終末期に相当する。奥谷遺跡と国府が存在した石岡とを直結する道として、ほぼ現在の国道六号線のルートにあたる近世の水戸街道が存在した。このルートは、国府から安侯駅を経由しないで、奥谷遺跡に直行する最短距離となる。したがって、少なくとも安侯駅が衰退した後は、このルートがよく使用されたのではないだろうか。

三　倉庫について

ところで、以上のような水上交通と陸上交通とを組み合わせた交通体系において、ポイントとなる駅家想定地付近で、いずれも倉庫群が検出されている。

安侯駅に比定される笠間市安居の東平遺跡[33]では、東側を通る想定駅路と同方位をとる大型の礎石建物（第一号建物）が検出されている。年代は八世紀後半と考えられ、その性格は倉庫と見られている。

河内駅は、当初水戸市上河内町に置かれたと推定されている。[34] その南東の台地上の渡里町の台渡里官衙遺跡群[35]は、那賀郡家と郡寺が複合した遺跡で、長者山地区では、区画溝に囲まれた一六棟以上の礎石建物からなる倉庫群が確認されている。これらは郡家の正倉院とされる。また、東方の駅路に近接する南前原地区[36]でも、礎石建物一棟や「備（ママ）所」と記された墨書土器などが出土している。さらに、那珂川対岸の田谷遺跡は、隣接する白石遺跡とともに、移転後の河内駅の可能性が高い[37]が、伊東重敏[38]は、この地の小字「百壇」を礎石建物の基壇との関係が推測されるとし、また三ヶ所の基壇と礎石の存在を報告している。

水戸市大串町の大串遺跡（第七地点）[39]は、平津駅想定地の水戸市平戸町の西北約一・五キロメートルの台地上に位置し、正倉と見られる礎石建物跡や区画溝、大型の掘立柱建物等が確認された。川口武彦[40]は、平津駅想定地の微高地が駅家に必要な施設と津の両方を営むには狭すぎるとして、津の施設のみが平戸に置かれ、駅家の施設は、大串遺跡を含む台地上にあったのではないかとしている。

以上のように、水上交通と陸上交通の接点、もしくは河川交通と外洋交通の接点に位置する駅家およびその周辺では、大規模な倉庫群が存在する場合があった。とすれば、これらの倉庫群について、陸路から水路、もしくは河川から外洋へ出る地点で、物資をストックしておく性格があったのではないかと考えたくなるが、必ずしもそうではないことは以下の事例からうかがわれる。

一つは、下野国における東山道の駅家想定地でも、やはり大規模な倉庫群が見つかっている例があることである。たとえば、田部駅の可能性がある上神主・茂原官衙遺跡[41]や、新田駅の可能性がある長者ヶ平官衙遺跡[42]では、多数の大型倉庫群が発掘されている。筆者[43]は、それらの遺跡の性格として、駅家と郡家別院が複合したものではないかとした。すなわち、駅家には確かに駅田からの収穫を収める倉庫が必要であるが、これらの遺跡から出土した倉庫群は、あまりにも数が多すぎる。駅家であることが確定している兵庫県たつの市の小犬丸遺跡(44)(播磨国布勢駅)や上郡町の落地遺跡(45)(同国野磨駅)では、このような倉庫群は現在のところ検出されていないし、付近にそのようなスペースも見られないことから、もともと存在しないのであろう。したがって、上神主・茂原官衙遺跡や長者ヶ平官衙遺跡のような例は、全国的に見れば例外的で、駅家と郡家別院が複合した遺跡ではないかと考えた。すなわち、郡家の正倉を郡内各地に分散して設置した際、駅家に併置することによって、蝦夷征討における危急の際の蓄えとしたのではないかと見たのである。ところで、蝦夷征討における軍粮の輸送は、上野や下野国など東山道の国にあてがわれることもあったが、その際は、基本的に陸路である東山道を人担で運んだのであろうから、これらの倉庫は水上交通とは特に関係を持たないであろう(46)。

また、常陸国においても、北部の藻嶋駅は、日立市十王町伊師の長者山遺跡(47)にあたる可能性が高いが、ここでも古代の倉庫群が検出されている。同遺跡の東にはラグーンが存在して、港としての機能も有していたと推測されている(48)が、安候駅や河内駅のような霞ヶ浦を利用した陸運から水運への物資の積みかえとは性格が異なるであろう。

おそらく陸奥国に境を接する常陸・下野国のかなりの駅家には、郡家の正倉別院を併置して、危急の際の蓄えの機能を持っていたと推測され、東平遺跡や田谷遺跡、大串遺跡で検出された倉庫は、基本的にそのような性格のものだったのではないだろうか。しかし、積みかえの際の一時的なストックのための倉庫も、ある程度は必要であろう。あるいは、当時の実情として、両者を兼ねて使用された倉庫などもあったかもしれない。また、河内駅の場合は、付近に別院ではなく、那賀郡家の本体が存在した。先述したように、長者山遺跡の正倉院は郡家に所属するものであろうが、南前原地区でも倉庫が検出されている(49)。当初の河内駅は段丘の下、移転後は那珂川の北岸に置かれていたことが『常陸国風土記』の記事からうかがわれるが、それらは駅館の位置であって、実際の駅家の施設は、広く那珂川の両岸に展開していたと推測される。今後は、そういった点にも留意しつつ、台渡里官衙遺跡の調査を進めていくべきであろう。

おわりに

以上のように、本章では、常陸国の駅家について、それらが水上交通に対しても、軍需物資の中継地として積極的な機能を果たしていたのではないかと述べた。具体的に取り上げたのは、曾禰駅、国府の付属駅、安侯駅、河内駅、平津駅の五駅に過ぎないが、はじめに述べたように、他の駅家も渡河点や渡海点に位置するものが多く、先の五駅に準じて、水上交通的な機能を有していたものもあるであろう。曾禰駅と国府の付属駅は、霞ヶ浦と関わるが、『常陸国風土記』行方郡条に見えて、弘仁六年（八一五）に廃止された板来駅も、『風土記』には「海浜に臨」むと記されており、霞ヶ浦への入口に存在したので、水運に関わる機能を持っていたのかもしれない。木下[50]は、板来駅から香島神宮に至るには、北浦口を横切る必要があるという別の観点から、板来駅は水陸両用の駅家ではなかったかとしている。また、『風土記』行方郡条には「香島に向う陸の駅道なり」という一文があり、これが国府から曾尼駅を経て板来駅へ向う駅路にあたると考えられる。木下は、この「陸の駅道」に対して、「海の駅道」の存在を考えるとすれば、国府津であったと見られる高浜から直接板来を目指したのであろうとしているが、これが蝦夷征討の際の物資の水上輸送路にあたり、先述したように、国府の付属駅で陸揚げした可能性もある。笹岡[51]も、積極的に板来駅を水運に関連して設けられた駅家とし、ここに集約された物資や兵士が船に積みかえられ、水路を利用して北へ向うこともあったであろうとしている。

石橋駅は、久慈川の渡河点に位置するが、久慈川の古代の水運についても志田[52]の考察がある。すなわち、「国造本紀」に、久慈国初代の国造の名を船瀬足尼としているが、「船瀬」は河川港と関係が深い名であり、久慈国造が久慈川と山田川の合流地付近にあった河川港を支配していたのではないかとしている。当地は、『和名抄』に見える久慈郡志万郷にあたり、この郷名は、久慈川と山田川の合流する一帯が、両河川にはさまれて島のような形をしていたことに由来するとする。さらに志田は、常陸太田市の磯部の地名にも注目する。磯部は、漁撈・航海を職業とする部民で、必ずしも海浜の地域ではなく内陸部にも分布するので、河川での漁撈や舟運にも従事したとする。石橋駅の位置は、志田が想定する河川港の東約四キロメートルとなる。石橋駅の場合、内海との関係は特に認められないが、ここにストックしていた物資を久慈川を使って外洋に出していたことは考えられよう。

助川、藻嶋、棚嶋の三駅は、いずれも外洋に近い川の渡河点付近に存在したと考えられる。これら三駅の水運との関わりについては、笹岡[53]の詳しい考察がある。それによると、助川駅については、『常陸国風土記』にその旧名が「遇鹿」と記されており、日立市会瀬町に比定される。断崖の迫る海岸となっているが、小規模な磯が南北に突出しており、港津として利用することは可能だったとする。また、藻嶋・棚嶋両駅の比定地には、それぞれラグーンが存在し、良好な港であったとする。そして、これら外洋に近い三駅が港の機能も有していたと考えられることについては、輸送負担の軽減、危険性の回避、季節による振り分けなどにおいて、陸路と海路とを無関係に設定した場合よりも有利になるとしている。すなわち、大量輸送に向くが不安定な海路と、輸送負担が大きいがより確実な陸路の両方を関連付けて設定することによって、蝦夷征討の時期のように、特に大量の物資や人員を輸送するのに好都合であるとするのである。したがって、これら外洋に近接した三駅については、内海を利用して、水路と陸路を接続する安侯等の駅家とは、また違った水上交通との関わり方のタイプとなるであろう。

なお、笹岡[54]は、養老三年（七一九）に設置された石城国の一〇駅についても、駅家と港津がセットで設定された可能性は充分にあったのではないかとしている。一方、木下[55]は、海岸近くは地形的に起伏が多かったとし、やや内陸部を通る「東海道」は中世の道路名であるが、ほぼ直線的に通るので、古代駅路を踏襲した可能性が高いとしている。そして、石城地方の諸郡家は海岸寄りに位置するものが多いので、これらを連絡する伝路が海岸近くを通っていたと推測している。これらの郡家は、港としての機能も有していたので、木下の考え方によれば、常陸国の助川・藻嶋・棚嶋駅のような役割を、郡家が担った可能性がある。なお、藤木海[56]は、陸奥国行方郡家に比定される泉官衙遺跡の町池地区で検出された、道路状遺構に沿う八脚門を持つ官衙遺構について、駅家の遺構とも共通する構造を持つとしており、駅路が海岸に近い所を通っていた可能性についても再検討する必要があろう。

また、北陸道について木下[57]は、若狭国と越前国以外では駅が海岸に在ることが多く、その中には港津を兼ねたと考えられる駅家もいくつか存在するとする。そして、このようなことは、他の諸道には見られない北陸道の大きな特色で、冬季積雪によって陸上交通に不便を感じるような時は、随時海上交通を利用することもあったのではないかとする。木下は、あくまで駅使の往来について考えているようであるが、北陸道もまた、蝦夷の地へ向う軍事道路としての側面も有していたことを考えると、そのための物資の輸送などの側面についても考える必要があるかもしれない。ただし、越中国などでは初期の駅路が内陸部を通っていた可能性もあり[58]、海岸に位置する駅家が当初からのものであるかどうかを考慮する必要がある。

以上、常陸国の駅家について、内海や外洋、あるいはその両方と関わるなど、タイプが違うものはあるものの、水運に関わる機能があったのではないかという視点で見てきた。ただし、律令に、駅家に荷物についての水上交通の機能があることが直接記されているわけではない。したがって、そのことは、あくまで駅家の立地や、駅家想定地における倉庫の発掘等からの推測による。しかし、駅家に律令に規定された以外の機能が存在する場合もあることについては、平川南[59]が出羽国の蚶形（きさかた）駅について、郵便機能があることを指摘した例や、平川[60]や高橋美久二[61]、筆者等[62]が、軍事機能があることを指摘した例がある。中村[63]は、東国の国府や郡家がその立地等から水上交通機能を有していたとしているが、それらが律令に見えないことについて、国府・郡家に関連する地域的な水上交通が、律令国家の枠組みの中ではあるが、律令法の枠組みの外にあるというグレーゾーンで編成・運用されていることを示しているとしている。そして、国家的に編成された地域の水上交通の問題は、律令国家の地方支配の中でも、律令法その他が示すような制度の面からではなく、運用面・実態面から解いていかなければならないとする。本章も、そのような考え方にならって、常陸国の駅家が持っていたであろう水上交通機能について考察したものである。そして、「はじめに」で述べたように、駅家のこのような機能は、全国的に見れば必ずしも普遍的なものではなく、蝦夷征討の軍事基地的な性格が強く、かつ内海やラグーンが広く展開していた常陸国に特に発達したものではないかと考えられるのである。

註

（1）木下良『事典　日本古代の道と駅』吉川弘文館、二〇〇九年。
（2）木下良「常総地域の古代交通路について」岩崎宏之編『常総地域における交通体系の歴史的変遷に関する総合的研究』平成二・三年度文部省科学研究費補助金（総合研究A）研究成果報告書、一九九二年。
（3）志田諄一「国境の港と勿来関」北茨城市史編さん委員会編『北茨城市史　上巻』北茨城市、一九八八年。
（4）木下良「東海道―海・川を渡って」同編『古代を考える　古代道路』吉川弘文館、一九九六年。
（5）服部昌之「加古駅家と古代の駅制」加古川市史編さん専門委員編『加古川市史　第1巻』加古川市、一九八九年。
（6）笹岡明「古代の港津の立地に関する一試論」『交通史研究』四〇、一九九七年。

（7）豊崎卓『東洋史上より見た常陸国府・郡家の研究』山川出版社、一九七〇年。
（8）大脇保彦「常陸国」藤岡謙二郎編『古代日本の交通路Ⅰ』大明堂、一九七八年。
（9）木下良「常陸国古代駅路に関する一考察」『国学院雑誌』八五―一、一九八四年。
（10）志田諄一「古代常陸の水運」岩崎宏之編『常総地域における交通体系の歴史的変遷に関する総合的研究』平成二・三年度文部省科学研究費補助金（総合研究A）研究成果報告書、一九九二年。
（11）茨城県教育財団編『一般国道六号改築工事地内埋蔵文化財発掘調査報告書　奥谷遺跡・小鶴遺跡（上）（下）』茨城県教育財団、一九八九年。
（12）久信田喜一「志万郷と古代常陸の水運」『地方史研究』四二―六、一九九二年。
（13）中村太一「古代東国の水上交通」関和彦編『古代東国の民衆と社会』名著出版、一九九四年。
（14）ひたちなか市文化・スポーツ振興公社編『武田石高遺跡　奈良・平安時代編』ひたちなか市教育委員会・ひたちなか市文化・スポーツ振興公社、二〇〇〇年。
（15）川口武彦「茨城県水戸市台渡里廃寺長者山地区・大串遺跡第七地点」古代交通研究会編『古代交通研究会第一四回資料集　アヅマの国の道路と景観』古代交通研究会、二〇〇八年。
（16）前掲註（10）。
（17）川尻秋生「古代東国の外洋交通」『歴史学研究』七〇三、一九九七年。
（18）内山俊身「征夷事業における軍事物資輸送について」『茨城県立歴史館報』二五、一九九八年。
（19）前掲註（10）。
（20）前掲註（13）。
（21）秋本吉郎校注『風土記』岩波書店、一九五八年。
（22）笹岡明「古代常陸国北部の水運と藻嶋」『十王町民俗資料館紀要』Ⅱ、一九九六年。
（23）前掲註（10）。

(24) 前掲註(22)。
(25) 前掲註(18)。
(26) 渡辺英夫「水戸藩運送奉行について」岩崎宏之編『常総地域における交通体系の歴史的変遷に関する総合的研究』平成二・三年度文部省科学研究費補助金(総合研究A)研究成果報告書、一九九二年。
(27) 石見完次「賀古郡鴨波里の位置の確定―小字「舟引」の発見にもとづく―」『歴史と神戸』二〇―六、一九八一年。
(28) 吉本昌弘「播磨国邑美・佐突駅家間の山陽道古代バイパス」今里幾次先生古稀記念論文集刊行会編『播磨考古学論叢』今里幾次先生古稀記念論文集刊行会、一九九〇年。
(29) 前掲註(1)。
(30) 木下良「古代山城と軍用道路」鳥栖市教育委員会編『鳥栖市誌　第二巻　原始・古代編』鳥栖市、二〇〇五年。
(31) 前掲註(10)。
(32) 前掲註(11)。
(33) 岩間町教育委員会社会教育課編『岩間町東平遺跡発掘調査報告書―推定安侯駅家跡―』岩間町教育委員会・東平遺跡発掘調査会、二〇〇一年。
(34) 前掲註(8)。
(35) 川口武彦「台渡里遺跡群における近年の調査成果」水戸市教育委員会編『古代常陸の原像』水戸市教育委員会、二〇一二年。
(36) 有限会社日考研茨城編『台渡里遺跡』水戸市教育委員会、二〇〇六年。
(37) 黒澤彰哉「常陸国那賀郡における寺と官衙について」『茨城県立歴史館報』二五、一九九八年。
(38) 伊東重敏『水戸地方における古代窯業の研究(その2)水戸市田谷廃寺跡出土古瓦雑考』常陸考古学研究所、一九七五年。ただし、伊東自身は、当遺跡を寺院跡と解釈している。
(39) 水戸市教育委員会編『大串遺跡(第七地点)』水戸市教育委員会、二〇〇八年。

(40)　前掲註(15)。
(41)　上三川町教育委員会・宇都宮市教育委員会編『上神主・茂原官衙遺跡』上三川町教育委員会・宇都宮市教育委員会、二〇〇三年。
(42)　財団法人とちぎ生涯学習文化財団埋蔵文化財センター編『長者ヶ平遺跡』栃木県教育委員会・財団法人とちぎ生涯学習文化財団、二〇〇七年。
(43)　木本雅康『遺跡からみた古代の駅家』山川出版社、二〇〇八年。
(44)　龍野市教育委員会編『布勢駅家』龍野市教育委員会、一九九二年。龍野市教育委員会編『布勢駅家Ⅱ』龍野市教育委員会、一九九四年。
(45)　上郡町教育委員会編『古代山陽道野磨駅家跡』上郡町教育委員会、二〇〇六年。
(46)　ただし、内山は前掲註(18)論文において、上野や下野国の国府や郡家からの軍粮の輸送においても、水上交通が利用された可能性について述べており、今後個別に検討するべきであろう。
(47)　日立市郷土博物館編『長者山遺跡―藻島駅家推定遺跡平成二三年度発掘調査概報―』日立市教育委員会、二〇一二年。
(48)　前掲註(22)。
(49)　『常陸国風土記』那賀郡条に、移転後の河内駅について「郡より東北のかた、粟河を挟みて駅家を置く」とある。この部分について、河内駅が粟河(那珂川)の両岸にあったとする解釈と、郡家の対岸にあったとする解釈があるが、筆者は後者をとりたい。それは、渡河点に置かれた駅家の場合、その施設が川の両岸にわたるのは当然のことなので、いちいち記載するまでもないからである。『風土記』がわざわざ駅家の位置について書いているということは、那賀郡家の対岸に駅家の中心の駅館が存在したからであろう。
(50)　木下良「「香島に向ふ陸の駅道」について」『茨城県史研究』七六、一九九六年。
(51)　前掲註(22)。
(52)　前掲註(10)。なお、久信田も前掲註(12)論文において、同様の考察をしている。

(53) 前掲註(6)、(22)。
(54) 前掲註(22)。
(55) 前掲註(1)。
(56) 藤木海「福島県南相馬市泉廃寺跡の交通関連施設について」古代交通研究会編『古代交通研究会第一三回大会資料集　官衙と交通』古代交通研究会、二〇〇六年。
(57) 前掲註(1)。
(58) 前掲註(1)。
(59) 平川南『よみがえる古代文書』岩波書店、一九九四年。
(60) 平川南「出土文字資料からみた地方の交通」『古代交通研究』一一、二〇〇二年。
(61) 高橋美久二「古代近江国の東山道」足利健亮先生追悼論文集編纂委員会編『地図と歴史空間』大明堂、二〇〇〇年。
(62) 木本雅康『遺跡からみた古代の駅家』山川出版社、二〇〇八年。
(63) 前掲註(13)。

第三章　その後の東山道武蔵路

はじめに

東山道武蔵路のルートについて、かつては埼玉県東部の低地を通過するという説もあったが、現在では、歴史地理学や考古学の研究によって、中部の台地上を通っていたことが確定している。[1]ところで、武蔵路自体は、宝亀二年（七七一）に廃止されたが、『続日本後紀』天長一〇年（八三三）五月丁酉（一一日）条によれば、武蔵国は行路の難に備えて、公私の旅行のために、多磨・入間郡界に悲田処を設置しており、その位置は確定していないが、ほぼ武蔵路のルートに沿って存在したと推測される。また、考古学的にも、所沢市の東の上遺跡[2]で検出された武蔵路にあたると考えられる道路状遺構は、武蔵路が廃止された時期に、竪穴住居によって側溝が切られるが、住居跡の進出は、中央の硬化面までは達しておらず、硬化面内から九世紀段階までの遺物が認められるので、側溝廃絶後も硬化面のみで道路として存続していたとされる。さらに、武蔵路上の駅家関連の遺跡とされる川越市の八幡前・若宮遺跡[3]は、「駅長」と記された墨書土器が出土して、武蔵路が廃止された宝亀二年以降も存続したことが判明している。

以上のように、正式な駅路としては廃止された後も、おおよそのルートとしては、武蔵路は存続したと考えられるので、本章では、宝亀二年以降の武蔵路付近のルートについて考察したい。

一　八幡前・若宮遺跡

川越市的場の八幡前・若宮遺跡は、ほぼ武蔵路の入間川の渡河点付近に位置するが、ここで「駅長」と記された墨書土器が出土したことから、[4] 武蔵国府の付属駅から数えて三番目の駅が同地に存在したと考えられている。[5] 全国的に見ても、しばしば渡河点に駅家が置かれる場合があるが、その理由は、川での足止めとなる可能性があることや、渡船を使う場合には、おそらく駅馬を船に乗せないと考えられるので、そこが駅馬の乗り継ぎ場所を兼ねている方が都合がよいことなどが挙げられる。「駅長」の墨書土器は、武蔵路が駅路として機能していた八世紀前半のものであるが、同遺跡では武蔵路が廃止された宝亀二年以降に相当すると考えられる遺構や遺物も多数出土している。

たとえば、径七メートル近い掘り方を持つ一号井戸は、武蔵路が駅路であった八世紀前半に掘削されたが、その後も存続した。九世紀前葉に井筒が改修され、当初の形態は壊されてしまったものの、九世紀第4四半期に廃絶し、九世紀末～一〇世紀初頭以降に埋没したとされている。この井戸からは、五斛の大瓶を使い、酒を醸造したことを横材に記録したものと推測される帳簿木簡が出土しており、平川南は、[6] 駅家の機能の一つである種々の饗応用と考えられる酒の醸造が行われていたことが確認できるとしている。

駅家と酒の関係を示唆する出土文字資料としては、千葉県市川市の国分寺跡で発掘された墨書土器がある。[7] この土器には、近隣にあったと考えられる井上駅を示す可能性がある「井上」という文字を囲むようにして、「牛・馬・判・人足・荷・杼・遊女・酒」等の文字が書かれており、駅家と酒の関係を示唆する。[8]『万葉集』巻四、五六七番歌の左注からは、大宰府から帰京する大伴宿禰稲公等に対して、大伴宿禰百代、山口忌寸若麿、大伴家持が、餞別の酒宴を筑前国夷守駅において設けたことがわかる。他にも巻四には、大宰府の官人の遷任にあたって、送別会が筑前国蘆城駅で行われたことが見え（五四九〜五五一、五六八〜五七一番歌）、巻八にも、同駅家で宴会が行われた際の歌が二首収められている（一五三〇、一五三一番歌）。当然その際には、酒が振る舞われたであろう。以上取り上げた駅家は、蘆城駅が大宰府の付属駅、井上駅が下総国府の付属駅と考えられ、夷守駅についても、西垣彰博[9]は、地形的にも大宰府から見た最終的な境界にあたるので、駅使の送別を行う特別な駅家であったとしている。したがって、これらの駅家では特に頻繁に宴会が行われたであろうが、その他の駅家でも、宿泊した官人や駅使がそこで酒を飲んだことは考えられるから、駅家付近で酒そのものを醸造するケースもあったことは充分に想像できる。

ただし、八幡前・若宮遺跡で出土した帳簿木簡は、一号井戸の廃絶埋没土層である六a層から出土しており、九世紀の井戸廃絶期に廃棄されたものであるから、駅家が機能していた当時のものではない。当地は、武蔵路の入間川渡河点付近にあたるから、武蔵路が廃止された後も、そこは引き続き主要道路の渡河点として継続し、駅家に代わる渡河・滞在宿泊施設として存続したのであろう。たとえば、武蔵国府付近にあったと考えられる多磨郡家と、坂戸市もしくは川越市付近にあったと推測される入間郡家とを連絡するルート上にもなるので、武蔵路のルートは、駅路としては廃絶しても、郡家と郡家とを結ぶ伝路としては機能し続けた可能性がある。

先述したように、『続日本後紀』天長一〇年（八三三）五月一一日条に、武蔵国が行路の難に備えて、公私の旅行のために、多磨・入間郡界に悲田処を置いて「屋五宇」を建てた記事がある。また『延喜式』主税寮式の武蔵国の項に、「悲田料四千五百束」が出挙稲の品目として挙げられており、悲田処の位置は確定していないものの、旧武蔵路沿いにあったと推測される。悲田処が「公私の旅行のために」設けられたり、悲田料が『延喜式』に挙げられていることから考えると、武蔵路が駅路ではなくなった後も、このルートはある程度公的なものと認識されており、まず考えられるのは、先述したように、もう一つの官道である伝路となったということである。ただし、正確に言えば、この道は、駅路として廃止になる以前においても、多磨・入間郡家を結ぶ伝路としても機能していたはずであるから、本来、駅伝路（駅路と伝路を兼ねる道）であったとするべきであろう。伝路の場合、伝馬を乗り換える所は、原則として郡家であったと考えられるが、入間川のような大きな川の場合は、当然その渡河点にも、何らかの施設があったはずである。

もっとも、八幡前・若宮遺跡の地点は、必ずしも渡河点としてふさわしい場所ではなく、特に入間川の南岸は、かなり広い氾濫原であった。近現代のように河道が固定していなかった古代においては道筋を維持しにくく、武蔵路の痕跡がこの氾濫原の部分のみ消えていることからも、そのことがうかがわれる。入間川を渡るには、上流の鎌倉街道上道の渡河点である「八丁の渡し」の方が、両岸から段丘が張り出し、氾濫原の幅も狭いので、渡りやすかったと考えられる。ちなみに、筆者は、[10]鎌倉街道上道も、ほぼ古代の伝路を踏襲した道であると推測している。「八丁の渡し」は、現在の狭山市の入間川と称する集落付近にあたるが、中世の入間川宿の故地にあたり、『吾妻鏡』や『太平記』をはじめ、数々の史書に名を見せる交通の要衝の地であった。

しかし、古代の駅路は、できるだけ最短距離をとるという原則があるので、武蔵路は必ずしも渡河点としてはふさわしくない、八幡前・若宮遺跡付近を通るように設定されたのであろう。ただし、いったんそのような渡河施設が作られてしまえば、駅路は廃絶しても、その施設は利用され続ける場合もあったと考えられる。時には、公的施設としての性格を失った場合でも、民間の施設に転用されて運営が続けられる場合もあったかもしれない。また、駅路の渡河点といっても、そこには小規模な河川港が作られるわけであるから、後世その港が拡張されるなどして、河川そのものの水上交通の港に変わっていった可能性もある。八幡前・若宮遺跡第一次調査区の場合、調査面積が狭くそこまで具体的なことはわからないが、先述したように、一号井戸は、八世紀前半に鑿井され、その後改修を経て、九世紀代まで使用されている。また、三七軒見つかっている竪穴住居のうち、一号住居は、八世紀前葉のものとされるが、二号住居は、九世紀中葉以降の廃絶とされる。さらに、三棟見つかっている掘立柱建物は、奈良・平安時代の中でも相対的に新しい時期に属すると推定されている。出土した墨書土器のほとんどは、九世紀代のもので、中葉から後葉を中心とする。そのうち、「入卌」と書かれたものが二点、「入」「卌」と書かれたものがそれぞれ一点ずつ認められる。冨元久美子[11]は、「入」が「入間郡」の略号である可能性が高いとし、駅路廃止後に、国司管理の施設が郡司管理へ移行したことは充分考えられるとしている。田中信[12]も、一号井戸から饗応用の酒を造っていたと推測される帳簿木簡や、貴人の存在を示す桧扇が出土したこと等から、八幡前・若宮遺跡付近には、郡家の出先機関が置かれていた可能性が高いとしている。したがって、駅路の渡河施設は、駅路でなくなって以降は、伝路として機能するようになったと考えるのが穏当であろう。

二　鎌倉街道との関係

武蔵国における東山道駅路と鎌倉街道との関係について、かつて筆者[13]は考察したことがあるが、その後、発掘調査によって新事実が判明したこともあるので、再考してみたい。

まず、この付近における鎌倉街道は、上道の支線とされる堀兼道と呼ばれる道路であるが、東の上遺跡（図11K）の北約三キロメートルにあたるｏ点から入間川の氾濫原に降りる川越市藤倉の切り通し（ｈ）までは、武蔵路と堀

（左下へ続く）

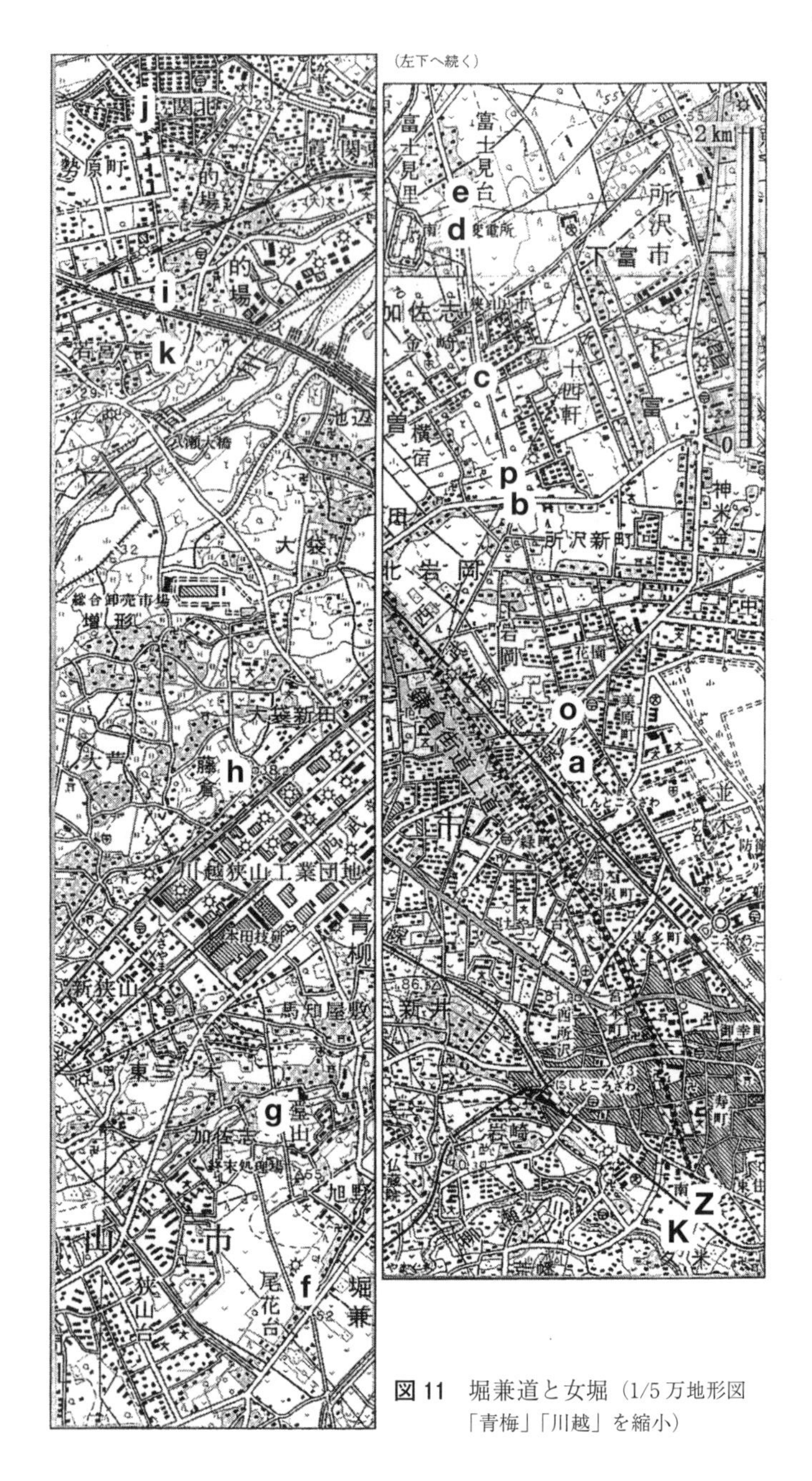

図 11　堀兼道と女堀（1/5 万地形図「青梅」「川越」を縮小）

兼道は、ほぼ完全に重なる。と言うよりも、武蔵路を復原した木下良[14]は、堀兼道が武蔵路を踏襲したと仮定して、武蔵路復原を行ったのである。このことは、ほぼこのラインの南への延長線上にあたる東の上遺跡（K）で古代道路が発掘されたこと、北への延長線上の八幡前・若宮遺跡（k）で「駅長」の墨書土器が出土したこと、さらにその北への延長線上にあたる女堀（i―j）について筆者が古代道路遺構を改変したものであることを指摘したことなどによって、ほぼ証明されたが、この区間内での発掘調査の事例が存在しなかった。それが、所沢市立埋蔵文化財センターによる平成二四年（二〇一二）の所沢市下富の柳野遺跡第一次調査区[15]（p）において、武蔵路の西側溝と考えられる溝と、硬化面を検出した。硬化面直上からは、土師器の坏形土器や須恵器の坏形土器・甕形土器の破片が出土している。なお、東側溝は、堀兼道を踏襲したと考えられる現在道の下に位置すると推測される。

次に、h点から八幡前・若宮遺跡（k）までの間の武蔵路は、先述したように入間川の氾濫原にあたり、痕跡は完

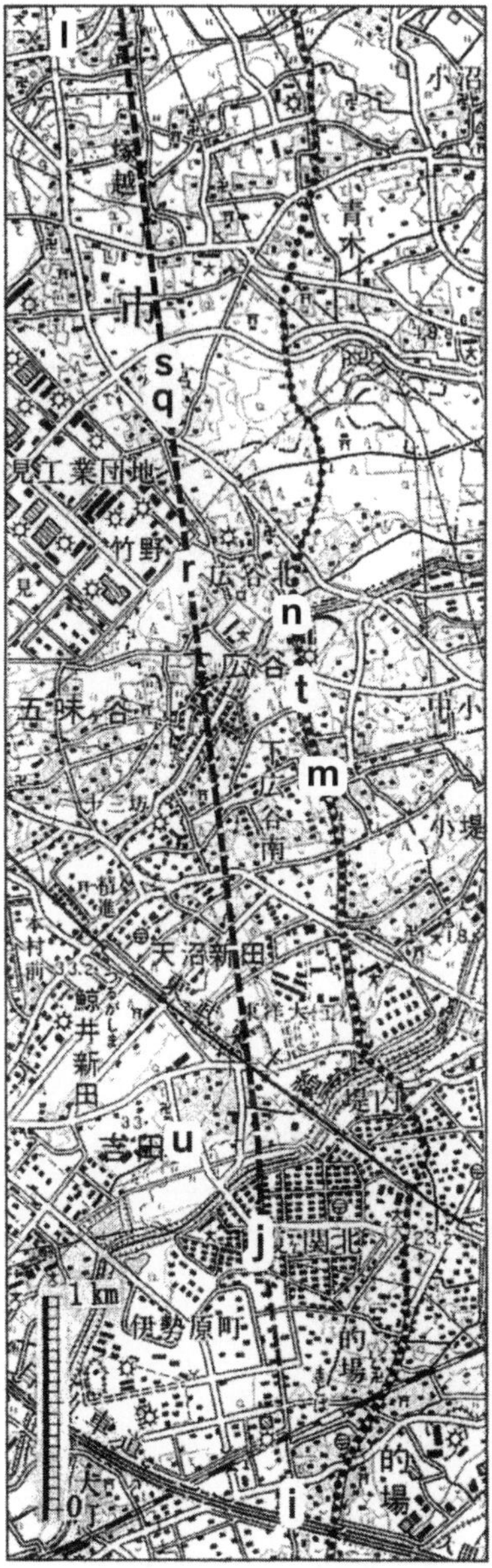

図12　女堀以北（1/5万地形図「川越」より）

全に消滅しているが、ほぼ直線的に通っていたと推測される。i—jは女堀で、武蔵路の西側溝を後に拡大して成立したと見られる。それ以北については、そのままこれまでのラインを延長すると、坂戸市の勝呂廃寺（図12 l）付近に達することから、筆者はそのあたりを武蔵路が通過していたと推測していた。その後、平成二二年（二〇一〇）に、坂戸市教育委員会が、q点の町東遺跡[16]で側溝間の心々距離約一〇・四メートルを隔てて並行する道路状遺構を検出し、武蔵路にあたると考えられる。それ以前に、冨元[17]は、川越市下広谷の宮廻館跡A区[18]（r）で検出された一〇・五メートルを隔てて並行する中世以前の溝について、武蔵路の側溝である可能性を指摘していたが、この溝は、女堀と町東遺跡を直線で結んだライン上にあることがわかったので、武蔵路のものであることが確実となった。さらに、町東遺跡の北への延長線上にあたる坂戸市の御イセ原遺跡[19]（s）でも、片側のみであるが、武蔵路の側溝と考えられる溝が検出されている。これらの遺構を延長すると、勝呂廃寺の東約三〇〇メートルに達する。

一方、武蔵路の東側をほぼ並行して、伝鎌倉街道が通っており、埼玉県歴史の道調査報告書『鎌倉街道上道』[20]は、堀兼道とつながる可能性を指摘している。ただし、入間川をどこで渡河していたかについては、もう一つ明瞭ではない。報告書では、川越市小ヶ谷の最明寺の西方を通過して入間川を渡るとしているが、このルートは、かなり東方に膨らむことになる。冨元[21]も同様のルートを想定し、渡河点を近世の「的場の渡し」[22]とする。一方で、冨元は、堀兼道をほぼ北へ延長した入間川にかかる八瀬大橋の北側に「池辺通」の小字地名があり、大字池辺は南岸の地名であるから、ここに近世道の小規模な渡しを想定している。この場所は、武蔵路の渡河点付近にもあたるので、当然古代の渡し場でもあったはずである。東に膨らむ鎌倉街道のルート付近には、一二世紀後半の築造とされる河越館[23]が存在するので、その関係で鎌倉街道は迂回路となった可能性があるが、それとは別に武蔵路や、冨元が想定する近世の渡河点付近で入間川を渡り、図12に示した伝鎌倉街道につながる道も中世にあったのではないだろうか。

さて、入間川以北で、武蔵路の東に並行する鎌倉街道は、堀兼道のような直線道ではなく、やや蛇行している。m—n間は、川越市と坂戸市の境界線になっており、n点の大谷川にかかる橋は、鎌倉橋と称する。そして、平成一八年（二〇〇六）および二〇年（二〇〇八）に、川越市教育委員会が、この伝鎌倉街道上に沿った川越市下広谷の古街道東遺跡(24)（t）で九世紀から一四世紀の間に築造された硬化面からなる道路状遺構を検出した。最も古く九世紀までさかのぼった場合は、武蔵路が駅路ではなくなってから、近い時期にこの地域の主要交通路が東に移って、その後、鎌倉街道として使用され続けたことになる。(25)すなわち、この地域において、武蔵路の痕跡が地表にほとんど残っていないのは、早い時期に主要交通路が東に移ったからではないかと見られる。対照的に、入間川以南では、武蔵路がほぼ完全に堀兼道に踏襲された。それは、同地は水の得にくい台地が続くことによると推測される。水が得にくいため、堀兼道周辺には、古代・中世の集落遺跡は皆無である。ようやく近世に入ってから、いわゆる三富開拓によって、共同井戸が掘られるなどして、人々の定住が可能になったわけである。そのような台地を武蔵路は横断するため水が重要で、武蔵路沿いに存在する、八軒屋の井や堀兼の井（e）のような巨大なまいまいず井戸は、武蔵路開通時に掘られた可能性が高い。したがって極端に言えば、旅人が武蔵路の道筋から外れることは、死を意味したであろうし、その状況は、中世まで続いたであろう。これが武蔵路のルートが後世まで忠実に踏襲されたと考えられる理由である。それに対し、入間川以北になると、やはり洪積台地が続くものの、あちこちに小支谷が入り込み、若干水の得やすい地形に変わり、そのような傾向は台地の東側の方がやや顕著であることから、主要交通路はやや東に移って蛇行するようになったのではないだろうか。

なお、武蔵路を踏襲した堀兼道に沿う堀兼の井は、『枕草子』等に見え、歌枕として名高い。歌枕に見える地名は、駅路廃絶後の平安時代中・後期の主要交通路を知る手がかりとなると考えられるので、(26)一貫してこのルートが使用され続けたことを裏付ける。また、『伊勢物語』一〇段に見える「みよし野の里」は、鎌倉時代末ごろに成立した『問はずがたり』巻四の記述によって、川越市吉田（u）付近であることがわかる。[27]現在の大字吉田の範囲は東西に広がって、武蔵路、鎌倉街道の両方の通過地にあたっている。

坂戸市以北も武蔵路と鎌倉街道は、完全に重なる所は少ないようであるが、利根川の渡河点にあたる現在の刀水橋付近まで、ほぼ並行して通っていたと推測される。[28]

おわりに

近年、中世史の研究者からも、この武蔵路を踏襲もしくは、ほぼ並行する鎌倉街道のルートが注目されている。高橋修[29]は、武蔵路を踏襲する中世の道を「大道（旧東山道武蔵路）」と仮称し、一二世紀に、熊谷氏の周辺にみえてくる、かなり広域にわたる領主間結合は、この道路を媒介とすることに注目している（図13）。また、熊谷氏は、本領熊谷郷西堺の境界付近に、「大道（旧東山道武蔵路）」を包摂するように堀ノ内を構成することによって、大道の維持・管理を自らの領主権としたと解釈し、堀の内と大道沿いに形成された市町の総体である「町場」を興隆することなどによって、領主と住民とのイデオロギー的紐帯を形成したとする。

一方、齋藤慎一[30]は、鎌倉街道の本道である上道から分岐して足利方面へ向う道を「鎌倉街道上道下野線」と名付けて、本道である「中道」をしのぐ中世東日本の大動脈であったとした。齋藤は、その経路を入間河―高坂―吉見―村岡―長井として、古代の東山道とも関連すると述べているが、村岡以南は、直線的な武蔵路に比べて、逆S字形を描く迂回路となっている。時期的な問題もあるが、下野線は、より武蔵路に近いルートをとった方がよいとも思われ、

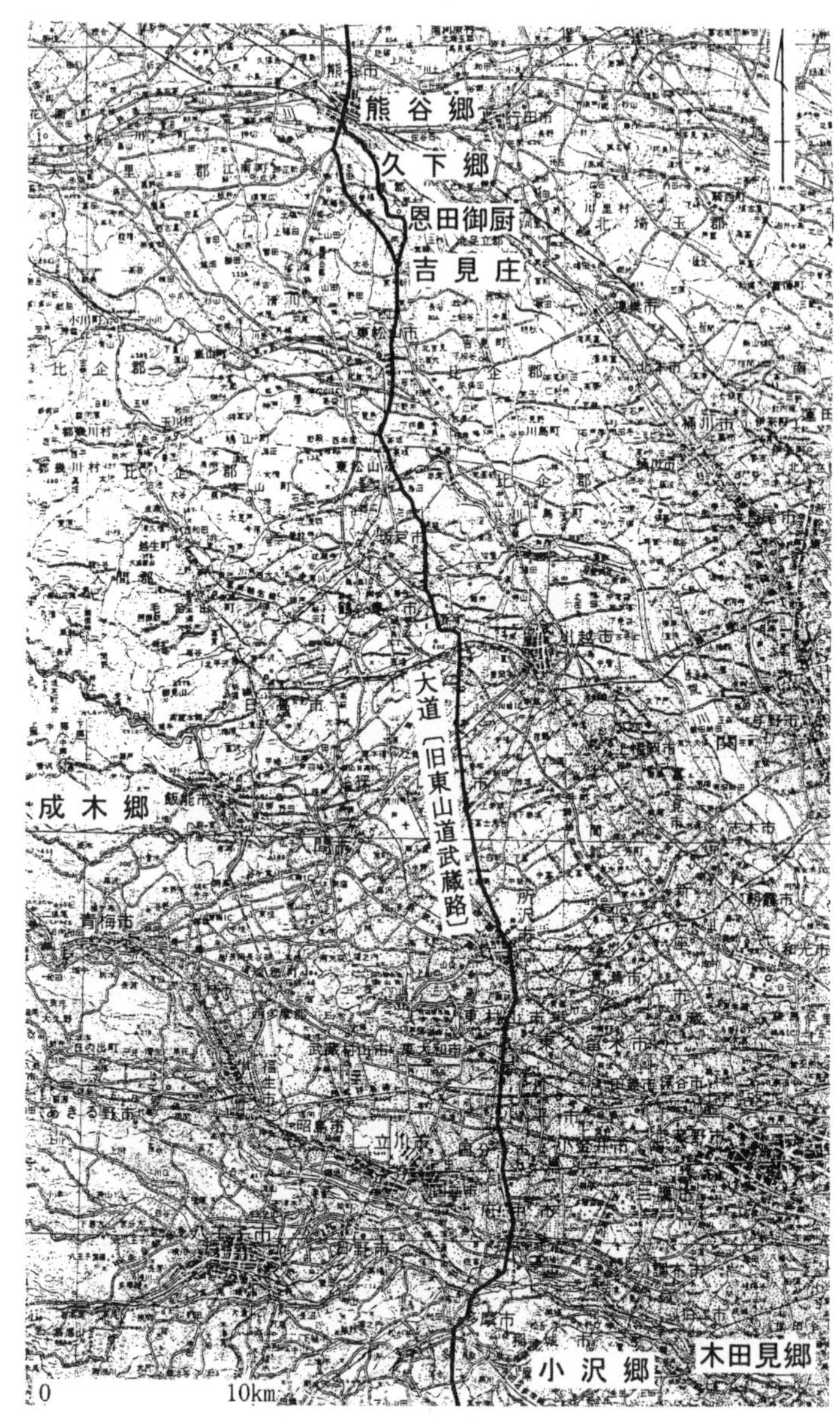

図 13　大道（旧東山道武蔵路）と熊谷氏がかかわった領地の所領
（浅野晴樹・齋藤慎一編『中世東国の世界１　北関東』高志書院より）

道筋については、再検討の余地があるようである。

さらに、考古学の大澤伸啓[31]も鎌倉街道上道下野線は、東山道武蔵路をほぼ踏襲したとして、そのルートを復原しているが、大澤が武蔵路に想定したルートのうち、八幡前・若宮遺跡より北の部分は先述したように、近年の発掘調査によって、やはり西方を通過していたことが判明したので、やはり再検討が必要である。

しかし、いずれにせよ、古代東山道武蔵路のルートは、それが駅路として廃絶した後も若干の移動はあったにせよ、武蔵国を縦断する重要な道として、古代から中世にかけて使われ続けたと言えよう。

註

(1) 木下良「上野・下野両国と武蔵国における古代東山道駅伝路の再検討」『栃木史学』四、一九九〇年。木本雅康「宝亀二年以前の東山道武蔵路について」『古代交通研究』一、一九九二年。酒井清治「武蔵国内の東山道について―特に古代遺跡との関連から―」『国立歴史民俗博物館研究報告』五〇、一九九三年等。

(2) 所沢市教育委員会・所沢市立埋蔵文化財センター編『東の上遺跡―飛鳥・奈良・平安時代編Ⅰ』所沢市教育委員会・所沢市立埋蔵文化財センター、二〇一〇年。

(3) 川越市教育委員会・川越市遺跡調査会編『八幡前・若宮遺跡（第一次調査）』川越市教育委員会・川越市遺跡調査会、二〇〇五年。

(4) 田中信「埼玉・八幡前・若宮遺跡」『木簡研究』一六、一九九四年。

(5) 木本雅康『古代の道路事情』吉川弘文館、二〇〇〇年。

(6) 平川南「出土文字資料からみた地方の交通」『古代交通研究』一一、二〇〇二年。

(7) 市立市川考古博物館編『下総国分寺跡　平成元～五年度発掘調査報告書』市立市川考古博物館、一九九四年。

（8）木本雅康『遺跡からみた古代の駅家』山川出版社、二〇〇八年。
（9）西垣彰博「福岡県糟屋郡粕屋町内橋坪見遺跡について」『国士舘考古学』六、二〇一四年。
（10）前掲註（1）木本雅康「宝亀二年以前の東山道武蔵路について」。
（11）冨元久美子「出土遺物について」川越市教育委員会・川越市遺跡調査会編『八幡前・若宮遺跡（第一次調査）』川越市教育委員会・川越市遺跡調査会、二〇〇五年。
（12）田中信「入間郡と東山道武蔵路」古代交通研究会編『古代交通研究会第一四回大会資料集　アヅマの国の道路と景観』古代交通研究会、二〇〇八年。同「東山道武蔵路と入間郡家の歴史―古代から中世への転換―」古代の入間を考える会編『論叢古代入間郡家Ⅱ―多角的視点からの考察―』古代の入間を考える会、二〇〇九年。
（13）木本雅康「武蔵国中・北部における古代官道と鎌倉街道」大金宣亮氏追悼論文集刊行会編『古代東国の考古学』慶友社、二〇〇五年。
（14）前掲註（1）木下良「「上野・下野両国と武蔵国における古代東山道駅伝路の再検討」。
（15）根本靖「柳野遺跡第一次調査」所沢市立埋蔵文化財センター編『所沢市立埋蔵文化財調査センター年報一八』所沢市立埋蔵文化財センター、二〇一二年。
（16）藤野一之「埼玉県内の古代道路跡―坂戸市町東遺跡の調査を中心に―」古代交通研究会編『古代交通研究会第一六回大会資料集　山国の古代交通―東国の峠・坂・川―』古代交通研究会、二〇一一年。
（17）冨元久美子「推定東山道支路について」川越市教育委員会・川越市遺跡調査会編『八幡前・若宮遺跡（第一次調査）』川越市教育委員会・川越市遺跡調査会、二〇〇五年。
（18）埼玉県埋蔵文化財調査事業団編『戸宮前・在家・宮廻』埼玉県埋蔵文化財調査事業団、二〇〇五年。
（19）前掲註（16）。
（20）埼玉県教育委員会・埼玉県立歴史資料館編『鎌倉街道上道』埼玉県政情報資料室、一九八三年。
（21）前掲註（17）。

(22) 埼玉県立さきたま資料館『入間川の水運』埼玉県教育委員会、一九八八年。
(23) 田中信「川越館跡の発掘調査とその成果について」川越市立博物館編『河越氏と河越館』川越市立博物館、二〇〇〇年。
(24) 内田正英「古街道東遺跡第一次調査」川越市教育委員会編『平成一八年度川越市文化財保護年報』川越市教育委員会、二〇〇七年。
(25) 田中は、註(12)論文において、当遺跡の調査区南東隅で検出された二条の溝跡について、宝亀二年(七七一)以降の伝路もしくは中世鎌倉街道下野線の側溝ではないかとしている。
(26) 木下良「歴史地理学的にみた交通・通信・情報の諸問題」『歴史地理学紀要』二八、一九八六年。川尻秋生「古代東国における交通の特質—東海道・東山道の利用の実態—」『古代交通研究』一一、二〇〇二年。
(27) 前掲註(1)木本雅康「宝亀二年以前の東山道武蔵路について」。
(28) 前掲註(13)。
(29) 高橋修「武蔵国における在地領主の成立とその基盤—熊谷氏と大道〔旧東山道武蔵路〕—」浅野晴樹・齋藤慎一編『中世東国の世界1　北関東』高志書院、二〇〇三年。
(30) 齋藤慎一『中世東国の道と城館』東京大学出版会、二〇一〇年。
(31) 大澤伸啓「東山道武蔵路と鎌倉街道上道下野線」『唐澤考古』二五、二〇〇六年。

第四章　因幡国気多郡の古代官道

はじめに

本章では、因幡国気多郡の古代官道について復原的に考察する。気多郡は、一郡内に複数の官衙遺跡が存在し、山中敏史[1]によって、早くからその性格が考察されてきた。この一郡内複数官衙の問題は、近年他の地域においても注目されているが、気多郡についての山中の研究は、まさにこの問題に先鞭をつけたものであった。近年は、さらに気多郡内で新たな官衙遺跡の発見や木簡の出土があり、この地域を官道がどのように通過しているかを考察することは、官衙研究との関係においても意味を有するであろう。また、これまで同郡の官道の復原は歴史地理学的手法によって行われてきたが、近年考古学の発掘調査によって、古代駅路の可能性が高い遺構が同郡内で二ヶ所検出された。したがって、それらの成果を踏まえて、歴史地理学においても官道のルートについて、再検討する必要が出てきた。

なお、本章では、はじめに述べたように、基本的に気多郡をその考察の対象とするが、官道は一郡内で完結するものではないので、東隣の高草郡や西隣の伯耆国河村郡の状況についても、若干触れることとする。『延喜式』諸国駅伝馬条によれば、因幡国には、駅馬は山埼・佐尉・敷見・柏尾の四駅に八疋ずつ置かれ、伝馬は巨濃・高草・気多郡

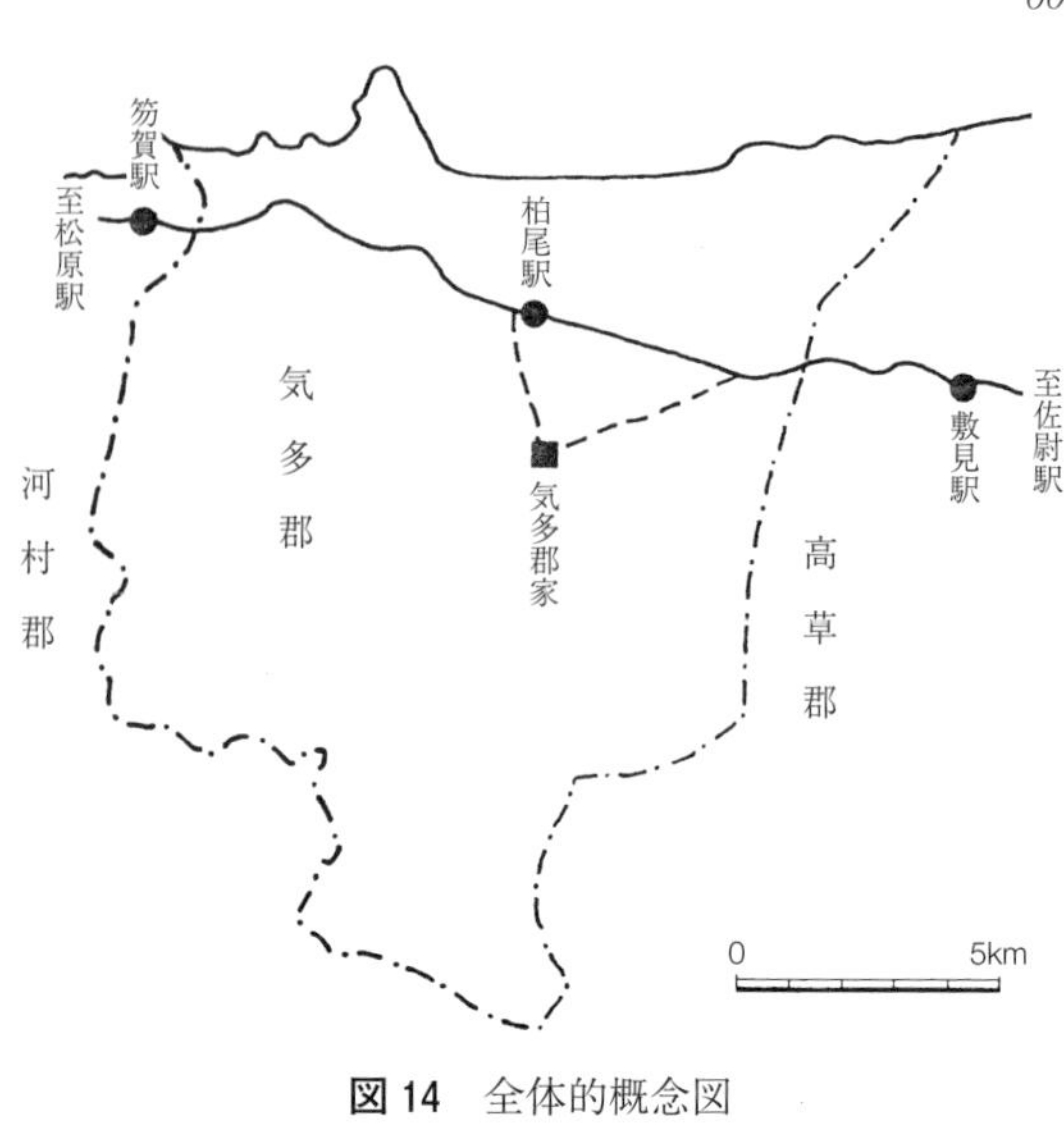

図 14 全体的概念図

に五疋ずつ設置されていた。山陰道は小路なので、本来各駅の駅馬数は五疋であるはずなのに対し、因幡国では八疋と規定より三疋ずつ多くなっているが、これは平安京から当国までの山陰道本道の駅家に共通して見られる現象である。ちなみに隣国の伯耆国からは、規定通りの五疋となる。なお、高山寺本『和名抄』は、柏尾が泊尾となっていたが誤りである。それぞれの駅家は、山埼と佐尉が法美郡、敷見が高草郡、柏尾が気多郡にあったと推測される。

一 敷見駅

敷見駅については、特に遺称地名が残っていないが、中林保[2]は、『太平記』巻二二の「神南合戦事」の条で、山名氏の武将の中に敷美小五郎の名が見え、敷美氏は高草郡の豪族と言われているため[3]、おそらく湖山池南域に勢力をはっていたものと推測し、敷見駅も付近に置かれていたとしている。吉村善雄[4]は、中林説を受けて、その根拠は不明であるが、鳥取市吉岡温泉町、松原に比定している。中野知照[5]は、吉岡温泉町の小字「先尾」を「敷見」の転訛したものと考え、また小字「馬場下」「馬場ノ下」に注目している。さらに、当地の吉岡大海廃寺を瓦葺の駅館と解釈している。清野陽一・山中[6]は、吉岡温泉町、松原とするが、図化したものでは、松原に西接する金沢付近に比定している。武部

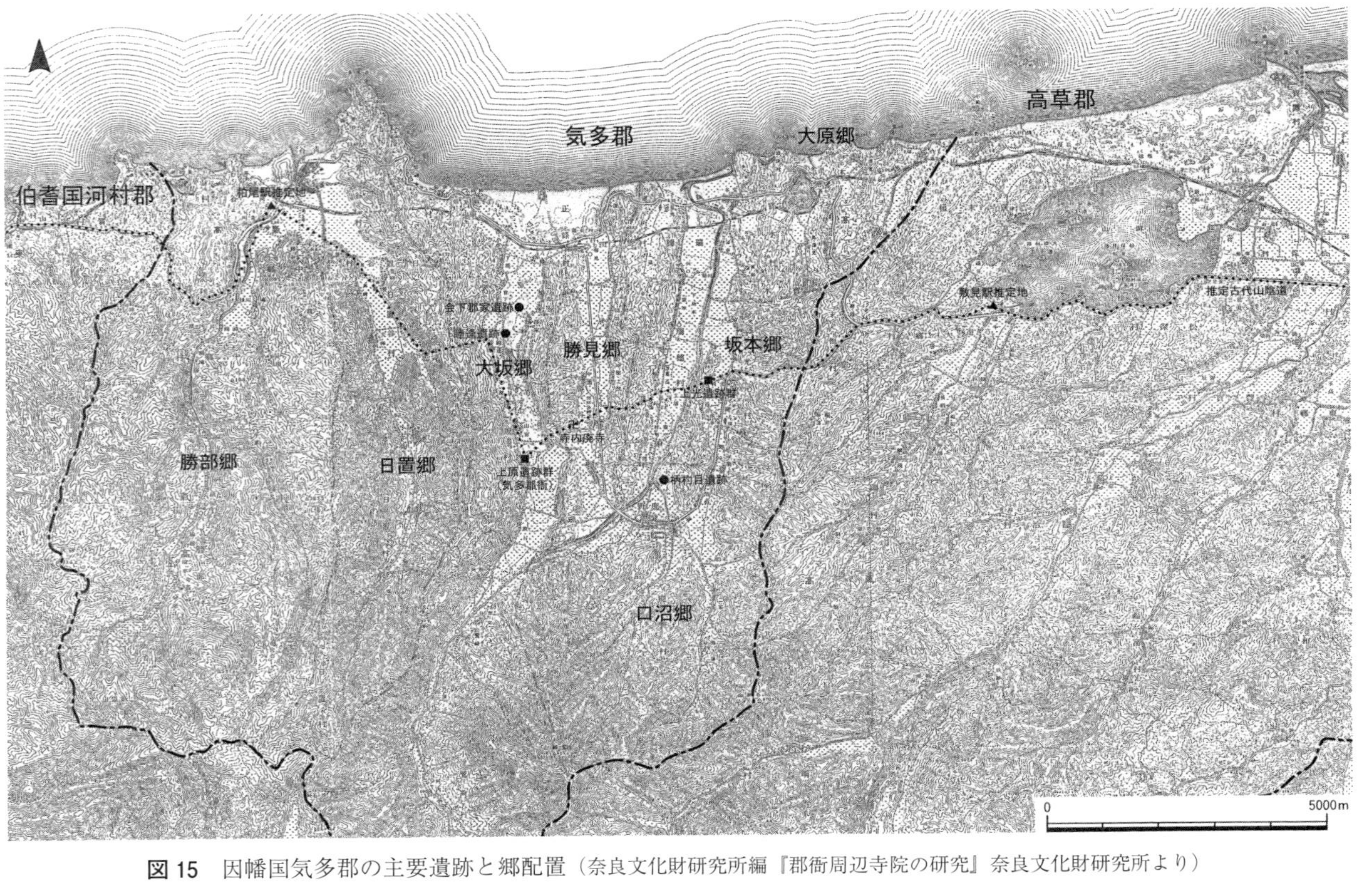

図15 因幡国気多郡の主要遺跡と郷配置（奈良文化財研究所編『郡衙周辺寺院の研究』奈良文化財研究所より）

健一[7]は、やや根拠は不明であるが、道路痕跡と推測される地割が残る湖山池南の鳥取市三山口を考えている。木下良[8]も図化したものでは、一応クエスチョンマークをつけながらも、同地に想定している。

以上のように、各説とも、湖山池の南という点では一致するが、松原や金沢とすれば、文字通り湖岸となり、吉岡温泉町や三山口とすれば、池からはやや内陸となるので、それぞれの想定地を通る駅路のルートも異なることになる。金沢付近に敷見駅を比定する清野・山中は、図の中で湖岸沿いに駅路を想定している（図15）。このルート沿いには、それぞれ木簡を出土した良田平田遺跡[9]や桂見遺跡[10]が位置し、またその東方には、『和名抄』の高草郡布勢郷の遺称とされる鳥取市布勢の地名があり、この地名は交通施設である布施屋に由来する可能性がある。しかし、因幡国府付近に存在したと考えられる佐尉駅[11]から、これら湖岸ルートを通るとなると、かなり北に膨らむことになり、できるだけ最短距離をとるとする駅路の原則に合わない。やはり駅路は内陸を通ったとするべきで、野坂から吉岡温泉町までの区間は、近世の鹿野往来のルート[12]とほぼ同じであろう。それでは、三山口と吉岡温泉町のいずれが敷見駅の想定地としてふさわしいであろうか。遺称地名が残らないので、その判断は難しいが、武部[13]は、三山口に古代駅路の痕跡と見られる帯状の地割（図16A、図17）の存在を指摘している。当地は東西方向に延びる谷の北側の丘陵部との境界付近にあたり、テラス状

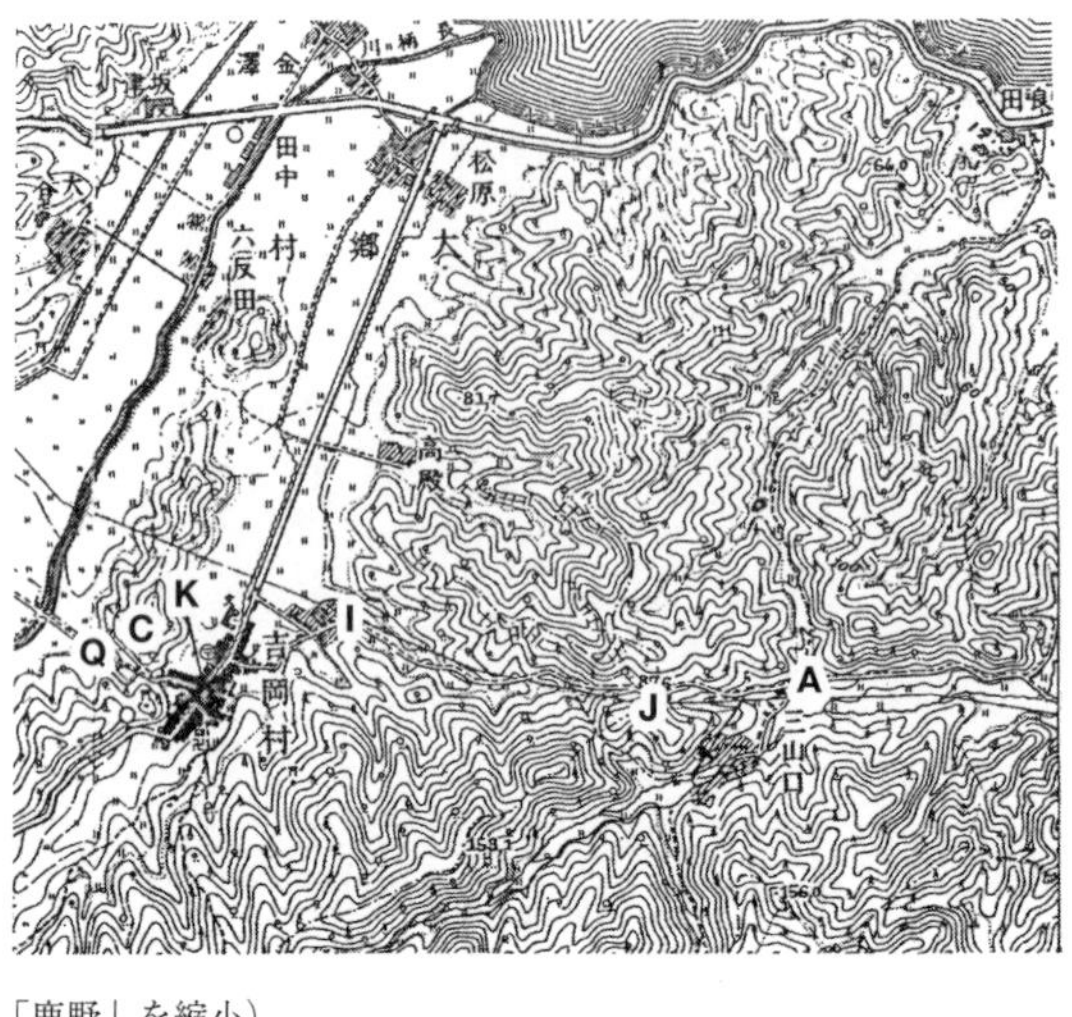

「鹿野」を縮小）

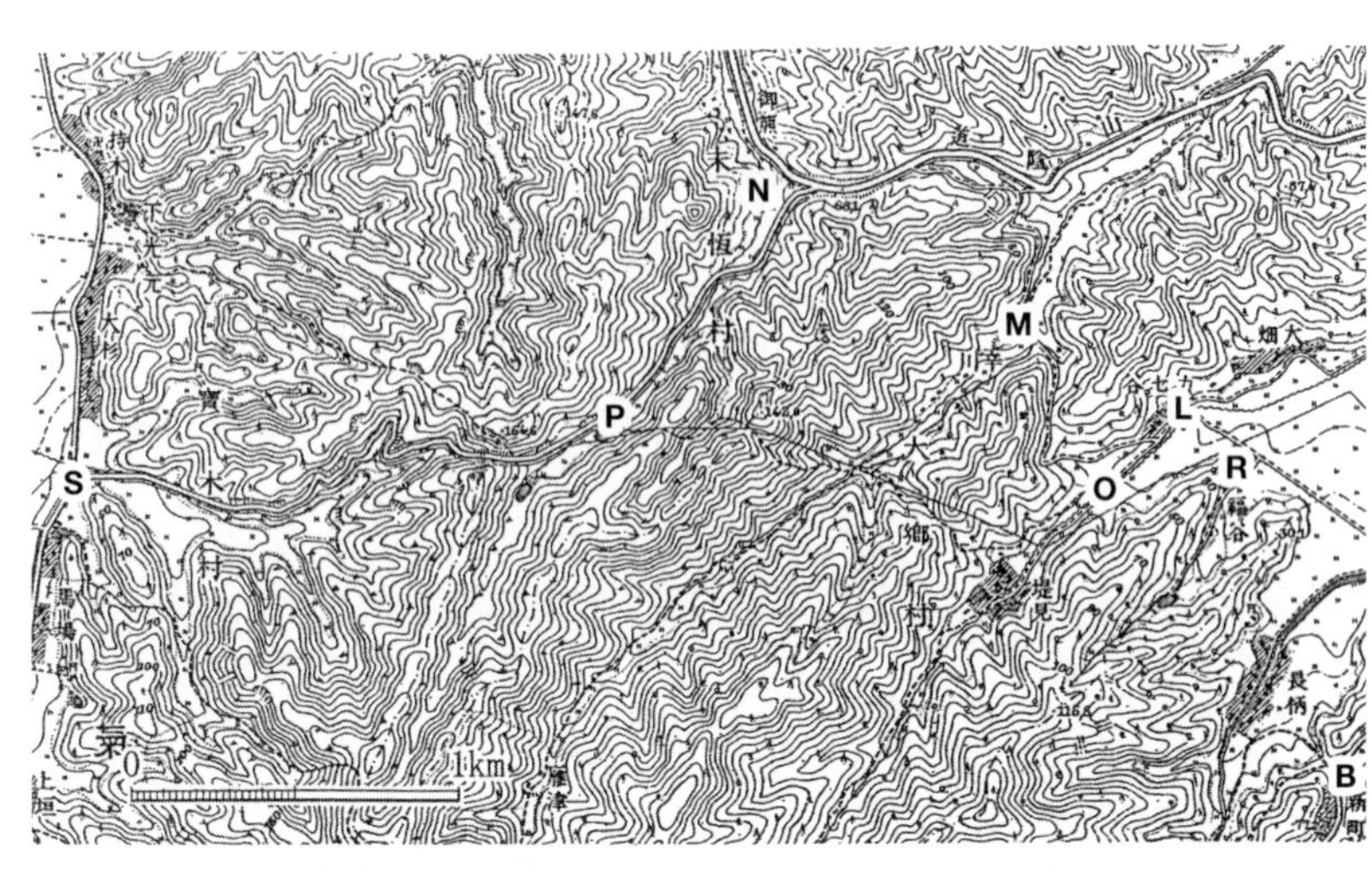

図16　敷見駅想定地付近（明治30年測図、昭和7年修正測図1/2.5万地形図「鳥取南部」

に幅約一五メートルの帯状地割が約三三〇メートルにわたって明瞭であるが、さらにその東方でもある程度、テラス状の地割が認められる。この部分の小字地名は文字通り「長田」と称する。一般的に駅家の想定地付近に、道路痕跡が残りやすいことを考慮すると、この付近に駅家が存在した可能性がある。

一方、吉岡温泉町には、基壇等はまだ検出されていないものの瓦を出土し、白鳳寺院と考えられる吉岡大海廃寺(14)（図16Ｂ）が存在することが注目される。先述したように中野は、この廃寺自体を駅館ではないかとする。山陽道の駅家は、奈良時代の半ばごろに、外国使節の往来に備えて瓦葺にしているが、その他の地域においても、一部瓦葺の駅家が想定されている。たとえば、後述するように伯耆国の笏賀駅は、発掘調査の結果、鳥取県湯梨浜町の石脇第3遺跡に比定されるが、当遺跡の中心建物は、八世紀前葉までに建てられた総瓦葺であったとされている。したがって、まだ状況がよくわかっていない吉岡大海廃寺が駅家であった可能性もないわけではない。しかし、瓦が奈良時代初頭を前後するほど古く、またその位置が筆者等が想定する駅路よりもやや南に離れることなどから、一応寺院の可能性が高いとしておきたい。な

図 17　古代駅路の痕跡と見られる帯状地割
（鳥取県埋蔵文化財センター提供）

お、後述するように、中野自身は、柏尾駅へ向う駅路を洞谷峠越えと考えているので、その場合は、吉岡大海廃寺は駅路に沿うことになる。ところで、岸本道昭[15]は、山陽道の播磨国において、多くの駅家が古代寺院とセット関係で存在することを指摘している。すなわち岸本は、駅長は里（郷）長を兼任することが多く、彼らが檀越として積極的に寺院の建立を行ったと見る。このような考え方が全国的にどの程度敷衍できるかはまだよくわかっていないが、少なくとも吉岡温泉町の地が古くから開けていたことは確かであろう。吉岡大海廃寺の近くには、この寺院の瓦を焼いた窯跡の存在が推測され、奈良時代ごろの土器も散布および出土している[16]。地名としては、中野が取り上げた小字「馬場下」「馬場ノ下」が注目されるが、これらは独立丘陵である通称地名「馬場山」（図16Ｃ）の麓に由来するものである。なお、小字「先尾」を「敷見」の転訛したものとする中野の見方は、やはり無理があろう。ところで、吉岡温泉は、応和二年（九六二）に、葦岡長者が発見したという伝説がある[17]。当地は、鹿野往来と中坂越えの分岐点にもあたる交通の要衝で、近世には鹿野往来の宿駅が置かれていた。筆者は、古代寺院の存在などを重視して、吉岡温泉町を敷見駅の有力候補地としたい。

二　柏尾駅

次の柏尾駅についても、遺称地名が残っていないが、吉田東伍[18]は『大日本地名辞書』の「青谷」の項において「相屋明神は即青谷の鎮守にして、三代実録に「元慶元年（八七七）、因幡国相尾神、授位」とあるが、相屋の誤なるを推知するを得、又延喜式の因幡国駅名、柏尾も、相屋の焉馬たることを証明すべし」と述べている。すなわち、現在の鳥取市青谷町青谷に存在する相屋神社（図18D）は、『日本三代実録』の元慶元年（八七七）一二月二九日条に「相尾神」と誤って記されているが、『延喜式』の柏尾駅も相屋駅の書き誤りとするものである。中林[19]、吉村[20]、清野・山中等[21]がこの説を踏襲している。青谷は、明治一〇年（一八七七）に、潮津、芦崎と合併するまでは、青屋と表記しており、中林は相屋が青屋に転訛したと見ているようである。また中林は、青谷の小字地名として「下馬ノ子」「上馬ノ子」「清水尻」が存在することに注目している。吉村は、駅家の具体的な位置について、相屋神社付近の小字「コフケ原」付近に比定しており、清野・山中も、図化したものでは相屋神社付近に想定している。

一方、駅名を柏尾でよいとするのは、中野[22]や武部[23]、木下[24]である。木下は、『三代実録』に誤記があったとしても、『延喜式』もまた誤記したとは限らないであろうとしている。筆者もやはり駅名は、柏尾が正しいと見る。『延喜式』が柏尾を相屋に誤ったとすれば、『三代実録』のように、「尾」の字を誤ったばかりでなく、「柏」の字も誤った、すなわち、二文字とも書き間違えたことになり、確率は非常に低いと言える。もっとも、先述したように、高山寺本『和名抄』の駅名の項では「泊尾」となっており、柏を泊と誤っているので、柏もまた間違えやすい字なのかもしれないが、そもそも「相」ではなく「泊」に誤っているのであり、むしろ泊尾を柏尾の誤記と見ることによって、本来

図18　青谷横木遺跡・青谷上寺地遺跡付近の想定駅路（1/2.5万地形図「浜村」「青谷」を縮小）

は『延喜式』も高山寺本『和名抄』の駅名も一致して、柏尾であったと考えることができる。また、柏尾駅を青谷に比定すると、三者が指摘しているように、駅間距離の点でも、大きな問題が生じる。すなわち、後述するように、次駅の笏賀駅は、地名と遺跡の発掘から、その位置がほぼ確定しているが、青谷からは直線で約三キロメートルほどしか離れておらず、標準駅間距離の三〇里（約一六キロメートル）に比べて極端に短い。反対に、前駅の敷見駅を先述したように吉岡温泉町付近に考えると、青谷までは直線で約一三キロメートルとなって、著しく不均等になるのである。

以上のように、柏尾駅を相屋駅の誤記と見て青谷に求めるのは、駅名と駅間距離との問題から成立し難いが、具体的な柏尾駅の比定地については、三者とも見解が異なる。中野は、鳥取市鹿野町今市の「馬ノ池」（図19E）に注目して、この付近に想定している。すなわち、山陽道播磨国の賀古駅は、兵庫県加古川市古大内の古大内遺跡に比定されるが、同遺跡のすぐ近くに「駅池（うまや）」と称する池が存在する点が類似している。また、「馬ノ池」の西側の低丘陵に存在する切り通し（E—F）は駅路のものであるとする。さらに中野は、「馬ノ池」の周辺に、「桜馬場」「馬ノ池口」「横道」「大道」「政所屋敷」「青木」などの小字地名が存在することに注目している。次に武部は、青谷付近は古代は湿地で駅路の通過には不適当であるとして、敷見駅から笏賀駅までをほぼ直線的に通るルートを考え、その中間の鳥取市気高町郡家（G）に柏尾駅を想定した。木下[25]が図化したものは、気多郡家に比定される鳥取市気高町の上原遺跡群（H）付近に、クエスチョンマークをつけながらも想定している。気多郡家に柏尾駅が併置されたとの解釈であろう。

このように三者とも柏尾駅の比定地は異なるが、筆者は武部の郡家説を有力としたい。その根拠は、中野や木下の説は、駅路が上原遺跡群付近を経由したことになるので、かなりの迂回路となってしまうことである。それに対し

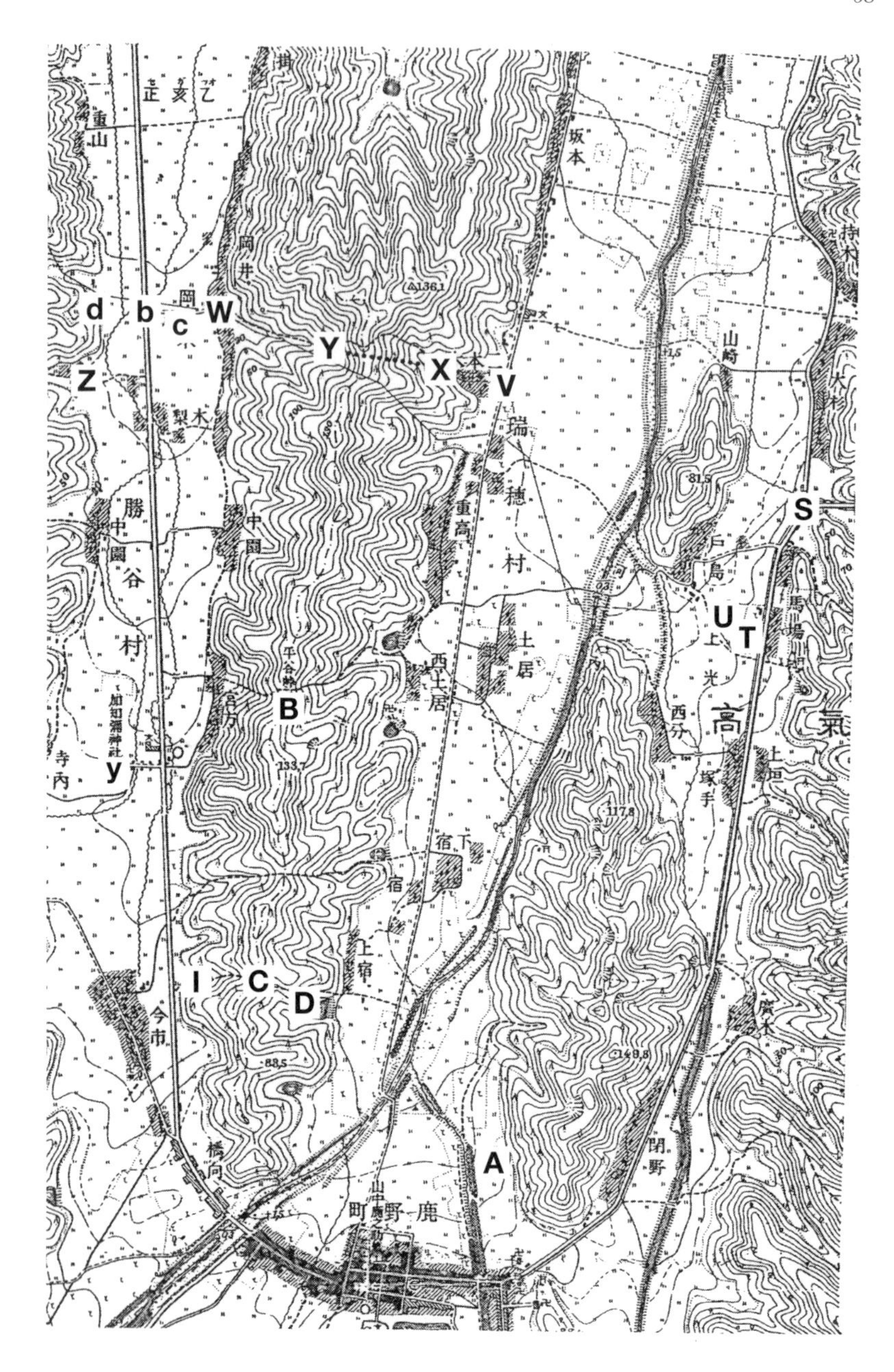
d
b
c
W
Y
X
V
Z
S
U
T
B
y
I
C
D
A
坂本
岡井
山崎
大杉
瑞穂村
勝谷村
重高
土居
西土居
戸島
馬場
上光
西分
塚手
宿下
宿
上宿
今市
橋向
閉野
鹿野町
加知彌神社
寺内
中園
宮方
△136.1
133.7
117.8
149.8
88.5
81.5

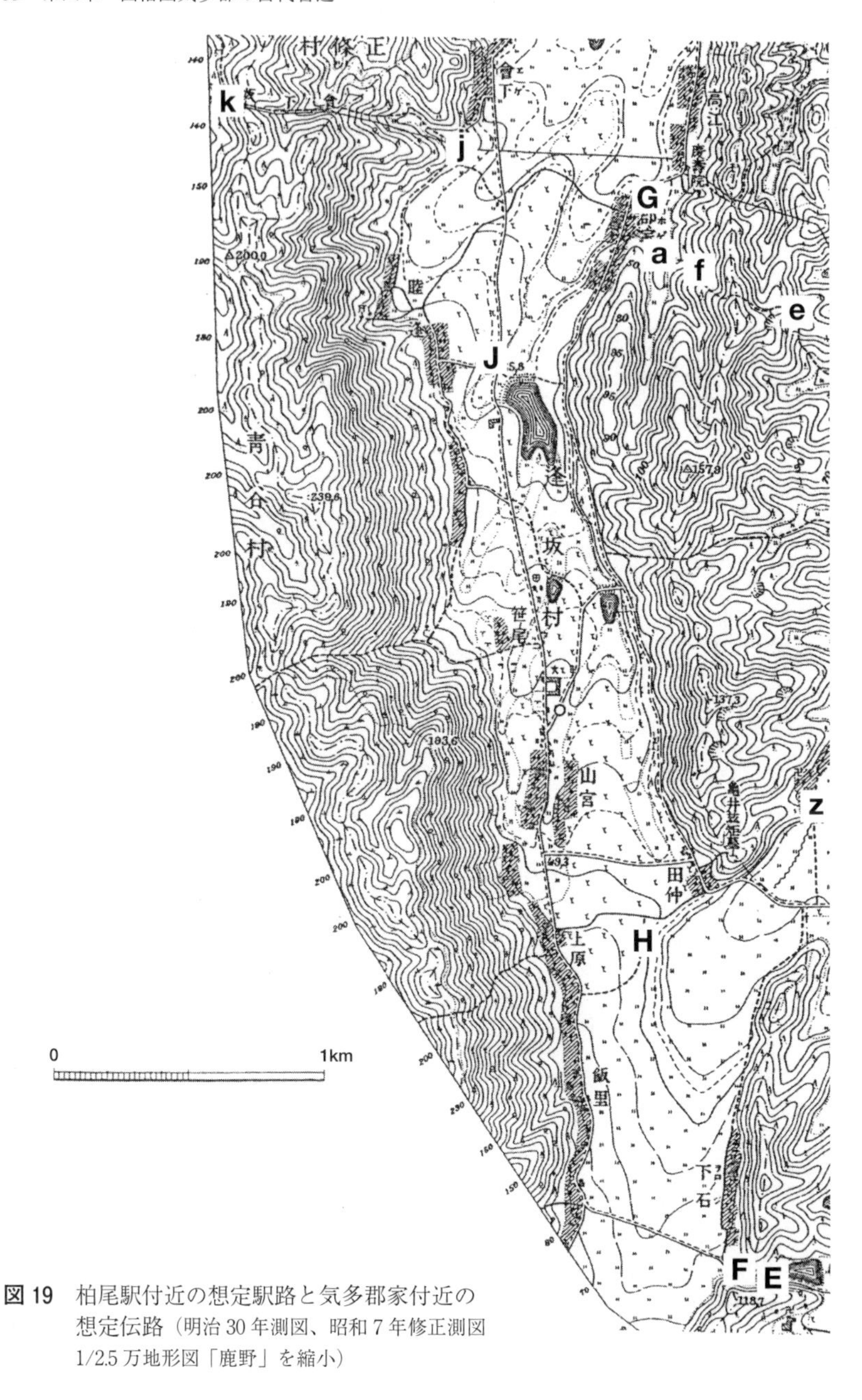

図 19　柏尾駅付近の想定駅路と気多郡家付近の想定伝路（明治 30 年測図、昭和 7 年修正測図 1/2.5 万地形図「鹿野」を縮小）

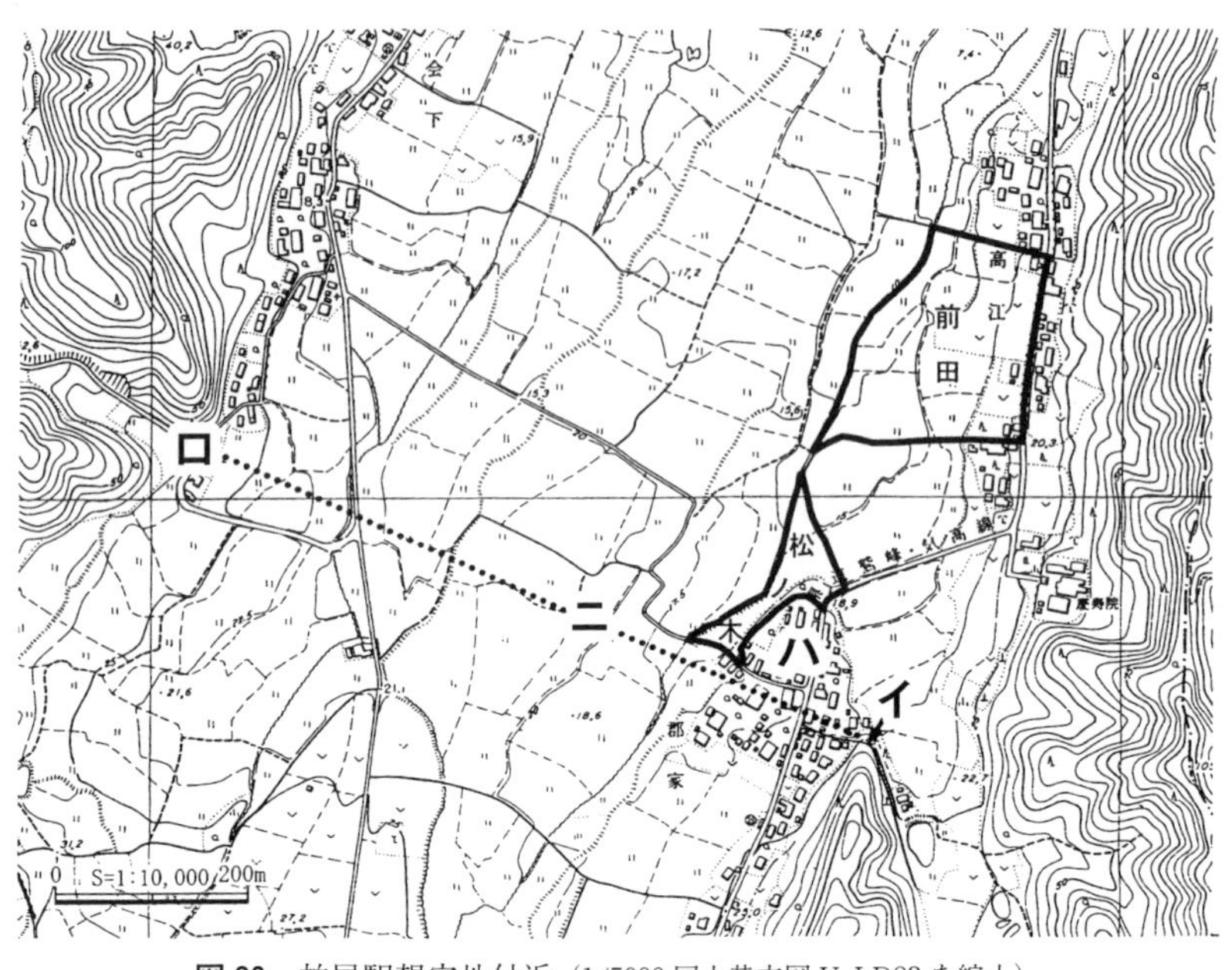

図 20　柏尾駅想定地付近（1/5000 国土基本図 V-LD83 を縮小）

て、武部の郡家説は敷見駅想定地から笏賀駅想定地までの最短ルート上に位置し、駅間距離もほぼ均等になる。したがって、この付近では駅家と駅家とを結ぶ駅路と、郡家と郡家を結ぶ伝路は別路であったと考えた方がよかろう。また、木下は青谷の低湿地を避けて、内陸部を笏賀駅へ向う駅路のルートを考えているが、後述するように、青谷上寺地遺跡で、駅路の可能性が高い遺構が検出されたので、ここへ達するには、さらに北へ膨らむルートを考えざるを得なくなる点も問題である。以上の点から、筆者は、柏尾駅の位置については、武部の鳥取市気高町郡家に比定する説を支持したい。

郡家の地名としては、小字「松ノ木」が注目される（図20）。「松の木」や「松木」地名は、一般的にランドマークとしての松の木が所在したことによって、付いた地名であることが大部分であろうが、足利健亮[26]は、松木地名には馬次が転化する場合があったとして、備前国珂磨駅を岡山県熊山町の大字「松木」に比定している。熊山町の場合、松木の小字に「馬次」があるので、この場合は、馬継ぎからきた地名であろう。山陰道では、但馬国粟鹿駅に比定される兵庫県山東町の柴遺跡付近に小字「松ノ木」が、また近くに出雲国黒田駅が存在したと考えられる出雲国庁北の十字街のすぐ東に、想定駅路に沿って小字「松木」「松ノ木」の地名が存在する例がある。(29)その他の地名としては、北接する気高町高江に存在する小字「前田」がウマヤ田の転訛の可能性がある。ところで、武部は直接触れていないが、郡家付近には、会下・郡家遺跡(30)と称する大型の掘立柱建物群が検出された遺跡が存在することが注目される。主体は一〇世紀以降なので駅家と結び付けられるかどうかは微妙で、むしろ気多郡家に比定される上原遺跡群(31)の建物群が八〜九世紀ごろが主体なので、その機能が会下郡家遺跡に移ってきたのではないかと考えられている。しかし、最近の調査では、七世紀後半から九世紀代の建物も検出されるようになっており、また九世紀後半から一〇世紀前葉の緑釉陶器や九世紀後葉の灰釉陶器も大量に出土しているので、今後駅家との関係についても留意する必要があろう。なお、次節で述べるように、筆者は、図20のイ—ロを駅路に想定するが、駅家の位置としては、小字「松ノ木」に東接する現郡家集落が乗る南から低地に突き出した台地の先端部（ハ）を考えたい。

三　敷見駅—柏尾駅

それでは、次に敷見駅から柏尾駅までの駅路のルートについて考察する。先述したように、三山口から吉岡温泉町までは、近世の鹿野往来に踏襲されている道であろう。すなわち、図16I点までは谷あいの一本道で、J点が標高八七・六メートルの湯乢坂である。坂の北側に祀られていた二体の地蔵は、坂が道路改修で切り下げられた際、道の南側に移されており、そのうち一体には、文政二年（一八一九）の年号が刻まれている。[32] 旧鹿野往来は、吉岡温泉町のK点に達する。

吉岡温泉町から気多郡へ入る駅路のルートについて、中林[33]は四つの候補を挙げる。すなわち南から、①鬼入道峠、②洞谷峠、③馬場休峠、④中坂越えである。中林は、この中で④の中坂越えを最も有力とする。その根拠は、吉岡温泉町から気高町下光元の間が他の峠越えに比べて最も短距離になること、このルートに近い所に、式内社が三社祀られていること、平野部に出た所に、官衙遺跡である戸島・馬場遺跡が存在することの三点である。なお、中林は、中坂越えの具体的なルートについて、大畠の堤見からは直線的に、福井の辛川の奥部、御熊の谷奥に達するとしている。中林はこのルートについて図化していないので断定はできないが、カセ谷（L）から辛川（M）、阿太賀都健御熊命神社（N）を経由する現在の主要道ではなく、旧版地形図に載るO―P道を考えているようである。この道は、現在廃道化して通行不可能となっているが、現在道が北に大きく迂回するのに対し、その間をショートカットすることができる。一方、吉村は、吉岡温泉町に敷見駅を想定した場合は、③と④のルートを駅路の候補として挙げており、断定はしていない。ただし、③のルートは、④のルートよりも距離的には短いと述べているが、おそらく④のルートについては、中林のショートカットルートではなく、現在道の方を考えているのであろう。他に、清野・山中や木下も、この現在道の方を駅路に想定している。一方、中野は、②のルート、すなわち近世の鹿野往来を駅路を踏襲した道としている。筆者は、中林にしたがって、④のルートを有力としたい。その根拠は、④のルートが柏尾駅の想定地である気高町郡家への最短距離となるからである。

それでは、より具体的に④のルートについて見ていきたい。K点から丘陵の間を通り抜けた想定駅路は、Q―L間においてきわめて直線的な形態を示すが、おそらくこの道路の目標物となっている丘陵の先端には、式内社の天日名鳥命神社（R）が祀られている。L点でほぼ直角に西南へ折れた後、中林が指摘したと思われるO—P道を経て、主要地方道鳥取・鹿野・倉吉線と合流する。なお、このルートを駅路とした場合、御熊の式内社阿太賀都健御熊命神社は経由しないことになり、また福井の式内社で、『日本三代実録』貞観九年（八六七）五月二一日条に「因幡国正三位天穂日命を以て、官社に列す」と見える天穂日命神社は、さらに離れることになる。

さて、P点からは西に進んでS点（図16、19）で平野部へ出る。これまで中林[34]、清野・山中[35]、木下[36]の駅路の復原は、S点から郡家別院と考えられる馬場遺跡（図19T）、戸島遺跡（U）付近を経て、気多郡家に比定される上原遺跡群（H）へ達するルートを考えているが、このルートはかなりの迂回路となり、できるだけ最短距離をとる駅路の原則に合わない。筆者は、これまでの気多郡家を経由する駅路とされてきたルートは、むしろ伝路と解釈した方がよく、駅路は丘陵を越えて最短距離で柏尾駅へ向っていたと考えたい。このように、駅路と伝路とが並行して別ルートをとっていた例は全国的にもかなり見られ、たとえば因幡国の場合も、中野[37]や木下[38]が指摘するように、山埼駅を通る駅路と、巨濃郡家を通る伝路は、別路であったと考えられる。また、筆者は佐尉駅から敷見駅へ向う駅路と高草郡家を経由する伝路も、一部別ルートではなかったかと推測している。

まず、S点の西には、標高八一・五メートルの南北に長い独立丘陵が行く手を遮るように存在する。常識的には、この丘陵を北に迂回したと推測されるが、あるいは鞍部を越えて、二本木集落の入口（V）に達していたかもしれない。ここからは旧版地形図に、二本木から岡井へかけて丘陵を越える破線路（V—W）が描かれている。ただしX—Y間は破線路の南を、より尾根の鞍部を目指して直登する道（地形図に記入した点線路）が存在したようで、こちらの方が本来の駅路であろう。峠の東の場合、北側の道に沿って「岡井越北谷」の小字地名があるのに対し、南側の道に沿って「岡井越谷」の小字地名が残っていることから、かつてはこの南側の道が「岡井越」と呼ばれていたことがわかる。峠の西側には文字通り「岡井谷」の小字地名が存在し、W点の小字「岡井谷口」へ出る。この道は文字通り谷をつめていく形態をとっているが、峠の東側の場合は、実際には途中までこれに沿っている現在道は谷底ではなく、北側側方の斜面を通っている。これは本来は谷底に道が作られても、長年月間に流水が下刻して深い谷となり、道筋は次第に側方の斜面に移動する傾向があるからである。この谷はかなりの幅を有しており、もともと人工的に開削された切り通し状の道路であった可能性もあろう。現在は、この道のすぐ南に並行して勝谷トンネルができており、頂上部は廃道化している

岡井谷口で浜村川が形成した平野部へ出ると、再び前方にそびえる丘陵を越えなければならないが、旧版地形図のZ―a間に、郡家へ出る破線路が描かれている。しかし、Z点へ達するには、W点から若干南へ下がらなければならない。むしろ、W―bの直線道が注目されるが、これに沿って南側のc点に「縄手下」の小字地名があり、b点には「渡リ縄手」の小字地名が存在する。そして、W―b道の延長が丘陵に突き当たった付近に「筑紫谷」(d)の小字地名がある。谷と言いながら、現在の地名の範囲は、むしろ丘陵の突端であるが、おそらく本来は、西方もしくは西北方の谷を指す地名であったと推測される。島根県旧斐川町においては、菅原道真が通ったという伝承にちなむ「筑紫街道」と称する古道が存在し、池橋達雄[39]や筆者[40]は、これを古代山陰道を踏襲した道ではないかと推測していた。筑紫街道は、幅九~一二メートル程度の切り通しや平坦地として随所に痕跡を残しており、一部発掘されて版築状の遺構などが検出されていたが[41]、特に平成二五年(二〇一三)の出雲市教育委員会による出雲市斐川町直江の杉沢遺跡の発掘調査[42]によって、尾根上に両側溝間の幅約九メートルに及ぶ道路遺構が検出され、七世紀後半以降の須恵器や、七世紀末から八世紀前半の土師器も出土したことから、この地域においては、筑紫街道が古代山陰道を踏襲した道であったことは、ほぼ確実となった。鳥取県の場合、特に筑紫街道としての伝承は知られていないようであるが、当地の

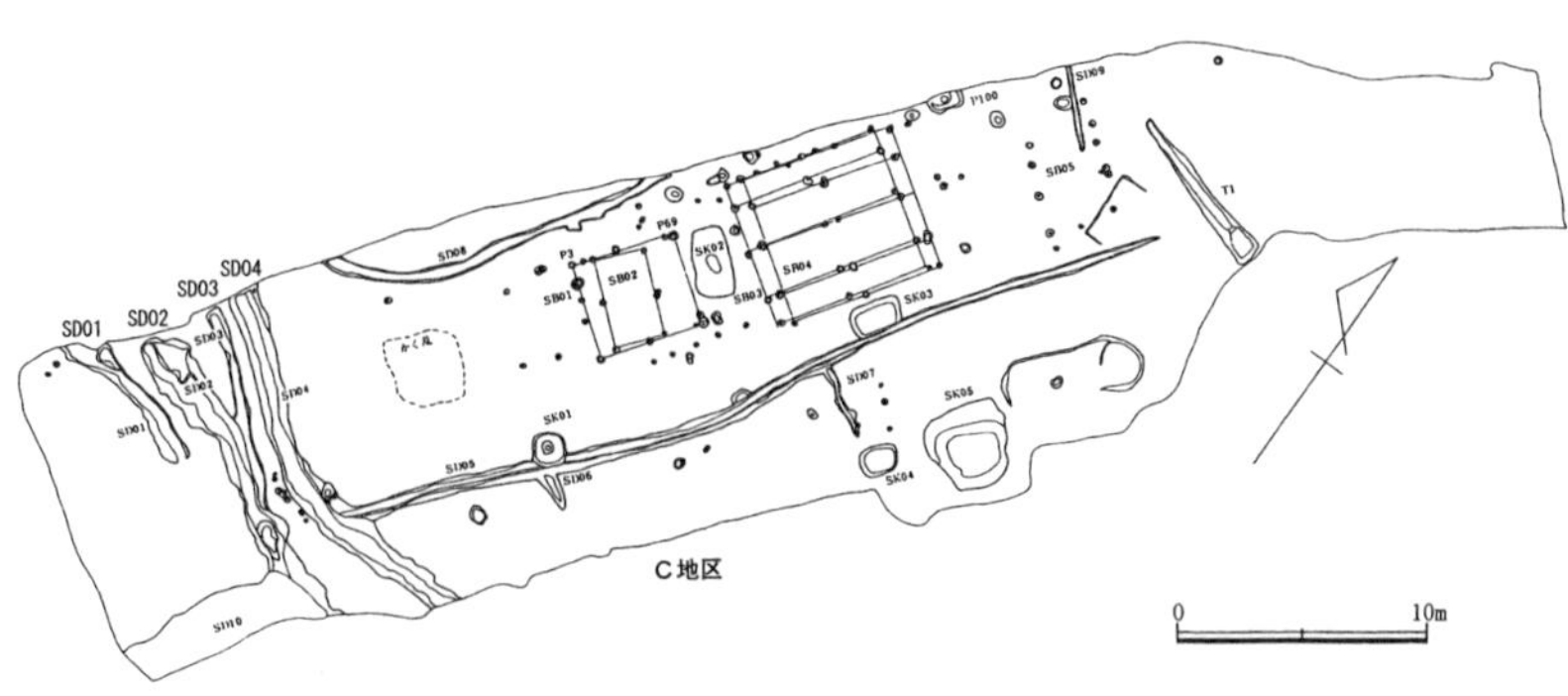

図21　会下・郡家遺跡　昭和56年調査C地区（気高町教育委員会編『会下・郡家遺跡』気高町教育委員会、挿図43より）

「筑紫谷」の地名は興味深い。さて、当地の「筑紫谷」がどこを指しているかについては、西の小さな谷と西北のやや大きな谷の二つの可能性がある。前者の場合は、e点でZ—a道と合流して郡家へ向うことになる。後者の場合は、一応f点でZ—a道と合流するような道筋が考えられるであろう。

逢坂谷と呼ばれる次の河谷平野では、郡家集落東南の丘陵の突端（図20イ）と、会下坂の入口（ロ）とを結んだ直線が最短となるが、会下・郡家遺跡(43)の昭和五六年（一九八一）調査のC地区（ニ）において、ちょうどこのライン上で、四本の溝が検出されている（図21）。SD04には、丸抱えするほどの石が投げ込まれており、径五センチメートル程度の丸太杭が打ち込まれていた。埋土中より中世の遺物が検出されており、報告書では、SD01～03も同様の溝であろうとする。これらの溝は、必ずしも直線的ではなく、並行しているとも言い難い。しかし、島根県松江市の深田遺跡や勝負谷遺跡(44)で検出された推定山陰道の側溝とされる溝状遺構(45)のように、尾根上という地形的要因によるものかもしれないが蛇行している例もある。したがって、これらは道路側溝の可能性もあるのではないだろうか。その場合、たとえばSD04から南は、他の溝を除くと、九メートル程度遺構が存在しない空間があるのでそこが路面で、これらの溝のどれかが北側側溝にあたる可能性がある。なお、会下・郡家遺跡で検出されている掘立柱建物は、正方位を

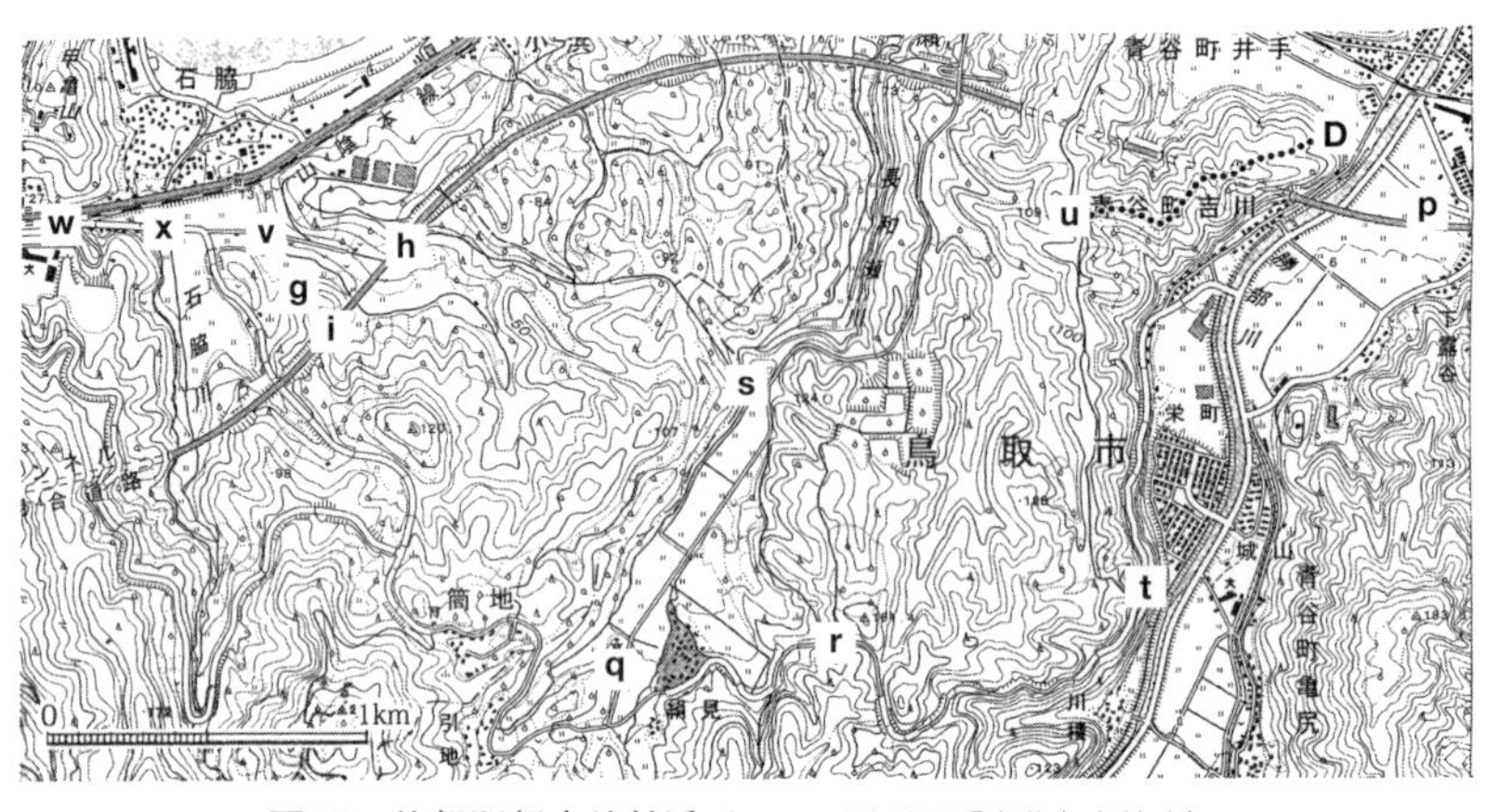

図 22　笏賀駅想定地付近（1/2.5 万地形図「青谷」を縮小）

とるものは少なく、ほとんどが北から一七〜二二度程度東に傾いている(46)。この方位は、筆者が復原した駅路（図20イ―ロ）の方位と近いので、建物群の方位は駅路に規制された可能性がある。

四　伯耆国笏賀駅

伯耆国笏賀駅については、『和名抄』河村郡笏賀郷と同所と考えられ、遺称地名として、湯梨浜町石脇の小字「久塚」（図22 g）がある。平成八年（一九九六）に、鳥取県教育文化財団によって、石脇第3遺跡森末地区（h）の発掘調査が行われ、笏賀駅に比定されている。報告書(47)ならびに原田雅弘(48)によると、一辺約五四メートルの溝で方形に区画された内部に、六棟の掘立柱建物が検出されたが、そのうちのSB01は、三間×四間の比較的規模の大きいもので、奈良時代以降のものと考えられている。区画溝の底面およびその両側には、複数のピットが見られるものがあり、冊列状もしくは簡単な堀状の施設であったと想定されている。山陰道は、この方形の区画の前面を東南東から西北西に走っていたと推定されており、方形区画は、それと方位を揃えている。出土した瓦については、平瓦が多数を占めており、軒丸瓦・丸瓦が少量含まれている。

瓦の時期は不明瞭であるが、大部分の瓦は古いものとは考えられず、むしろ共伴した遺物はさかのぼっても一二世紀ごろのものであった。ただし、溝状遺構の底面に見られるピットが重複していることから、かなり建替えが行われていることが考えられ、周辺で出土する遺物には奈良時代にまで確実にさかのぼるものがあることからも、長期にわたって遺構が存続していた可能性はある。

以上のような発掘時の見解に対して、近年大橋泰夫[49]が出土した瓦・土器の再検討を行い、掘立柱建物群は、七世紀第3四半期から八世紀代にわたって機能しており、平安時代には別の地点に移転した可能性が高いとした。また、瓦葺建物は総瓦葺であり、伯耆国分寺創建期（国府整備期）に先行して、八世紀前葉までに建てられたとした。山陰道において、瓦葺駅館の可能性がある遺跡としては、石見国樟道駅に比定される島根県大田市の中祖遺跡[50]がある。

なお、当遺跡の南西約三〇〇メートルの谷を隔てた場所に、寺戸第1遺跡[51]（ⅰ）があり、奈良・平安時代の掘立柱建物や竪穴建物などが検出され、製塩土器も出土している。「久塚」の小字地名は、むしろこの遺跡の西側にあり、八峠興[52]は、駅家の移動も視野に入れて検討する必要があろうとしている。

五　柏尾駅—笏賀駅

それでは、次に柏尾駅から笏賀駅までの間の駅路のルートについて考察する。逢坂谷の西には、再び南北に山塊が連なり、それは日本海にまで達しているので、これを迂回することはできず、どこかで越えなければならない。『和名抄』に大坂郷の郷名が見られること自体が、ここが難所であったことを物語っていよう。この山塊を越えるルートについて、中林[53]は、①気高町山宮から青谷町蔵内へ越える篠尾坂越え、②会下坂から蔵内へ下るルート、③会下坂から青谷町養郷へ下るルートを挙げ、どれも難所で判断は難しいとしている。筆者は、このうち、③の会下坂を登り、養郷へ降りるルートをとりたい。その理由は、後述するように、養郷の青谷横木遺跡で、山陰道駅路の可能性が高い遺構が検出されており、筆者のように柏尾駅を郡家付近に考えた場合、このルートが最短距離となるからである。

まず会下坂の位置であるが、旧版地形図に記載があり[54]（図19・j—k）、清野・山中が図化したもの[55]（図15）は位置が誤っている。旧版地形図に見る会下坂は、丘陵を直登する道であったが、その後、ヘアピンカーブで登る新旧の道が作られたため、その痕跡はかなり消滅している。この道は、近世の鹿野往来に相当するが、登りきった図18のk点には「右　青屋道　左　蔵内道　文政十二丑六月　日」などと刻まれた道標が立っている[56]。丘陵の上は、平坦な道が続くが、鹿野往来に踏襲されたと考えられるのは、l点まででここから駅路は西に丘陵を降りることになる。ただし、この部分は大変な急坂で、一般的には駅路の通過地にはならないような所であるが、この丘陵の西側は日本海まで、どこも急崖が続いており、やはりここを降りたのであろう。現在道は、大きくヘアピンカーブを描いて降りるが、おそらくこの道は新しいものと推測される。それに対し、m—n間にはより最短距離で降りる道が存在する。ただし現在、降り口は判明するが、登り口ははっきりしない状況となっている。

この急坂を下りた地点付近で、平成二五年（二〇一三）に、鳥取県埋蔵文化財センターによって、青谷横木遺跡が発掘調査され、一〇区において駅路の可能性が高い道路状遺構を検出した。その東への走行方向は正しく古代駅路が降りてくると想定される谷へと向っている。報告書が未刊なので、以下、山枡雅美の第三五回木簡学会における報告資料[57]によって述べる。その構造は、湿地のため、まず粗朶を敷き、両端に礫もしくは木材を含む土を土手状に盛り、その間に砂礫を入れている。さらに、その上に礫を置き、砂で路面を形成している。盛土幅は約九メートル、路面幅は約四メートル、盛土の高さは約〇・四メートルで、検出長は約二〇メートルにわたる。山陰道駅路で、路面幅が明確なものは、米子市の橋本徳道西遺跡[58]と、出雲市の杉沢遺跡[59]で、ともに側溝間の心々距離で九メートルのものが出土している。青谷横木遺跡で検出された道路状遺構の場合、前述のように盛土幅は約九メートルで、米子市や出雲市のものと一致するが、路面幅が約四メートルと狭い。しかし、低湿地における盛土道ということで、路面は狭かった可能性もあろう。また、道路状遺構の年代は、九世紀には存在しており、一〇世紀後半には埋没したとされている。なお、この道路状遺構から約一町離れて並行する土手状遺構やそれと直交する土手状遺構が七区で検出され、さらに五区では、それと約一町離れて並行する道路状遺構も検出されており、当地に想定駅路を基準線とする条里状の方格地割が存在した可能性がある。これらの地割はほぼ正方位をとる。ただし、当遺跡より南の日置川流域の平野部に中林[60]が条里地割を復原しているが、その方位は、北二〇度西に傾いており合致しない。なお、当遺跡では、現在のところ、建物状遺構は、道路状遺構が向う峠の入口の高台で掘立柱建物が検出されている[61]以外には見つかっていないが、出挙に関する文書木簡や、「田租」と書かれた付札木簡等が出土したことから、日置郷に置かれた気多郡家の別院であると推測されている。とすれば、駅路に沿って、郡家別院が設置された可能性があろう。

　次に、ここから西北西に約二キロメートル離れた青谷上寺地遺跡（p）においても、平成二三〜二五年（二〇一一〜二〇一三）にかけて、鳥取県埋蔵文化財センターによって、駅路の可能性が高い道路状遺構が検出された[62]。その位置と方位は、清野・山中[63]が図化していたものに、かなり近い。ここも同じく低湿地における盛土状の道路であり、基底部幅約七・八メートル、高さ五八センチメートル、路面幅約四メートルで、四五メートルの長さで検出されている。路盤として粗朶を敷き、路面には五センチメートル程度の小礫を敷きつめている。また、法面裾部には、長さ三〇センチメートル、径八センチメートル程度の杭が約三〇センチメートルの間隔で打たれており、道路施工時の道幅の設定や土留めの可能性が指摘されている。青谷横木遺跡で検出された道路状遺構とは、同じ盛土工法を使いながらも、若干構造が異なる。道路状遺構の時期は、出土遺物から八世紀前半以降の構築であり、一二世紀までに廃絶されたと考えられている。なお、この遺構から、直角に分かれる盛土状遺構も検出されており、半折型条里地割の畦畔ではないかとされている。この遺跡より南の勝部谷においても、中林[64]が条里地割を復原しており、その方位と道路状遺構の方位は一致する。ということは、この道路を基準線として、条里地割が設定された可能性があろう。なお、この道路状遺構を単純に東南へ延長しても、青谷横木遺跡で検出された推定駅路とはストレートには接続せず、途中何度かの屈曲が予想される。

青谷から西の想定駅路については、中林[65]、吉村[66]とも、近世山陰道のような海岸ルートではなく、内陸ルートを考えている。すなわち、両者とも、海岸ルートは、山塊が海に突き出した所があるので、通行困難であるとし、式内社幡井神社（図22 q）が存在する青谷町絹見付近を経由したとする。たとえば、吉村が図化したものは、相屋神社（D）が乗る丘陵を南に迂回して、その裾部を進み、徐々に高度を上げた後、幡井神社付近を経由して、石脇川沿いに下り、笏賀駅に達したとするものである。ところが、その後、先述したように発掘調査の結果、石脇第３遺跡が笏賀駅に比定されることがほぼ確実となり、中林や吉村の幡井神社を経由するルートは、そこへ達することができないので、成り立たなくなった。一方、清野・山中[67]は、r点から北西に折れて、因幡・伯耆国境（s）へ達することで、この問題を解決している。しかし、相屋神社からt点までほぼ直線のルートを引いており、これは急崖を登ることになってあり得ない。そこで、吉村説と清野・山中説をミックスして、相屋神社から丘陵を南に迂回して、その裾部を進んで高度を上げた後、r点で北に折れて、因幡・伯耆国境へ達するルートが一応想定される。しかし、このルートは、山をテラス状に切り出した道で、東および南側は急崖をなし、古代駅路の通過地としては、あまり適当ではない。また、ルート的にも、かなりの南への迂回路となる。

そもそも筆者のように、青谷に駅家はなかったと解釈すると、なぜわざわざ駅路を青谷の低湿地に大規模な工事をしてまで土堤状の道路として通さなければならなかったのかという問題が浮かび上がる。せっかく相屋神社が乗る丘陵の先端に取り付いても、そこから南に大きく迂回するのならば、はじめから勝部川のもっと上流で渡河するか、いっそのこと木下のように、青谷そのものを経由しないルートが考えられるかもしれない。そこで、筆者は、駅路は相屋神社が乗る丘陵を直登して、その後、尾根を西へ縦走したと考えたい。相屋神社が鎮座する場所までは急登となるが、上がってしまえば、尾根上に平坦な道が続き、かなりの道幅もとれそうである。ただし、u点付近からは、西へ進む道が不明瞭となる。s点以北の長和瀬川の右岸は急崖をなし、ここを駅路が下るのは不可能と判断されるので、結局、現在橋がかかっているs点で駅路は伯耆国へ入ったのであろう。すなわち、駅路の国境地点は、清野・山中説と一致する。u点からここまでのルートは不明であるが、従来の丘陵を南に大きく迂回する説よりは、かなり近くて安全なコースであったと考えられる。

なお、s点付近には、古代の関所が置かれていた可能性がある。伯耆国に入ると、笏賀駅に比定される石脇第3遺跡までは一本道である。なお、それ以西にもv点で微妙に屈曲して、w点まで続く直線道が認められるが、特にx―w間においては、現在道の南側に住宅が連なっており、むしろその住居敷の部分か、あるいは道路と住居敷とを含めた部分が、本来の駅路の幅であったと見なされる。

六　伝路について

次に伝路の復原を行う。先述したように、筆者は気多郡における駅路は、最短コースをとると考えるので、これまでの諸説のように、気多郡家に比定される上原遺跡群を経由しないことになる。したがって、駅路とは別に、気多郡家を通る伝路を考える必要がある。

気多郡の東隣りの高草郡の郡家は、鳥取市菖蒲の菖蒲遺跡[68]が有力である。ここでは、八世紀後半代の大型の総柱建物等が検出された。また、緑釉陶器や「草路」と記された墨書土器、円面硯等が出土している。また、北接する山ヶ鼻遺跡[69]でも七世紀代の掘立柱建物群が検出されており、菖蒲遺跡と一連の遺跡であると考えられている。中林[70]は、菖蒲遺跡東方の小字「中ノ丁」付近を郡家の中心地と見ている。その北の菖蒲廃寺[71]は、白鳳期の寺院跡で、高草郡の郡寺と見られる。なお、鳥取市岩吉の岩吉遺跡[72]においても、掘立柱建物が検出され、木簡や墨書土器、緑釉陶器、灰釉陶器等が出土した。「高草郡濃美郷」と記されている木簡や、「草田」「草曹」「新殿」「奴殿」「高位」と記されている墨書土器など興味深いが、寺院をともなわないので、郡家別院の可能性が高い。

菖蒲遺跡の位置は、想定駅路からはやや北に離れるので、ここでも駅路と伝路は別路であったと考えられるが、その西方の本高付近からは、地形的にも通過地が限定されるので、少なくとも吉岡温泉町までは、駅路と伝路とは同じ道であったと考えられる。吉岡温泉町からは、洞谷峠を通って鹿野に出て、上原遺跡群付近に達する近世の鹿野往来のルート[73]（これは中野[74]が駅路としたルートとほぼ同じである）も考えられないことはないが、筆者は、距離的にやや近くなることや、戸島・馬場遺跡の存在から、図19のS点までは駅路と伝路とは同じ道であったと考えたい。ここからは、これまでの諸説は、駅路が上原遺跡群を経由したとして、そのルートについて考察しているが、筆者はそれを伝路と読み替えて検討する。

まず、木下[75]は、S点から南に折れ、戸島（U）・馬場遺跡（T）付近を経由して、鹿野町の中心域を通って、上原遺跡群に達する経路を駅路と考えている。このルートをとれば、丘陵を越えなくてすむが、駅路としてはあまりにも迂回路に過ぎるし、伝路としても同様に思われる。一方、中林[76]は、S点から戸島・馬場遺跡を経由して、宿の御子谷、通称「神越坂」を越えて、式内社加知彌神社（y）、寺内廃寺（z）付近を通って、上原遺跡群に達するとする。吉村[77]は、戸島・馬場遺跡から当初は、中林説のルートで上原遺跡群に達していたのが、後に鹿野経由のルートに変わったとする。清野・山中[78]は、「神越坂」を通る中林説と、丘陵部を越えることを避けて、古代の掘立柱建物群を検出した鹿野町鹿野の柄杓目遺跡[79]（A）を経由するルートを併記している。ただし、図化したものは、「神越坂」を通るルートをとっているが、その位置が誤っている。すなわち、図の中で「神越坂」とするものは、「平谷峠」（B）を通るルートで、「神越坂」は、二つ南の峠であるC点にあたる。このことは、D点の気高町宿に小字「神子谷」、I点の鹿野町今市に小字「神越谷」が存在することから明らかである。それでは、気多郡家への伝路は、平谷峠と神越坂とどちらが適当であろうか。神越坂の地名は、確かに興味深いが、上原遺跡群に向うには迂回路になる。それに対し、平谷峠ルートは、戸島・馬場遺跡から、式内社の加知彌神社や古代寺院寺内廃寺を経て、上原遺跡群に達する最短距離の自然なルートであるので、筆者はこちらを伝路に比定したい。

戸島・馬場遺跡は、合わせて上光遺跡群[80]とも総称する。戸島遺跡（U）は、方半町未満の方形区画内にコの字形に建物を配置した政庁の構造をとる官衙遺跡で、時期は七世紀末にさかのぼると見られている。その性格は、気多郡家の出先施設の初期政庁とされるが、また駅評の可能性も指摘されている。馬場遺跡（T）は戸島遺跡に後続して現れる遺跡で、周囲を溝と塀で区画した敷地内に、総柱高床倉庫や長大な側柱建物などの掘立柱建物群が検出されており、気多郡家の正倉別院、あるいは郡東部を統括する郡家の出先施設としての性格を有していたのではないかと推測されている。z点は寺内廃寺[81]で、気多郡家の郡寺と考えられる。古瓦が多数出土し、塔心礎も遺存する。H点は、上原遺跡群[82]で、上原遺跡、山宮阿弥陀森遺跡、上原西遺跡、上原南遺跡から構成され、気多郡家に比定されている。上原遺跡、山宮阿弥陀森遺跡からは、七世紀末から九世紀の大型の掘立柱建物が検出されており、後者からは「郡家一」などの墨書土器も出土している。上原西遺跡では、古代の総柱高床倉庫と側柱建物とが直列に配置されている状況が明らかにされている。なお、上原遺跡では、七世紀末にさかのぼる寺院が存在していたことも判明している。

次に上原遺跡群から先の伝路について、これまでの説で駅路とされてきたものを検討する。中林[83]は、先述したように、山宮から蔵内へ降りる篠尾坂越え、睦逢・会下の間の会下坂を登り、蔵内へ降りるルート、同じく会下坂を登り、養郷へ降りるルートを挙げているが、判断は保留している。吉村[84]は、篠尾坂越えと、会下坂を登り養郷へ降りるルートを併記している。中野[85]は、駅路は気多郡家の南を通って、下石・飯里付近から登り、下りは、青谷町河原と蔵内のいずれかを想定している。清野・山中[86]は、会下坂を西へ向うルートが有力視されていると述べるが、図では、睦逢から蔵内へ降りるルートに線を引いている。木下[87]は、山宮から蔵内へ降りるルートをとり、その後、まったく青谷を経由しないで笏賀駅へ向う。

以上のように諸説があり、どれが伝路としてふさわしいかを判断することは難しいが、一応筆者は、会下坂を越えるルートを有力とみたい。このルートをとった場合、大型の掘立柱建物群を出土し、七世紀後半から八世紀にかけての豪族居宅と推定されている気高町睦逢の睦逢遺跡[88]（j）や、先述した会下郡家遺跡、青谷横木遺跡を経由することになるからである。したがって、会下付近で、駅路と伝路とは再び合流していたことになる。伯耆国河村郡家については、東郷町野方[89]、同町久見[90]、羽合平野[91]に考える説がある。野方と久見は、隣り合った大字で、ともに古代の瓦が出土するので、この付近に郡家が存在した可能性が高い。付近を駅路が通過していたと推測されるので、ここでは駅路と伝路とは同じ道であったろう。したがって、会下以西においては、駅路と伝路は、同じ道であったと考えられる。

なお、中野[92]は独自に伝路のルートについて検討している。それによると、岩吉遺跡を高草郡家に比定し、湖山池の南岸を西進した後、中坂越から戸島・馬場遺跡に至る。その先は南下して鹿野で駅路と合流して上原遺跡群に至るルートと、西進して会下・郡家へ至り南に折れて上原遺跡群に達するルートの二説を併記している。高草郡家は、菖蒲遺跡の方がふさわしいことは先に述べた。また、戸島・馬場遺跡から南下するルートは迂回路になりすぎ、加知彌神社や寺内廃寺を経由しなくなる。同遺跡から西進するルートは、おそらく筆者の想定駅路とほぼ同じで、伝路としては急峻に過ぎる。さらに、会下・郡家から南下するルートは、筆者の想定伝路と逆方向になり、次の河村郡家へ向うには大変な迂回路となるので、この説はとれない。

おわりに

以上で、復原を終えることにするが、本章の骨子は、これまで気多郡の駅路が郡家である上原遺跡群を経由すると考えられていたため迂回路となっていたのに対し、なるべく最短距離で山越えをする駅路のルートを復原し、これまで駅路と見なされていたルートは、むしろ伝路で、両者は基本的に並行していたとするものである。

このような最短距離の駅路を考えた場合、はたして山越えが可能であったかという問題がある。駅路が全国的にどの程度の傾斜角度までよしとされていたかについて、まだ筆者は充分な検討を行っていないが、一応、下野国の東山道駅路の検討などから、二五度ぐらいは可能であると考えたことがある。(93) ただし気多郡の場合、青谷横木遺跡へ下る部分は、直登する道路が二七度程度に達し、この目安を越えるが、本文中に記したように、他に降りられそうな所がないので、とりあえず例外的にここを降りたのではないかと見ておきたい。なお、駅路にあたると考えられる岡井越えや、会下坂の旧々道、伝路にあたると考えられる平谷峠等いずれも現在は廃道化して、通行困難な状態にある。しかし、地元の人の話によれば、つい半世紀ぐらい前までは、隣りの村へ行くのに、これらの山越えの道を徒歩で越えていたということで、先述したように、旧版地形図にはこれらの道路が明瞭に描かれている。それが、自動車の普及やトンネルの開通によって急速に廃れたようで、地形図からも姿を消してしまった。したがって、現在の状況から、単純に古代の駅路が山越えをしていなかったと決めることはできないであろう。もちろん、今後、考古学の発掘調査によって、筆者の推測が正しいかどうかの検証が行われなければならない。なお、現在（二〇一四年）、当地では、高速道路の建設が進行中で、本文中で取り上げた会下郡家遺跡、青谷横木遺跡、青谷上寺地遺跡、石脇第3遺跡は、いずれもそれをきっかけとした調査であった。すなわち、武部や木下が述べるように、一般的に古代駅路と高速道路が同じようなルートをとるということは、ここにも当てはまりそうである。

最後に、冒頭で述べた気多郡の官衙との関係について述べておきたい。気多郡家に比定される上原遺跡群やその郡家別院とされる上光遺跡群は、旧来の諸勢力の族制的な支配拠点から離れた場所に造営されているとされるが[94]、この点についておおよそ筆者が想定した伝路のルートを駅路とする清野・山中[95]は、その理由として、直線的に短距離ルートを設定できる内陸部に駅路が設定され、それに対する交通路上の要衝における交通機能や税物集散の便を第一としていたからであろうとしている。その場合、駅路の敷設は官衙の造営に先行しなければならないが、筆者等[96]はおおよそ計画的直線道としての駅路は、全国的に七世紀第3四半期ごろに敷設されたと推測しているので、七世紀第4四半期ごろに始まる上原遺跡群や上光遺跡群に先行することになり、この点については特に矛盾はない。しかし、清野・山中が作成した駅路の復原図を眺めると、駅路と官衙との関係は、最短距離を目指す駅路に沿って官衙が設置されたというよりも、むしろ官衙を結ぶようにして駅路が設定されたような印象を受けるのである。その点からも、筆者は、清野・山中等の推定する駅路のルートを伝路ととらえなおした方がよいと考える。ただし、気多郡家やその別院が旧来の諸勢力の族制的な支配拠点から離れた場所に造営されているとされる点については、一考を要する。すなわち、筆者は、郡家は一般的に地域の中心地に設置されることが多く、それらを結ぶ伝路は、大化前代以来の地域間交通路を再編成して成立したと見てきた。しかし、上原遺跡群のように、それまでの勢力の本拠地とは異なる所に郡家が置かれる場合、すなわち山中[97]が言う「非本拠地型郡衙遺跡」の場合、伝路の成立との関係をどのようにとらえたらよいかについては、今後の課題としたい。

註

(1) 山中敏史『古代地方官衙遺跡の研究』塙書房、一九九四年。
(2) 中林保「因幡国」藤岡謙二郎編『古代日本の交通路Ⅲ』大明堂、一九七八年。
(3) 徳永職男『鳥取県郷土史概説』山陰教材社、一九五六年。
(4) 吉村善雄「古代気多郡の行政区画と官道」気高町教育委員会編『上光遺跡群発掘調査報告書』気高町教育委員会、一九八八年。
(5) 中野知照「官道と交通路」福部村編『新編福部村誌　上巻』福部村、二〇〇〇年。
(6) 清野陽一・山中敏史「因幡国気多郡の歴史地理学的環境」奈良文化財研究所編『郡衙周辺寺院の研究』奈良文化財研究所、二〇〇六年。
(7) 武部健一『完全踏査続古代の道』吉川弘文館、二〇〇五年。
(8) 島方洸一編『地図でみる西日本の古代』平凡社、二〇〇九年。
(9) 高尾浩司「良田平田遺跡の発掘調査」鳥取県埋蔵文化財センター編『平成二五年度埋蔵文化財専門職員研修「遺跡調査検討過程」発表資料集』鳥取県埋蔵文化財センター。

(10) 鳥取県教育文化財団編『桂見遺跡—八ツ割地区・堤谷東地区・堤谷西地区—』鳥取県教育文化財団、一九九六年。
(11) 前掲註(7)。
(12) 鳥取県教育委員会文化課編『法美往来　鹿野往来』鳥取県教育委員会、一九九一年。
(13) 前掲註(7)。
(14) 鳥取市教育委員会編『面影山古墳群・吉岡遺跡発掘調査報告書』鳥取市教育委員会、一九八七年。
(15) 岸本道昭『山陽道駅家跡』同成社、二〇〇六年。
(16) 前掲註(14)。
(17) 前掲註(12)。
(18) 吉田東伍『大日本地名辞書』冨山房、一九〇七年。
(19) 前掲註(2)。
(20) 前掲註(4)。
(21) 前掲註(6)。
(22) 前掲註(5)。
(23) 前掲註(7)。
(24) 木下良『事典 日本古代の道と駅』吉川弘文館。
(25) 前掲註(8)。
(26) 足利健亮『日本古代地理研究』大明堂、一九八五年。
(27) 兵庫県立考古博物館編『朝来市柴遺跡』兵庫県教育委員会、二〇〇九年。
(28) 木本雅康『古代官道の歴史地理』同成社、二〇一一年。
(29) 木下良「国府の『十字街』について」『歴史地理学紀要』一九、一九七七年。
(30) 気高町教育委員会編『会下・郡家遺跡』気高町教育委員会、一九八二年。気高町教育委員会編『逢坂地域遺跡群発掘調査

報告書　会下・郡家遺跡』気高町教育委員会、一九八八年。『会下・郡家遺跡発掘調査記者公開資料』二〇一二年一一月二一日、鳥取県埋蔵文化財センター。田中正利「会下・郡家遺跡の発掘調査」鳥取県埋蔵文化財センター編『平成二五年度埋蔵文化財専門職員研修「遺跡調査検討過程」発表資料集』鳥取県埋蔵文化財センター、二〇一三年。『会下・郡家遺跡発掘調査現地説明会資料』二〇一三年六月一五日、鳥取県埋蔵文化財センター。

(31)　奈良文化財研究所編『上原遺跡発掘調査報告書』気高町教育委員会、二〇〇三年。

(32)　前掲註(12)。

(33)　中林保「気多郡内の駅路と駅家」奈良文化財研究所編『上原遺跡発掘調査報告書』気高町教育委員会、二〇〇三年。

(34)　前掲註(33)。

(35)　前掲註(6)。

(36)　前掲註(8)。

(37)　前掲註(5)。

(38)　前掲註(24)。

(39)　池橋達雄「宍道町西部の古代山陰道をめぐって―「出雲国風土記」記事と実地調査から―」『宍道町歴史叢書　2』宍道町教育委員会、一九九八年。同「筑紫街道についての一考察―「出雲国風土記」駅路記事および地籍図遺称地名との関連から―」斐川町教育委員会編『平成一一・一二年度斐川中央工業団地造成に伴う杉沢Ⅲ・堀切Ⅰ・三井Ⅱ遺跡発掘調査報告書―本文及び図版編―』斐川町教育委員会、二〇〇一年。

(40)　前掲註(28)。

(41)　斐川町教育委員会編『平成一一・一二年度斐川中央工業団地造成に伴う杉沢Ⅲ・堀切Ⅰ・三井Ⅱ遺跡発掘調査報告書―本文及び図版編―』斐川町教育委員会、二〇〇一年。

(42)　『平成二五年度斐川中央工業団地予定地内発掘調査―杉沢遺跡・杉沢Ⅱ遺跡・杉沢横穴墓群―現地説明会資料』二〇一三年九月二一日、出雲市文化財課。

(43)　前掲註(30)『会下・郡家遺跡』。
(44)　松江市教育委員会・財団法人松江市教育文化振興事業団編『渋ヶ谷遺跡発掘調査報告書』松江市教育委員会・財団法人松江市教育文化振興事業団、二〇〇六年。
(45)　前掲註(28)。瀬古諒子「松江市大庭町深田遺跡・勝負谷遺跡の調査」『出雲古代史研究』一二、二〇〇二年。
(46)　前掲註(30)、『会下・郡家遺跡発掘調査現地説明会資料』鳥取県埋蔵文化財センター。
(47)　鳥取県埋蔵文化財センター編『石脇第3遺跡―森末地区・操り地区―　石脇8・9号墳　寺戸第1遺跡　寺戸第2遺跡　石脇第1遺跡』鳥取県教育文化財団、一九九八年。
(48)　原田雅弘「鳥取県石脇第3遺跡の調査」『古代交通研究』七、一九九七年。
(49)　大橋泰夫「山陰における古代地方官衙荘厳化の一端について」『島根大学法文学部紀要　社会文化学科　社会文化論集』五、二〇〇九年。
(50)　島根県教育庁埋蔵文化財センター編『中祖遺跡　ナメラ迫遺跡』国土交通省中国地方整備局・島根県教育委員会、二〇〇八年。
(51)　前掲註(47)。
(52)　八峠興「伯耆国」古代交通研究会編『日本古代道路事典』八木書店、二〇〇四年。
(53)　前掲註(33)。
(54)　二・五万分の一地形図「鹿野」大日本帝国陸地測量部、一八九七年測図、一九三二年修正、一九三五年発行。
(55)　前掲註(6)。
(56)　前掲註(12)。ただし、当書の地図に記入された場所と実際に道標が立っている場所は若干異なる。
(57)　山枡雅美「青谷横木遺跡の発掘調査と出土木簡」第三五回木簡学会報告資料、二〇一三年一二月八日。
(58)　米子市教育文化事業団編『古谷亀尾ノ上遺跡　橋本徳道西遺跡』米子市教育文化事業団、二〇〇三年。
(59)　前掲註(42)。

(60) 中林保「因幡国気多郡の条里と郡家―歴史地理学的試論―」『地方史研究』二五―六、一九七五年。
(61) 鳥取市教育委員会が平成二五年度に実施した試掘調査による。
(62) 鳥取県埋蔵文化財センター編『青谷上寺地遺跡発掘調査研究年報二〇一二』鳥取県埋蔵文化財センター、二〇一三年。『平成二五年度史跡青谷上寺地遺跡第一五次調査現地説明会資料』二〇一三年一一月一六日、鳥取県埋蔵文化財センター。
(63) 前掲註(8)。
(64) 前掲註(60)。
(65) 前掲註(33)。
(66) 前掲註(4)。
(67) 前掲註(6)。
(68) 財団法人鳥取市教育福祉振興会編『菖蒲遺跡』財団法人鳥取市教育福祉振興会、一九九四年。
(69) 財団法人鳥取市教育福祉振興会編『山ヶ鼻遺跡Ⅱ』財団法人鳥取市教育福祉振興会、一九九六年。
(70) 中林保『因幡・伯耆の町と街道』富士出版、一九九七年。
(71) 鳥取県教育委員会社会教育課編『菖蒲廃寺発掘調査概報』鳥取県教育委員会、一九六八年。
(72) 山田真宏「鳥取・岩吉遺跡」『木簡研究』一八、一九九六年。財団法人鳥取市教育福祉振興会編『岩吉遺跡Ⅳ』財団法人鳥取市教育福祉振興会、一九九六年。
(73) 前掲註(5)。
(74) 前掲註(12)。
(75) 前掲註(8)。
(76) 前掲註(33)。
(77) 前掲註(4)。
(78) 前掲註(6)。

(79) 鹿野町教育委員会編『柄杓目遺跡Ⅰ、Ⅱ』鹿野町教育委員会、一九八九、一九九〇年。
(80) 気高町教育委員会編『上光遺跡群発掘調査報告書』気高町教育委員会、一九八八年。
(81) 関西大学文学部考古学研究室編『寺内廃寺発掘調査概報Ⅰ・Ⅱ・Ⅲ』鹿野町教育委員会、一九七九、一九八二年。
(82) 前掲註(31)。
(83) 前掲註(33)。
(84) 前掲註(4)。
(85) 前掲註(5)。
(86) 前掲註(6)。
(87) 前掲註(8)。
(88) 気高町教育委員会・滋賀大学教育学部考古学ゼミナール編『睦逢遺跡』気高町教育委員会、一九八二年。
(89) 岩永實「鳥取県における条里地域の研究Ⅱ」『鳥取大学学芸学部研究報告』一三、一九六二年。
(90) 東郷町史編纂委員会編『東郷町誌』一九八七年。
(91) 鳥取県編『鳥取県史第一巻　原始古代』鳥取県、一九七二年。
(92) 前掲註(5)。
(93) 木本雅康「古代駅路の坂道はどの程度の傾斜まで可能か」鈴木靖民・吉村武彦・加藤友康編『古代山国の交通と社会』八木書店、二〇一三年。
(94) 奈良文化財研究所編『郡衙周辺寺院の研究』奈良文化財研究所、二〇〇六年。
(95) 清野陽一・山中敏史「気多郡衙と近接寺院の立地と在地勢力」奈良文化財研究所編『郡衙周辺寺院の研究』奈良文化財研究所、二〇〇六年。
(96) 木本雅康「古代駅路と国府の成立」『古代文化』六三―四、二〇一二年。
(97) 前掲註(1)。

〔補記〕

五で青谷横木遺跡の一〇区で検出された道路状遺構を山陰道駅路ではないかとしたが、その後の発掘調査の進展により、現在では、同遺跡のＰ五区からＰ一四区にかけて検出された道路状遺構が山陰道駅路と見なされている（坂本嘉和「鳥取県青谷横木遺跡の道路遺構と条里地割」（古代交通研究会編『第一九回大会資料集　移動を支えた人と場・道』古代交通研究会、二〇一七年）。

第五章　島根県出雲市で発掘された推定山陰道駅路の意義

はじめに

本章は、歴史地理学の観点から、島根県出雲市の杉沢遺跡・三井Ⅱ遺跡・長原遺跡で検出された道路状遺構について検討し、その意義について述べる。

一　山陰道駅路（正西道）のルートの確定

まず、これらの遺跡の発掘調査によって検出された道路状遺構は、古代山陰道駅路の可能性が非常に高く、これによってこの地域の山陰道駅路のルートがほぼ確定したことが挙げられる。従来、当地域の山陰道駅路のルートについては、大きく二つの説が対立していた。一つは、池田敏雄の説で[1]、駅路は、現在の宍道湖南部広域農道付近を通っていたとするものである（図23）。その根拠は、このルートに沿って東から、神庭に「馬捨場」、結に「うば捨山」（馬捨の転訛か）、「せき馬場」、神氷に「馬背」「有馬谷」、出西に「駄捨場」といった馬に関する地名が並び、また『出

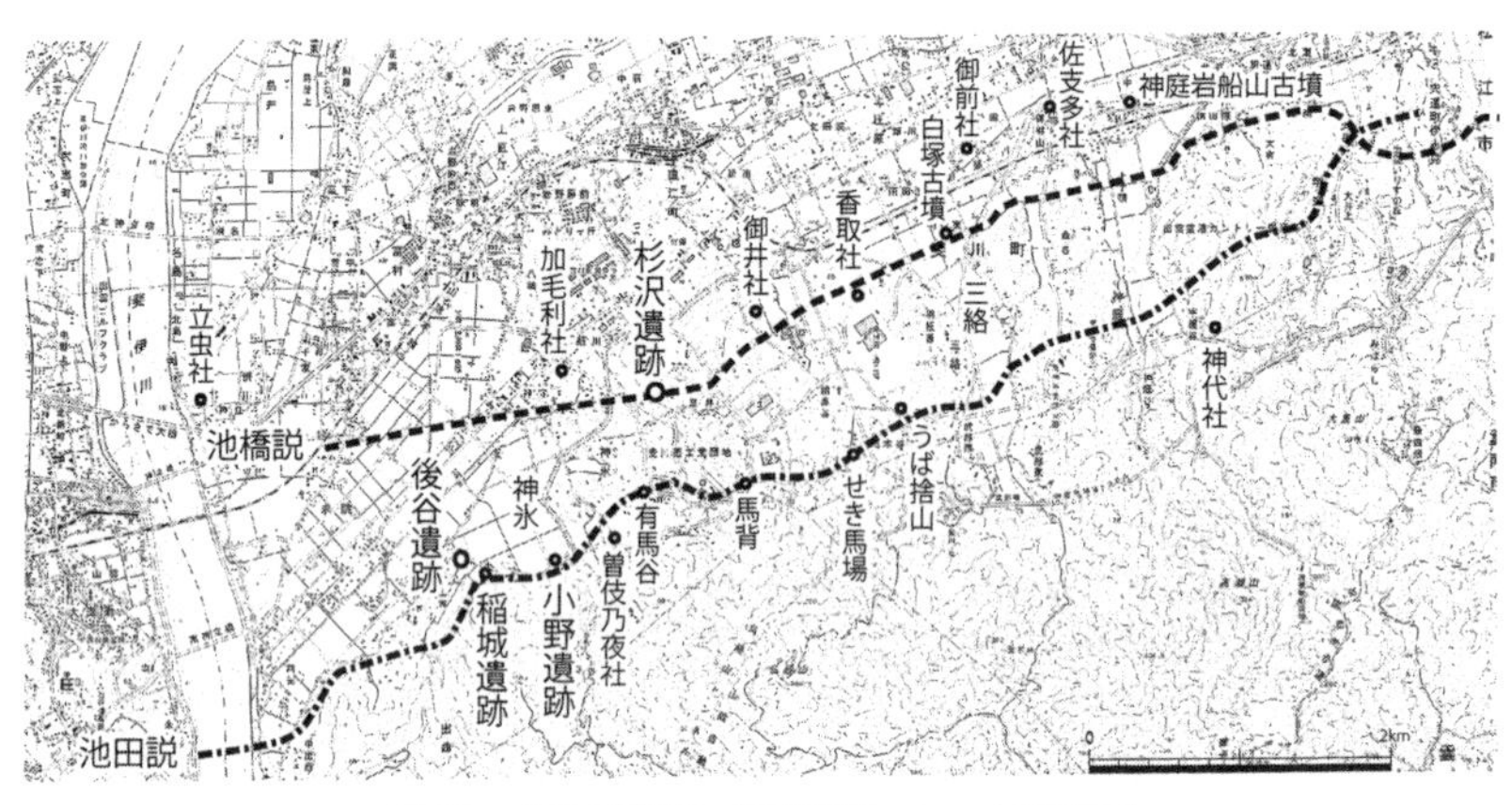

図23　山陰道駅路（正西道）ルート想定図

雲国風土記』出雲郡条の神代社に比定される神庭の神代神社や、同じく出雲郡条の曽伎乃夜社に比定される神氷の曽枳能夜神社のような古社が、大体このルート沿いにあることを指摘している。また、このルートは、宍道湖岸ではなく、より南側の丘陵の裾付近を通ることになるが、池田は、古代の駅路は一般的に、湿気が多い平坦地や沼地の近くや海辺（湖辺）沿いではなく、地盤がしっかりした所を通っていたとする。

　これに対し、池橋達雄[2]は、池田の想定駅路よりも北側を通る「筑紫街道」と呼ばれる古道が、部分的に直線的形態をとることなどから、駅路を踏襲した道であるとした（図23）。今回、杉沢遺跡等において、筑紫街道の伝承地から、古代山陰道駅路と考えられる道路状遺構が検出されたことによって、ほぼ池橋説の正しさが証明されたと言えよう。実際に駅路と考えられる遺構が検出されたのは、尾根上であるが、筑紫街道は低地部にも走っている。このことから、当時すでに、ある程度この付近の低地部の地盤が安定していたことが推測できる。そのような目で見ると、筑紫街道の通過地にあたる神氷や三絡に、圃場整備以前まで条里地割[3]が存在したことが注目される。また、筑紫街道より北に、佐支多社、御前社、御井社、加毛利社等の『出雲国風土記』に見える神社や、古墳時代中期の神庭岩船山古墳、年代不明の白塚古墳などが存在することからも、必ずしも池田が述べるように、当時筑紫街道沿いの低地部の地盤がしっかりしていなかったとは言えないようである。今後、宍道湖の汀線も含めて、この地域の古地形の復原が望まれる。

図24　杉沢遺跡付近の想定山陰道駅路

二　近世の絵図に描かれた筑紫街（海）道

古代駅路は、一般的に平野部では直線的形態をとり、筑紫街道もそのような部分が多々見られる。たとえば図24に見るように、c—f及びk—l間の筑紫街道は、直線的形態を示す。しかし、f—k間は基本的に尾根道にあたるので、それに沿って蛇行する形態をとらざるを得ず、杉沢遺跡等で検出された道路状遺構はこの間にあたるので、直線的形態はとっていない。ところが、近世の絵図において、この蛇行する筑紫街道が直線的に表現されているものがあり、後世この部分が直線道として認識されていたことがうかがわれる。具体的には、文政六年（一八二三）の「漆沼郷下直江村絵図」（図25）で、f点以西が尾根上の道にあたり、これに沿って「筑紫海道」の記載が見られる。また、その西には、「塞神」の文字があるが、石祠が図24のg点に最近まで存在した。現在は、市道沿いに移動されている。絵図（図25）中のe—f間は、低地部の文字通りの直線道であるが、図24と比較すると明らかなように、f点以西は、

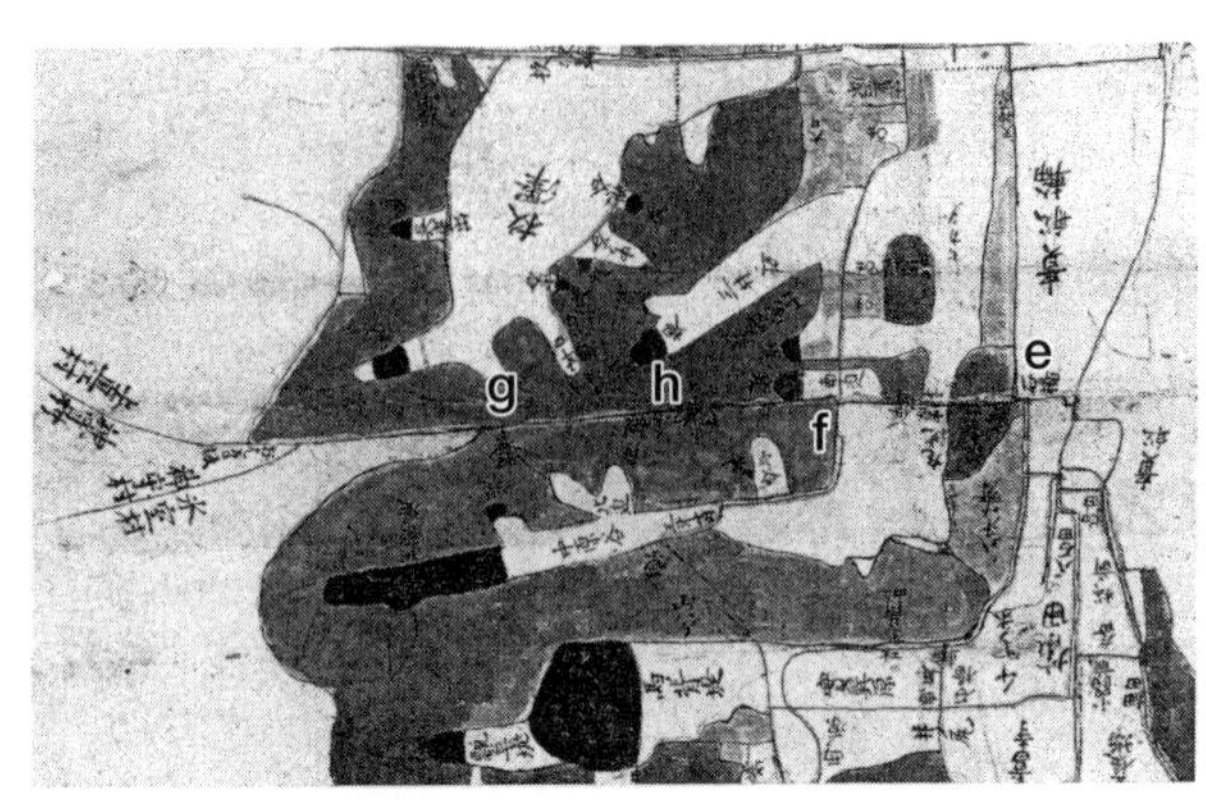

図 25　漆沼郷下直江村絵図（部分　上が北）

現実には蛇行する道であるにもかかわらず、絵図には直線道として描かれているのである。このことから、当時、筑紫街（海）道が、きわめて直線的な道であったと認識されていたことがうかがえよう。このような認識が古代までさかのぼるかどうかは不明であるが、駅路の直線性を考えると興味深いものがある。もっとも作図に際して、筑紫街道を絵図の中央に直線で表現すると安定するという構図上の問題から、このような形態になったと解釈することもできるかもしれない。いずれにせよ、少なくとも近世まで、駅路を踏襲した筑紫街道が、この地域において重要な道であったことは確かであろう。

三　秦直道との比較

杉沢遺跡二〇一三調査区で検出された山陰道駅路は、尾根の頂上より、やや下の部分を水平にカットする一方、谷部を埋めて、路面を造りだすという工法をとっている（図26）が、これは司馬遷の『史記』に「塹山堙谷」と見える秦の直道[4]の構築工法と類似している（図27）。秦の直道は、紀元前三世紀に、始皇帝が匈奴の侵攻に備えて、都である咸陽の北の林光宮（陝西省淳化県）から九原郡城（内蒙古包頭市）までの間に造らせた軍事道路である。途中、子午嶺と呼ばれる陝西省と甘粛省の境界線となっている尾根道の部分があり、陝西省考古研究院秦直道考古隊によって発掘調査が行われた。特に二〇〇七年の陝西省富県の車路梁と呼ばれる場所の調査では、道幅が約三〇～四〇メートルあることが判明した(5)。

杉沢遺跡と車路梁で検出された道路状遺構を比較してみると、スケールこそ異なるものの、尾根の頂上より、やや下の部分を水平にカットする一方、谷部を埋めて路面を造りだすという工法は、きわめて共通している。反対に相違点としては、車路梁の埋土部分は、強固な版築を行っているのに対し、杉沢遺跡の場合は、特に版築工法は認められない。なお、杉沢遺跡の路面に認められる波板状凹凸面は、車路梁には存在しないようである。

杉沢遺跡と秦直道は、その成立年代や規模も大きく異なるが、共通する工法もあり、今後も比較検討することによって、新たな視野が開ける可能性がある。

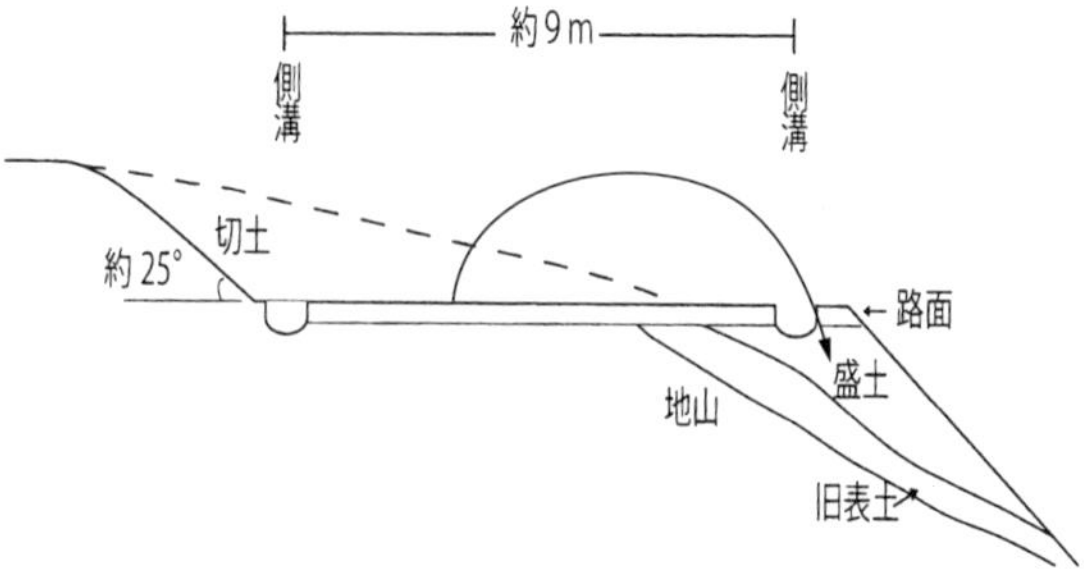

図 26 杉沢遺跡 2013 調査区模式図

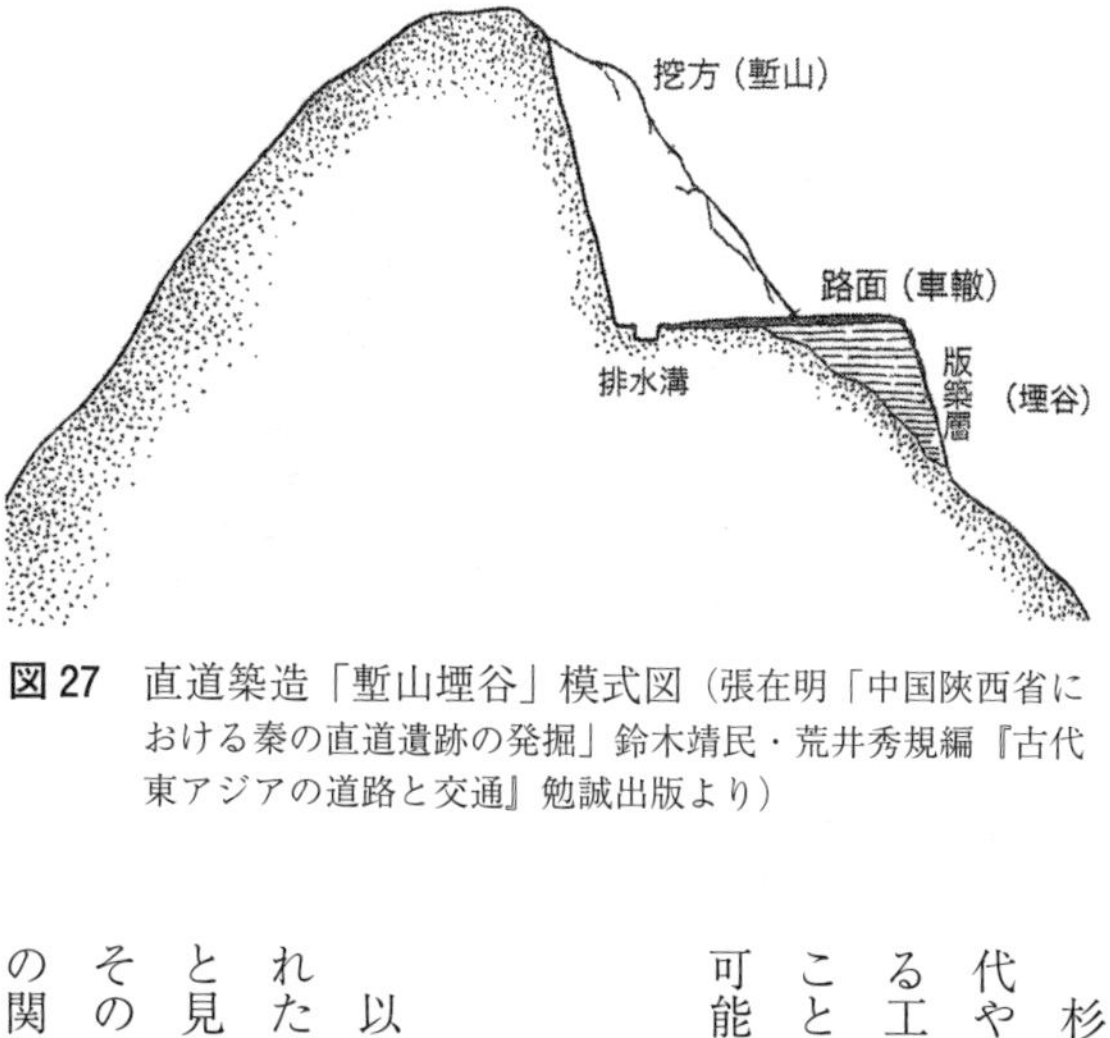

図 27 直道築造「塹山堙谷」模式図（張在明「中国陝西省における秦の直道遺跡の発掘」鈴木靖民・荒井秀規編『古代東アジアの道路と交通』勉誠出版より）

おわりに——今後の課題

以上のように、杉沢遺跡で検出された道路状遺構は、古代山陰道駅路と見て間違いないと判断されるが、その西方において、特に出雲郡家との関係では、若干の問題を残してい

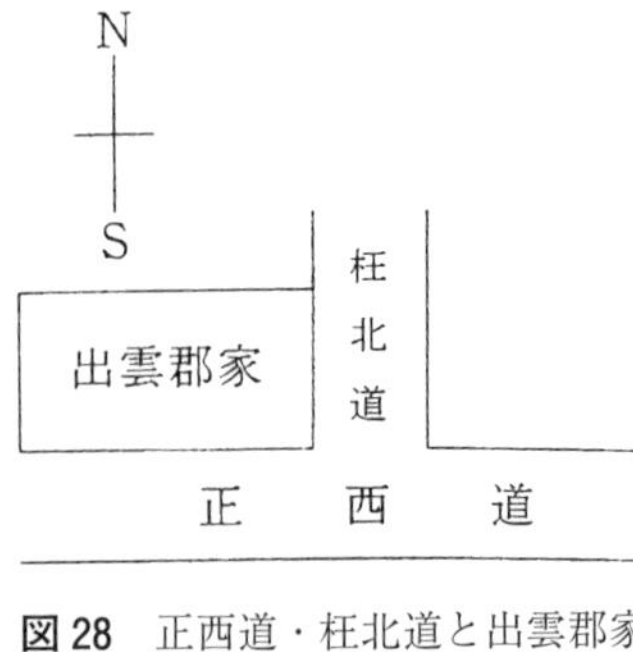

図28 正西道・枉北道と出雲郡家模式図（関和彦『出雲国風土記註論』明石書店より）

る。すなわち、『出雲国風土記』によれば、出雲郡家は「正西道」（山陰道駅路）に沿っていることになるが、杉沢遺跡の西への延長は、現在、発掘調査によって、出雲郡家の正倉とされる後谷V遺跡[6]よりやや北に出てくることが判明した。この点について、池橋[7]は、神氷の小字「長ヶ坪」を出雲郡家の政庁に関係する地名として、駅路はここから西に進んで求院の小字「馬越」で斐伊川を渡河したとすることによって、『出雲国風土記』に記す出雲郡家から出雲（大）河までの距離二里六〇歩に合致するとする。すなわち、池橋の解釈によれば、当時の斐伊川は、現在よりももっと東を流れていたことになり、斐伊川が郡界であったから、現在の斐川町併川・名島付近は、出雲郡ではなく神門郡だったことになる。

しかし、名島付近は、『風土記』に見える出雲郡家の西北二里一二〇歩の神戸郷に当てる解釈[8]が一般的である。また、『風土記』出雲郡条に見える立虫社は、『延喜式』の出雲郡にも立虫神社として見えるが、現在の斐川町併川の立虫社に比定される。同社は、現社地の西の現斐伊川中にあたる所から移転してきたとされる[9]ので、併川付近も古代においては出雲郡であっただろう。さらに、池橋自身も述べるように、馬越を斐伊川の渡河点とすると、『風土記』に記す神門郡家までの距離七里二五歩に対して、著しく遠くなってしまうことも問題であろう。

やはり、出雲郡家の政庁は、後谷遺跡付近に位置して、そこから西南方に斐伊川を渡河していたと考えた方が自然であろう。したがって、長ヶ坪付近で、駅路は西南方へ屈曲しなければならないが、そのあたりのルートは未確定である。また、『出雲国風土記』巻末記には、枉北道について「出雲郡家の東のあたりに至り、そこで正西の道に入る」とあり、関[10]は図28のような位置関係を想定している。枉北道がどこを通っていたかについても、現在のところ、明確な復原案はなされていないので、それらを含めて、今後の検討が必要であろう。

註

（1）池田敏雄『斐川の地名散歩』斐川町役場、一九八七年。
（2）池橋達雄「宍道町西部の古代山陰道をめぐって―「出雲国風土記」記事と実地調査から―」『宍道町歴史叢書　二』宍道町教育委員会、一九九八年。
（3）中澤四郎『隠岐・出雲・石見の条里』一九九一年。
（4）黄暁芬・張在明「秦直道の研究」『日本考古学』三一、二〇一一年。張在明「中国陝西省富県における秦の直道遺跡の発掘」鈴木靖民・荒井秀規編『古代東アジアの道路と交通』勉誠出版、二〇一一年。
（5）黄暁芬「東洋最古のハイウェイ～秦直道の発掘と認識～」第四四回山陰考古学研究集会事務局編『山陰の古代道』第四四回山陰考古学研究集会事務局、二〇一六年。
（6）斐川町教育委員会編『後谷V遺跡』斐川町教育委員会、一九九六年。
（7）池橋達雄「筑紫街道についての一考察―「出雲国風土記」駅路記事および地籍図遺称地名との関連から―」斐川町教育委員会編『平成一一・一二年度斐川中央工業団地造成に伴う杉沢Ⅲ・堀切Ⅰ・三井Ⅱ遺跡発掘調査報告書―本文及び図版編―』斐川町教育委員会、二〇〇一年。
（8）加藤義成『修訂出雲国風土記参究』今井書店、一九九二年。関和彦『出雲国風土記註論』明石書店。
（9）前掲註（8）加藤『修訂出雲国風土記参究』。
（10）前掲註（8）関『出雲国風土記註論』。

第六章　播磨国明石・賀古・印南三郡の古代伝路

はじめに

本章は、播磨国明石・賀古・印南三郡の古代伝路について、復原的に考察するものである（図29）。これら三郡の古代駅路については、木下良[1]や吉本昌弘[2]、高橋美久二[3]による復原があり、一部発掘調査によって、実際に駅路とおぼしき遺構も検出され、ほぼそのルートが確定している。それに対して、郡家と郡家とを結ぶ官道である伝路については、これまで研究が存在しなかった。もっとも、後述するように、吉本[4]が邑美・佐突駅間の駅路のバイパスとした道を筆者は伝路と考えている。本章で取り上げる伝路の西半のルートについては吉本の詳しい研究があり、本章の多くはそれに拠っているものである。

一　駅家と駅路

伝路の復原に入る前に、この地域の駅家の位置と駅路のルートについて、簡単にまとめておきたい。『延喜式』兵

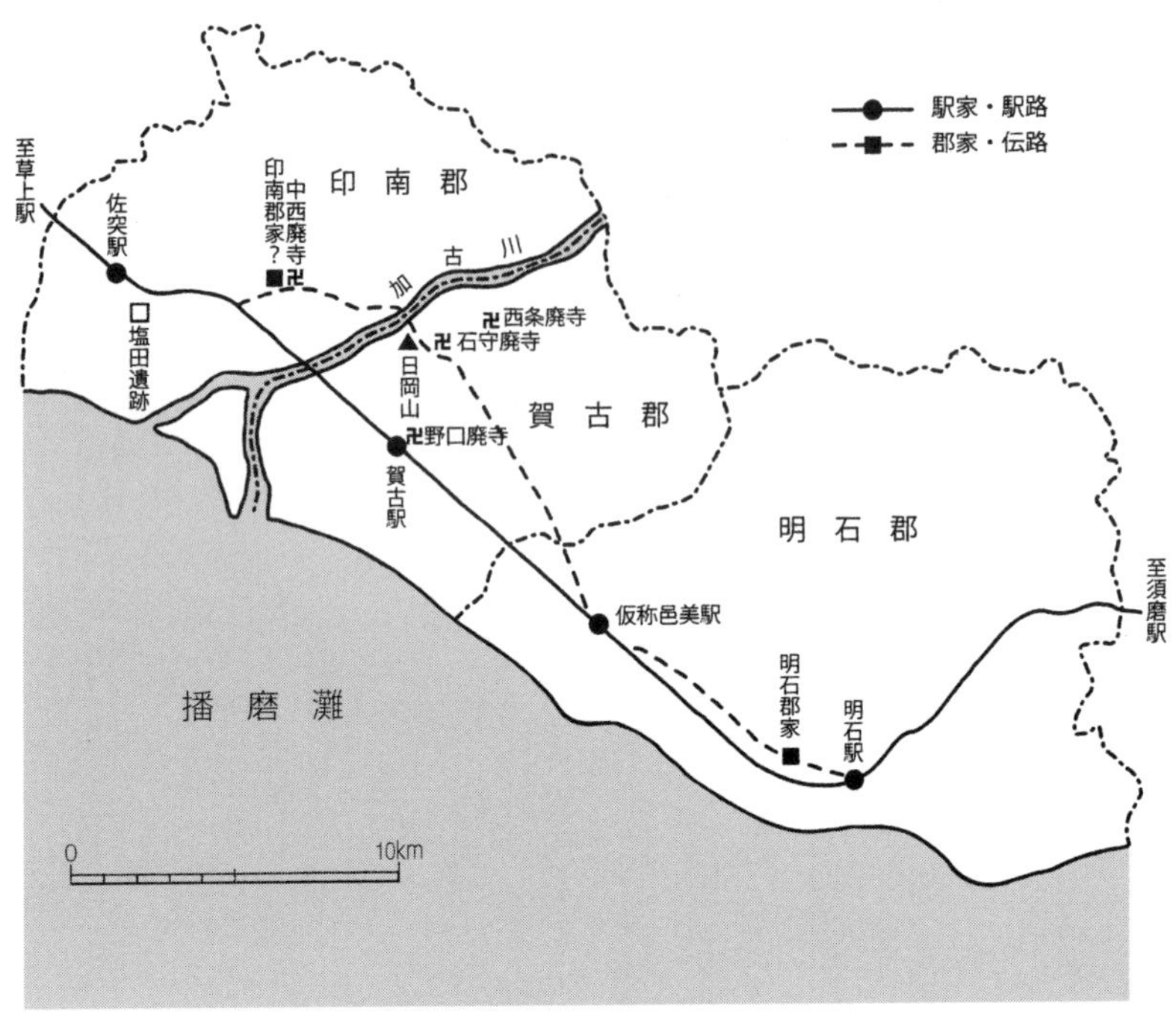

図29　全体的概念図

部省諸国駅伝馬条によれば、播磨国には、九つの駅家が見え、このうち、明石郡に明石駅、賀古郡に賀古駅が置かれていた。これは一〇世紀初めごろの状況を示すと考えられるが、ここまで至る間には複雑な変遷があった。『延喜式』の駅馬数や瓦の出土地等の検討から、明石・賀古駅家の間の明石郡内に、高橋[5]が邑美駅と仮称する駅家が存在したが、大同二年（八〇七）以降に廃止された。また、『続日本後紀』承和六年（八三九）二月条に、「播磨国印南郡佐突駅家、旧に依りて建立す」という記事が見えるので、大同二年の時点では存在していた佐突駅がいったん廃止され、この時復活させたことがわかる。しかし『延喜式』に載っていないので、その後再び廃止されたことも判明する。

次に各駅家の比定地とそれらを結ぶ駅路のルートについて述べる。明石駅については、

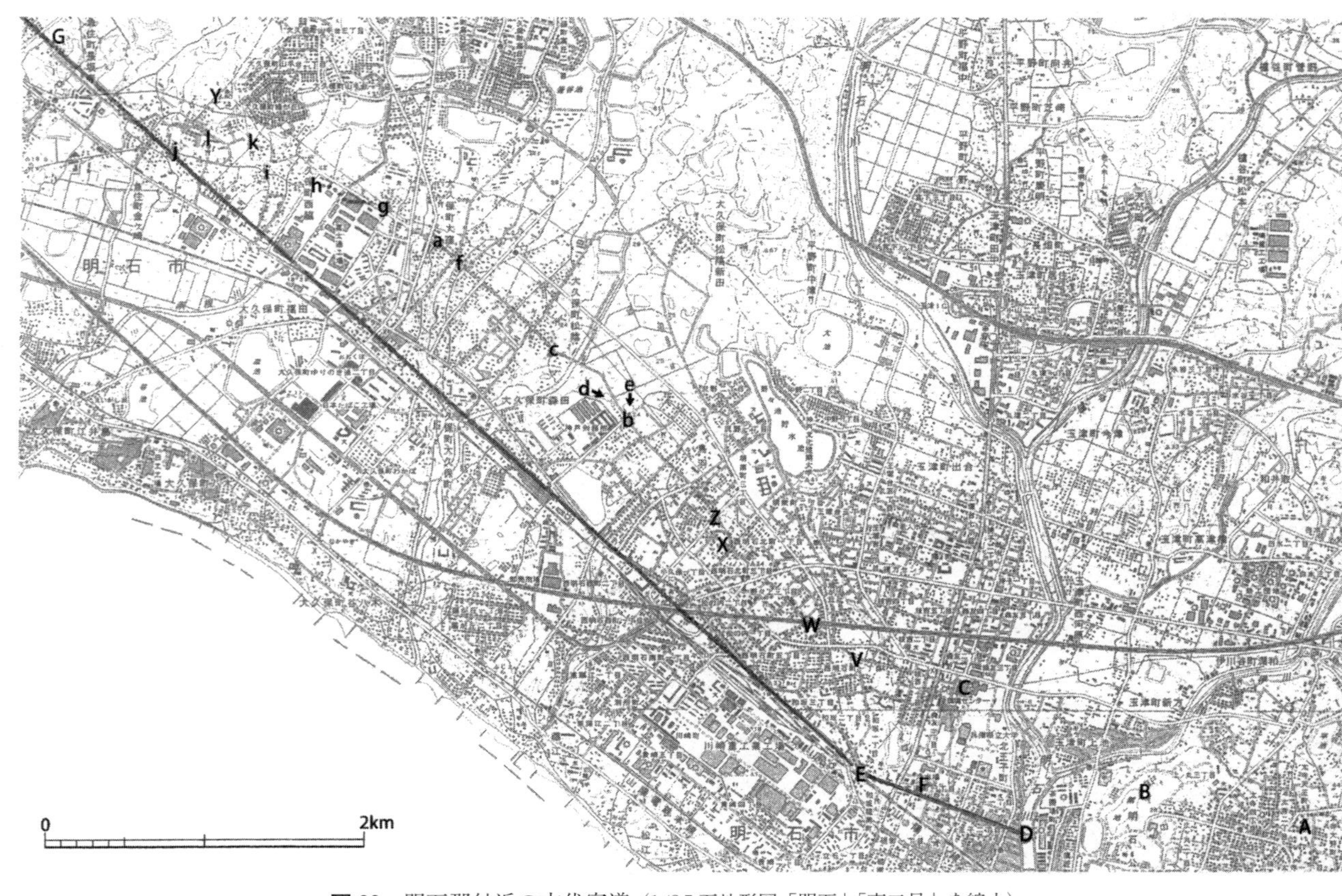

図 30 明石郡付近の古代官道（1/2.5 万地形図「明石」「東二見」を縮小）

高橋[6]による明石市の太寺廃寺（図30A）付近にあったとする説と、吉本[7]による明石城公園内（B）にあったとする説があるが、まだ確定していない。また、かつては神戸市西区森友一丁目の吉田南遺跡（C）を明石駅に比定する説[8]もあったが、同遺跡では明確な瓦葺建物は確認されておらず、想定駅路から北に約七〇〇メートルも離れており、後述するように明石郡家の可能性が高いとされている。

明石川右岸の条里地割に対して、余剰帯を示すD—E道が駅路を踏襲した道と推測されるが、これに沿って、大道町一丁目に「大道の上」（F）の小字地名がある。[9] Eでやや方位を変えた駅路は、仮称邑美駅に比定される長坂寺遺跡[10]（G）まで一直線に走り、ここで微妙に方位を変えた後、再び図33のH点まで一直線に通る。途中、明石市の辻ヶ内遺跡[11]（図31I）や福里遺跡[12]（J）等で、発掘調査の結果、道路状遺構が検出されている。図32のK点は賀古駅に比定される古大内遺跡[13]で、近年の発掘調査で大量の瓦が出土し、付近では、駅路の南側側溝も検出されている。Lは、古代寺院野口廃寺で、Mは、賀古駅の駅戸集落の可能性が高い坂元遺跡[14]である。ここから先は、加古川の氾濫原を横断してH点に達し、そこで後述する伝路と合流したと推測される。その後は、方位を西寄りに変えて、阿弥陀山地と竜山・生石山地との間のギャップを通過し、さらに方位を変えて、佐突駅に比定される北宿遺跡に達する。

二　明石・賀古・印南郡家

伝路の復原に入る前に、まず各郡家の位置について考察する。

まず明石郡家については、兵庫県神戸市の吉田南遺跡[15]が有力とされている。同遺跡は、昭和五一年（一九七六）から五五年（一九八〇）にかけて、吉田片山遺跡調査団によって調査が行われた。その結果、奈良時代後半の掘立柱建

図 31　賀古・印南郡付近の古代官道（1）

（1/2.5 万地形図「東二見」「三木」「加古川」「高砂」を縮小）

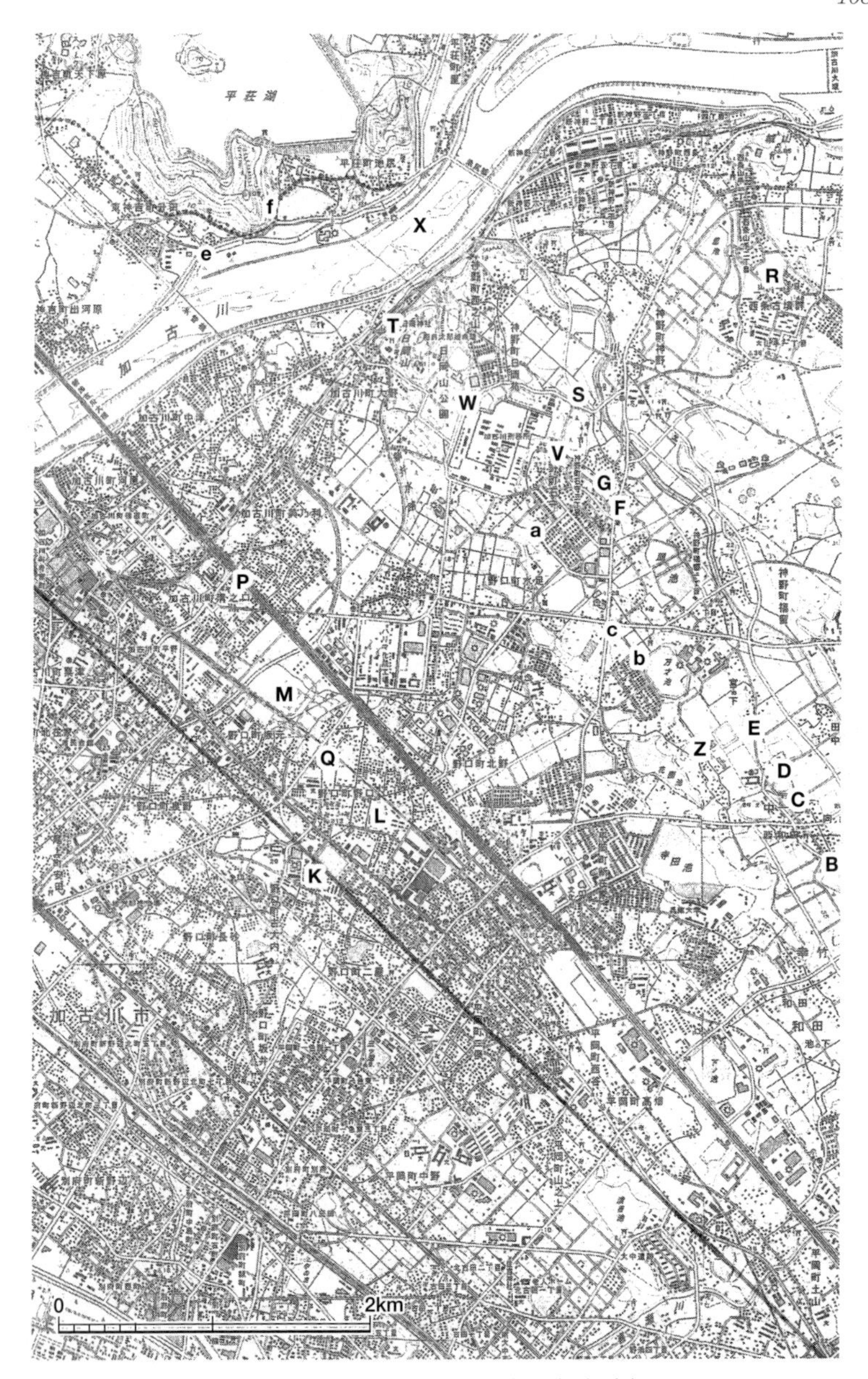

図 32　賀古・印南郡付近の古代官道（2）
（1/2.5 万地形図「東二見」「三木」「加古川」「高砂」を縮小）

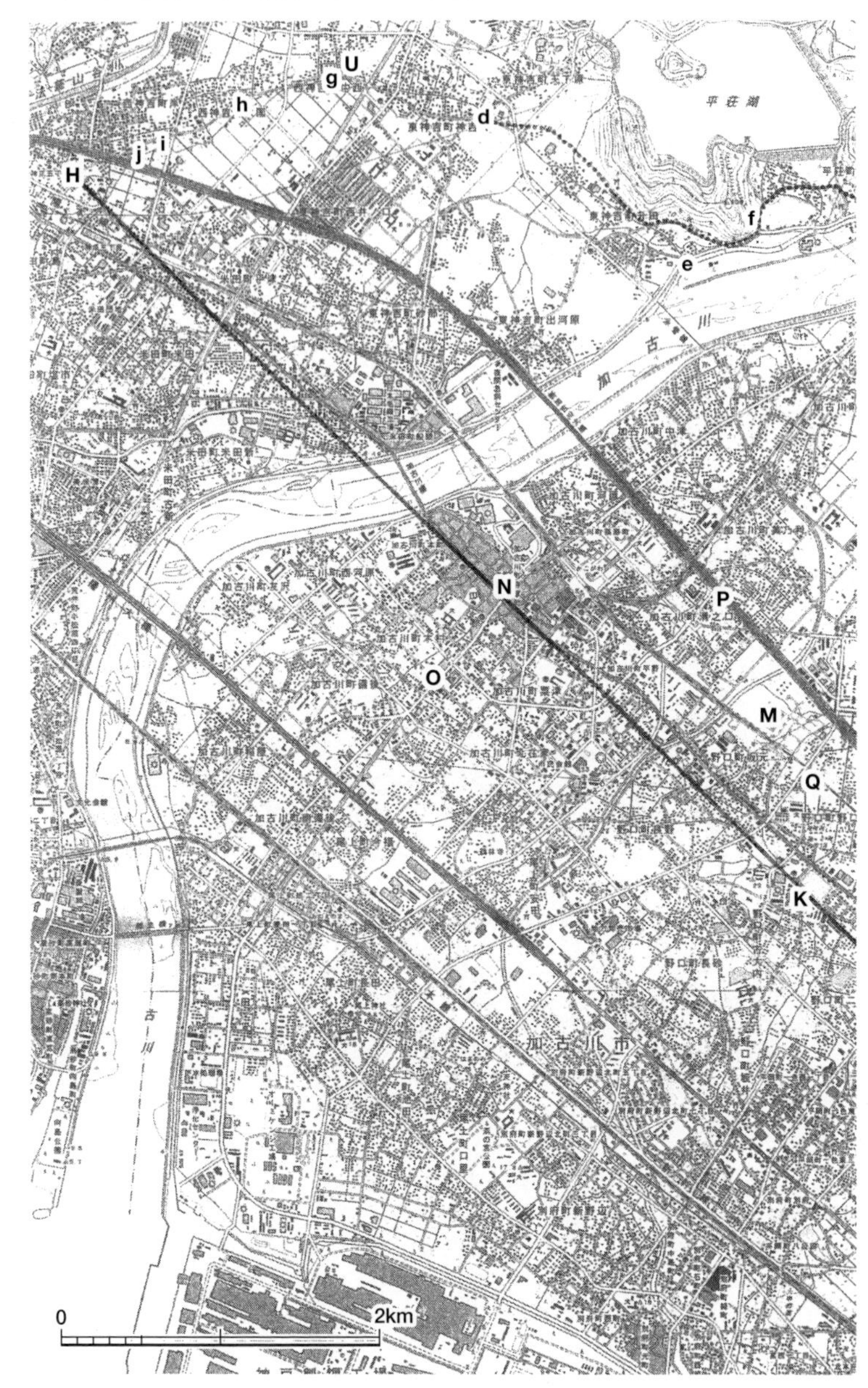

図 33　賀古・印南郡付近の古代官道（3）
（1/2.5 万地形図「加古川」「高砂」を縮小）

物群を多数検出し、それらは郡家の正倉、館、厨にあたると考えられている。[16] 政庁については明らかではないが、調査区外の西側に存在したのではないかと推測されている。ところで、当遺跡は、想定駅路の北約七〇〇メートルに位置し、駅路に面していなかったことが注目される。そして後述するように、当遺跡の西方から想定駅路に並行して西行する伝路が想定できるのである。

次に賀古郡家について、『加古川市誌　第一巻』[17]は、加古川市加古川町寺家町（N）の『光念寺縁起』に、寺家村を鎌倉時代に公家(くげ)村と称したとあり、「公家」は「郡家」の転訛と考えられるので、この地に比定した。西本昌弘[18]は、『播磨国風土記』賀古郡条に見える城宮(きのみや)の遺称地である加古川市加古川町木村は、鹿子水門にも近接する水陸交通の要衝なので、この付近に賀古郡家が存在した可能性も少なくないとして、木村の小字「加古田」（O）に注目している。また、加古川市加古川町溝之口・美之里の溝之口遺跡[19]（P）では、多数の掘立柱建物が検出されたので、これを賀古郡家に当てる説もあるが、郡庁や正倉等に特定できるような大型建物が検出されたわけではない。吉本[20]は具体的に、加古川市野口町の野口廃寺の西北に、四〇間（約七三メートル）方格からなる方三町の地割（Q）を見出して、郡家に比定している。吉本は、他の地域においても、方三町程度の方格地割を手がかりにして郡家を想定しているが、その後の全国的な郡家の発掘調査によれば、そのような形態をとる郡家は見つかっておらず、その手法自体に疑問が持たれる。確かに当地付近に郡家を考えれば、想定駅路にも近く、七世紀末の創建とされる野口廃寺[21]を郡寺と見なせば、この付近は郡家の有力な候補地と言えるであろう。しかし、賀古郡における古代寺院は、野口廃寺のみではなく、現在のところ、加古川市神野町西条の西条廃寺[22]（図32R）と同町石守の石守廃寺[23]（S）が知られているので、そちらについても検討すべきである。両寺院とも七世紀末の創建とされるが、距離的には約一・五キロメートルしか離れていない。付近には、賀古郡の唯一の式内社である日岡坐天伊佐々比古神社に比定される日岡神社（T）も存在し、この地域が古代の賀古郡における重要な地域であったことは間違いないであろう。そして、西谷眞治[24]は、西条廃寺の近くに西条古墳群、石守廃寺の近くに日岡山古墳群のようなこの地域を代表する群集墳が存在することなどから、古墳の造営者と寺院の建立者との間には連続性があったのではないかとしている。すなわち、両寺院周辺は、大化前代からの地域中心地であったと言えよう。このように見てくると、賀古郡家については、その位置を特定できないが、日岡山周辺に存在した可能性もあるのではないだろうか。なお、日岡山の南南西約一・五キロメートルの美乃利遺跡[25]では、「郡」と記された墨書土器が出土している。

最後に印南郡家について、今里幾次[26]は、『播磨国風土記』に見える大国里の故地に、印南郡司が関与した寺院と推定される中西廃寺（図33U）が存在することから、大国里に郡家が置かれたと考えている。大国里の範囲については、西本[27]が加古川市西神吉町の南部と高砂市阿弥陀町の東部を合わせた地域に比定している。それに対して、吉本[28]は『播磨国風土記』の益気（やけ）里の項に、その地名の起源を御宅（みやけ）からきていると記していることから、これを「益気御宅」と称して加古川市平荘町に比定し、同町の西山の段丘上に認められる方格地割を郡家に想定した。長山泰孝[29]は、益気御宅の存在自体が信憑性が薄く、平荘町では北に偏しすぎるとして、駅路により近く、旧河道にも接近している大国付近に郡家を想定した。吉本[30]は一方で、高砂市の天川の左岸に、N四三度Eの方位をとる周辺の条里とは異なる、N五度Eの小条里区が存在し、その範囲に含まれる高砂市曽根町の塩田遺跡[31]で、「三宅」「大使」と書かれた墨書土器や、「伊保田司」と箆書きされた円面硯が出土したこと、遺跡に接して「ウシカイ」の俗称地名があることから、この地を、『日本書紀』安閑天皇二年（五三五）五月条に見える牛鹿屯倉に比定していた。その後、吉本[32]は、近世の「曽根村字別地図」に「香利屋」の地名があることを今井聰の教示によって知り、平荘町説を撤回して、この地に印南郡家を求めた。西本[33]は、塩田遺跡について、新潟県長岡市の八幡林遺跡と比較するなど詳しく検討し、周辺に印南郡家が存在した可能性は高いとしている。ただし西本は、吉本説では牛鹿屯倉の地に印南郡家が置かれたことになるが、「三宅」「大使」と書かれた墨書土器や「伊保田司」と篦書きされた円面硯は、いずれも奈良時代後半から平安時代初期のもので、六世紀にこの地に屯倉が存在した根拠とならないので、牛鹿屯倉は飾磨郡内に求めるべきとしている。そして、『日本書紀』天武天皇一四年（六八五）一一月条に見える「郡家」は、古訓では「コホリノミヤケ」と読まれていることなどから、塩田遺跡で出土した墨書土器の「三宅」は、印南郡家を指すとしている。

確かに考古学的な遺物をともなうという点で、塩田遺跡は、印南郡家の有力な候補地として注目されるが、以下のような問題点も存在する。一つは、現在のところ、塩田遺跡で出土した郡家に関連する可能性がある遺物は奈良時代後半から平安時代前期のもので、それ以前にさかのぼる遺物が確認されていないことである。また、やはり現時点では、遺構がまったく検出されていない。さらに、印南郡の郡寺は中西廃寺と考えられるが、中西廃寺と塩田遺跡は、直線距離でも約五キロメートルほど離れる。山中敏史[34]は、従来「郡寺」等と呼ばれてきた寺院を「郡衙周辺寺院」と称し、郡衙からの距離を、基本的に二キロメートル程度以内と定義している。筆者は、やはり郡寺の名称を用いる[35]が、郡家と郡寺との距離は、二キロメートル以内に収まるものが圧倒的に多いようである。そのあたりを重視して、筆者は、印南郡家について、その場所を特定することはできないが、中西廃寺付近に存在したと考えたい。同寺院は、『和名抄』の大国郷に存在したと見なされるが、『播磨国風土記』印南郡条には、「大国里」の地名の由来について、百姓の家の多くがここにあるからとしている。この記事からも、印南郡において、大国里（郷）に人口が集中していることがうかがわれる。また、いつ形成されたかは不明であるが、中西廃寺の前面には、駅路を基準線とする印南郡最大の条里地割が展開していた[36]。ただし、中西廃寺は駅路に沿わず、郡家をその周辺に考えると、郡家も駅路に沿っていなかったことになる。塩田遺跡は駅路にほぼ沿っているので、あるいは奈良時代後半に、大国郷から郡家が移転してきた可能性はあろう。

以上、各郡家の位置について考察した。そのうち、遺跡として明確なのは、吉田南遺跡に比定される明石郡家のみで、特に賀古郡家については、駅路に近い場所に考える説が一般的であるのに対し、日岡山周辺に想定してみた。ただし、賀古郡家が駅路沿いにあったとしても、明石・印南両郡家が駅路から外れていれば、それらを結ぶ伝路は、駅路とは別路になるはずである。その場合、従来の駅路は、駅路と伝路とを兼ねた駅伝路となるであろう。それでは、以下、伝路の復原に入りたい。

三　伝路の復原

明石郡家に比定される吉田南遺跡（図30C）から、駅路の北約七五〇メートルに並行する現在道（C—V）があり、筆者はこの道を伝路を踏襲した道と見なしたい。V点からは、方位を北西に変え、さらにW点で微妙に屈曲してX点に達する。この区間は、駅路と約五〇〇メートル離れて並行する。また、このW—X道をそのまま延長すると、Y点の標高八〇・一メートルの三角点付近に達するので、この丘の頂上がX—Y道設定の目標物になった可能性がある。X点から現在道は、やや北寄りにカーブを描いてZ点に達し（一部現在道は消滅）、a点まで直線的に進む。ただし、その間のb—c間の現在道は北寄りに屈曲しているが、難波池（d）やその東南の池を、伝路の跡が溜池化したものと見れば、本来はZ—a間は直線的に通っていた可能性もあろう。なお、Z—a道は、駅路の北に約七五〇メートル離れて並行する。ちなみに、想定伝路に沿うeは「大道池」と称し、池の西に、明石市大久保町松陰の小字地名として「大道」地名も存在するので、この道路は「大道」と呼ばれていたのであろう。また、大久保町大窪の東川にかかる橋（f）を「上大道橋」と称する。さて、想定伝路は、g点付近から前方の丘陵を避けて、カーブを描き始めるが、h点までの道路は、工場の敷地等となって残っていない。途中三ヶ所で溜池の堤防を兼ねていたが、現在は消滅している。これらは、低湿地を横切る伝路が土堤状の構造をしていたので、のちにそれらを利用して溜池を造る際に堤防としたのであろう。i―j間では、丘陵の裾を周るような形状をとり、宗賢神社（k）、黒石大明神（l）が存して、「山の辺の道」的な形状を示している。これらの神社の創始は不明であるが、黒石大明神は、文字通り黒い石を御神体としており、背後には横穴式石室を持つ古墳も存在するので、古代までさかのぼる可能性もあろう。

さて、想定伝路は、j点で駅路と合流するが、そこには「左太山寺道」と記された近世の道標があり、これまで述べてきた想定伝路が、神戸市西区伊川谷町前開にある太山寺への参詣路であったことがうかがわれる。ここから、しばらく駅路と伝路は同じ道となり、仮称邑美駅に比定される長坂寺遺跡（G）に達する。

図31m点からは、吉本[37]が山陽道のバイパスとした道路が駅路から分岐するが、先述したように、筆者はこの道路を伝路と見なす。したがって、以下の記述は、吉本の復原に多くを負っている。m―n間およびo―p間は、魚住町長坂寺と同清水との大字界となっており、p―q間は、溜池の堤防を兼ねている。q―r間とs―t間は、神戸市と明石市との境界線で、瀬戸川以北は古道の面影をよく残しているが、現在道は、土山ゴルフ場の敷地で切れる。しかし、かつてはu点まで直線道が続いており、それ以北はv点まで溜池間の堤防状の道となっている。図31のw点には、x点の国安天満神社の鳥居が神社から約七〇〇メートル離れて、道路に面して立てられている。このことからも、想定伝路が古道であることがうかがわれる。yは小字「大道」で、この道が大道と呼ばれていたことがわかる。また、z点には「道門」の小字地名が残る。A―BとC―Dでは、再び溜池の堤防を兼ねる。E点からは、痕跡をた

どることはできないが、その延長はF―G道に達し、G点で屈曲してV点まで延びる。その後は、現在直接痕跡をたどることはできないが、吉本によれば、図32のW点で屈曲した後、日岡山とその東の山塊との間を通り抜け、「大野渡」と呼ばれるX点に達するとのことである。なお、先述したように、S点が石守廃寺、R点が西条廃寺である。

ところで、『播磨国風土記』賀古郡条の鴨波里の項には、次のような記述がある。

此の里に舟引原あり。昔、神前の村に荒ぶる神ありて、毎に行く人の舟を半ば留めき。ここに、往来の舟、悉に印南の大津江に留まりて、川頭に上り、賀意理多の谷より引き出でて、赤石の郡の林の潮に通はし出だしき。故、舟引原といふ。

すなわち、昔、神前の村に荒ぶる神がいて、往来の舟に対して、交通妨害をしたので、それを避けるため、印南の大津江から川上に登って、賀意理多の谷から赤石郡の林の港に迂回したという話である。石見完次[38]は、稲美町六分一に「舟引」（図31Y）の小字地名を見出し、往来の舟は大津江から加古川をさかのぼって、その支流の曇川に入り、舟引原で舟を引いて分水嶺を越え、瀬戸川を下って再び海へ出て、林の港に出たと推測しており、吉本[39]も同様の見解をしている。このルートの加古川・瀬戸川間は、まさにこれまで述べた伝路のルートにほぼ沿うものである。したがってここでは陸路と水路がセット関係になっていると見なせる。土着の神による交通妨害の説話は、『風土記』に散見されるが、中村太一[40]は、こういった「荒神」現象は、列島社会の統合が進んで、共同体に交易の利をもたらせないまま通過するような中・長距離間交通が行われた初期の段階で現れた矛盾に対するリアクションであり、その時期について、五世紀後半代以前と推測している。時期の問題については、まだ詰める必要があるであろうが、少なくとも大化前代までさかのぼることは、『風土記』に記述が見られることからも確かであろう。また、一般的に伝路のルートは、大化前代の地域中心地を結んでできてきたと考えられるので、この場合もそれに当てはまることになる。

なお、吉本は[41]、図32のG点付近から東北方向に進み、九〇度西北に折れて、日岡山とその北側の山塊の間を抜ける幅約一五メートルの余剰帯が検出されるとして、バイパスは後にこのルートに変更されたとするが、ここではかなり条里地割が乱れており、余剰帯の検出が疑問なことと、曇川を二度渡ることになることから、筆者はこのルート変更については疑問を感じる。

一方、木下[42]は、旧版地形図[43]に、三ヶ所にわたって断続的に続く直線的な行政界に注目して、こちらをバイパスとしている。現在でもZ—a間が大字界となっており、特に、b—c間は、幅六〜八メートルほどの土檀状を呈している。この想定によると、日岡山の西から加古川を渡ることになるが、対岸の想定伝路との接続を考えると、北に膨らむ吉本説よりも最短距離となる。吉本説の痕跡が不明瞭なのに対し、木下が指摘したZ—a間が明瞭であることを考えると、より最短距離になるように、伝路のルート変更が行われた可能性がある。

次に加古川以西については、図33のH点で駅路と合流する段丘崖沿いの古道があり、吉本はこの道を駅路のバイパスに比定した。それ以前に、鎌谷木三次[44]は、この道を駅路と見なしていた。すなわち、駅路が直線的計画道であったことが知られていなかった時代には、このような自然発生的な古道が駅路と考えられていたのである。筆者は、このルートを伝路と考えたい。

吉本は山地の裾をめぐるようにして、d点に達する道路を駅路のバイパスとしているが、木下はe点付近に渡河するとしており、ここからd点までほぼ直線的な現在道があるので、やはり伝路の変遷があった可能性がある。なお、吉本の想定バイパスに沿うf点には、『播磨国風土記』印南郡条に見える「八十橋」の伝承地[45]があり、付近には八十橋の小字地名が残る。また、加古川市東神吉町升田は、同じく『風土記』印南郡条に見える益気里の遺称地[46]で、『風土記』によれば、景行朝に屯倉が置かれたことによる地名とするが、先述したようにこの記事の信憑性を認めない見解[47]もある。d点からはU点の中西廃寺まで段丘崖沿いに湾曲する道路と、段丘上のより直線的な道路が並行するが、ここでも前者から後者への変遷が想定される。空中写真[48]の判読によれば、中西廃寺には、方約一町の地割が明瞭であるが、これの西側に接して東西約一二〇メートル、南北約一五〇メートルの方形地割も認めることができる。後者の南辺は段丘の下に張り出すが、これに沿って小道が通じており、g点には中西廃寺の露盤と刹を転用した「石井の清水[49]」と称する湧水がある。それ以西の想定伝路は大国の地を経て、段丘下に沿って西へ向うが、吉本は南接して「大道」（h）「東大道下」（i）「西大道下」（j）の小字地名が存在することから、この古道は、「大道」と呼ばれていたとする。そして、段丘の先端に近い、H点付近で伝路は、東南から直進してきた駅路と合流したと考えられる。

おわりに――駅路と伝路

おわりに、その意義や今後の問題点について述べておきたい。

明石郡の駅路に沿って「大道」の地名が分布していることは、すでに指摘されていたが、今回復原した伝路沿いにも「大道」地名が認められた。「大道」はかなりありふれた地名で、地方の主要道路を指すと考えられ、時代的にも古代に限らず各時代に発生して使用されたのであろう。しかし、その中に古代の官道に由来するものもあることは、たとえば、『日本書紀』推古天皇二一年（六一三）一一月条に「難波より京に至る大道を置く」、白雉四年（六五三）六月条に「処処の大道を修治る」とあることからもうかがわれる。明石郡の場合、先述したように、駅路に沿って、明石市大道一丁目に「大道の上」の小字地名があり、長坂寺遺跡付近にも「大道池」や「大道」の小字地名がある。なお、天平三年（七三一）に、住吉大社が神祇官に提出した解文である『住吉大社神代記』には、神地となった魚次浜の北の四至を「大路」としている。また、阿閇津浜の北の四至に同様に「大路」が見える。これらの四至の比定を行った鎌谷木[50]や黒田義隆[51]は、「大路」は山陽道駅路を指すとしており、したがって、古代において、この地域の駅路は、「大道」もしくは「大路」と呼ばれていたことになる。一方、これも先に述べたように、想定伝路に沿って、明石市大久保町松陰に大道池と小字「大道」があり、また同様に加古川市西神吉町大国、同岸にも大道関係地名が分布しているので、いつの時期からかは定かではないが、伝路のルートもまた大道と呼ばれていたことがわかる。特に、図30f点の「上大道橋」の地名は、大道としての駅路を意識して名付けられた地名と推測され注目される。

きわめて直線的な形態を示す駅路のルートに対し、伝路のルートは、文字通り地域の中心地を結んで形成された地形に合わせた自然発生的な道である。駅路と伝路の関係については、よく高速道路と一般国道との関係にたとえられるが、それはまた鉄道における新幹線と在来線との関係とも類似している。在来線が地域中心地を結んで、地形に合わせて設定されたのに対し、より高速で遠距離をつなぐ新幹線は、直線的な経路をとるため、駅も郊外に設けられることが多い。明石・賀古駅間の駅路が一直線に通っているのに対し、伝路は北から張り出す丘陵を避けて、カーブを描き、しばらく駅路と合流した地、再びカーブを描いて、北に駅路から離れる。同様にその西南方で、直線的に通る山陽新幹線に対し、ＪＲ山陽本線が緩やかにカーブを描いて北から接近し、また北に離れることも偶然の一致ではないであろう。

明石・賀古・印南郡を通る駅路は、途中長坂寺遺跡の南側で微妙に屈曲するものの、図30E点から図33H点までの約一七キロメートルをほぼ直線で通っている。これによって、最短距離のルートが開拓されたが、それにこだわったため、加古川下流の氾濫原を横切らなければならないという問題が生じた。それに対し、伝路のルートは、迂回路ながらも、丘陵の裾部等を通る自然発生的な道で、加古川についても、駅路より上流の、川幅が狭くて最も渡りやすい日岡山の付近を通っている。このことから、吉本は、筆者が伝路として位置づけた長坂寺から図33H点までのルートを、駅路のバイパスとして解釈しており、加古川氾濫時には、日岡山から烽をあげることによって、駅路の不通を知らせ、バイパスに迂回させたと推測している。それに対し、筆者はこのルートを伝路と解釈したが、これは吉本が示した駅路のバイパスの機能を否定するものではなく、伝路のルートが、時には駅路のバイパスとしても使われたことは充分に考えられるであろう。

また吉本は、自身が駅路のバイパスとするルートこそが、直線的な駅路が成立する以前の「原初山陽道」であって、遅くとも七世紀第4四半期までに、駅路のルート変更が行われたとする。吉本は、全国的に天武・持統朝を国土整備計画の大きな画期としてとらえ、条里地割の施行や、国郡界の画定、郡家の造営が直線的計画道としての駅路の敷設と同時に行われたとするが、筆者は、直線的計画道路としての駅路の敷設は、対外的な緊張関係から、天武朝の様々な地域計画より一足早い天智朝に行われた箇所が多いと見ている。したがって、大化前代には、筆者が言う伝路のルートこそが、「古山陽道」とでも言うべき、都と九州とを結ぶメイン・ルートであったのであろう。すなわち、駅制成立以前においても、当然都と九州とを結ぶ主要道路が存在したはずで、それらは直線道ではなく、各地域の中心地を結んで自然に形成されてきた道路網の一部を単線的に通るものだったと推測されるのである。大化前代のミコトモチは、それらの道路を通りながら、それに面した在地豪族の拠点において、人馬や食事・宿泊の提供など様々なサービスを受けていたと推測される。そういった慣行がやがて、伝制とされていくのであり、その時通った道が伝路となっていったのであろう。このような大化前代の主要道路の研究は、東山道について、一志茂樹や黒坂周平が「古東山道」と称して、その復原を行った以外はほとんど行われていないが、「古山陽道」の復原も、今後の大きな課題であり、その際には、律令期の伝路の復原が大いに示唆を与えるであろうと予測される。

一方、駅制終末の状況についても考察する必要があるが、服部昌之(56)は、『時範記』において、承徳三年（一〇九九）に、平時範が国司として因幡国へ下向した際の経過を記した部分に、播磨国では明石駅家と高草駅家しか出てこず、『延喜式』で全国最大の駅馬数を誇った賀古駅家が見えないことについて、その原因が行程にあるのかもしれないが、ルートの変更をも考えなければならないであろうとしている。すなわち、服部は、駅路が加古川水系を横断するに際して、河川の氾濫や流路の変更にどこまで対処し得たか疑わしく、比較的早い時期に日岡から神吉へかけての洪積台地の縁辺部を走る自然発生的な吉本が言うバイパス道路に再移行したと思われるとしている。はたして『時範記』に賀古駅家が見えないことが、駅路再移行説の根拠になり得るかどうかは、なお検討が必要と思われるが、バイパス道路を伝路に置き換えると、服部が述べるような駅路の再移行は、全国的に見られる現象のようである。すなわち、地形を無視して最短距離をとるように設定された駅路のルートから、自然発生的な伝路のルートへの変更で、それは単なる地形的な問題だけではなく、律令国家の力が衰えて駅制そのものの維持が難しくなると、通行者は在地勢力にたよらなければならなくなるという人文的な問題とも連動していると言えるのである。駅路に沿った野口廃寺(57)が九世紀ごろまでの存続と考えられているのに対し、伝路に沿った中西廃寺(58)からは、一一～一二世紀の瓦も出土するので、平安時代後期まで長く維持されたと考えられることも、駅路のルートよりも、伝路のルートが後世まで活発に利用されたことをうかがわせる。

なお、駅路を踏襲したと見られる現在道と、伝路を踏襲したと見られる現在道の形態を比較すると、前者が定規で引いたような一直線の形態を示すのに対し、後者はそこまでの直線性は示さない。定規で引いたような直線道は、人間が歩くことによっては生じず、必ず測量と工事の必要があり、まさに駅路はそのようにしてできたものであろう。それに対し、伝路は本来自然発生的な道と考えられるので、定規で引いたような直線にはならない。ただし、今回復原した伝路においても、一部直線的な形態を示す区間もあり、部分的に自然発生的な道路を伝路として、直線的に改修した可能性はある。全国的に見ても、下野国芳賀郡家周辺の想定伝路[59]や、肥前国神埼郡家東方の想定伝路[60]などは、駅路と同様の直線的形態を示す部分もある。これは、駅路開通時には、まだ伝路は直線道ではなかったにしても、駅路の影響を受けて、たとえば郡司等が一部伝路を改修して、駅路と同様の直線道にしたとも考えられる。あるいは、当初単なる軍事道路として直線的に造られた道が、駅路や伝路に振り分けられていった可能性もあろう。もっとも、今回復原した伝路については、特に発掘調査が行われた箇所はなく、あくまで地表に残る痕跡から推測しているので、ある時期直線道に改修された伝路のルートが長く使われていくうちに、今日見られるような、やや蛇行した形態に変わっていった可能性もある。また、伝路の道幅や側溝をともなっているかなどの構造についても、発掘調査を行わないとわからないので、今後は考古学によるアプローチが望まれるのである。

註

（1）木下良「空中写真に認められる想定駅路」『びぞん』六四、一九七六年。同「山陽道の駅路―播磨を中心に―」『古代を考える』一七、一九七八年。

（2）吉本昌弘「播磨・西摂の計画古道と条里」『兵庫地理』二七、一九八二年。同「播磨国の山陽道古代駅路」『歴史と神戸』二四―一、一九八五年。

（3）高橋美久二「古代播磨国の駅家」今里幾次先生古稀記念論文集刊行会編『播磨考古学論叢』今里幾次先生古稀記念論文集刊行会、一九九〇年。同『古代交通の考古地理』大明堂、一九九五年。

（4）吉本昌弘「播磨国邑美・佐突駅家間の山陽道古代バイパス」今里幾次先生古稀記念論文集刊行会編『播磨考古学論叢』今里幾次先生古稀記念論文集刊行会、一九九〇年。

(5) 前掲註（3）。
(6) 前掲註（3）。
(7) 吉本昌弘「播磨国明石駅家・摂津国須磨駅家間の古代駅路」『歴史地理学』一二八、一九八五年。
(8) 今里幾次「小犬丸遺跡出土軒瓦の考察」『龍野市文化財調査報告』8、龍野市教育委員会、一九九二年。
(9) 前掲註（1）。
(10) 兵庫県立考古博物館編『兵庫県古代官道関連遺跡調査報告書Ⅰ』兵庫県教育委員会、二〇一〇年。
(11) 明石市教育委員会編『平成一三年度明石市埋蔵文化財年報』明石市教育委員会、二〇〇三年。
(12) 明石市教育委員会編『平成一五年度明石市埋蔵文化財年報』明石市教育委員会、二〇〇八年。
(13) 前掲註（10）。
(14) 兵庫県教育委員会編『坂元遺跡Ⅱ』兵庫県教育委員会、二〇〇九年。
(15) 田辺昭三・花田勝広「吉田南遺跡」『仏教藝術』一二四、一九七九年。田辺昭三「古代の地方官衙跡―推定明石郡衙跡の発掘―」『日本美術工芸』四八五、一九七九年。
(16) 山中敏史・佐藤興治『古代の役所』岩波書店、一九八五年。
(17) 加古川市誌編集委員会編『加古川市誌　第一巻』加古川市、一九五三年。
(18) 西本昌弘「賀古郡家の位置」高砂市史編さん専門委員会編『高砂市史　第一巻』高砂市、二〇一一年。
(19) 加古川市社会教育文化財課編『溝之口遺跡発掘調査報告書Ⅰ』加古川市教育委員会、一九九二年。
(20) 吉本昌弘「古代播磨国の郡衙―山陽道沿いの六郡の場合―」『人文地理』三五―四、一九八三年。
(21) 岡本一士「赤石・賀古・印南郡の古代寺院」第三回播磨考古学研究集会実行委員会編『古代寺院からみた播磨』第三回播磨考古学研究集会実行委員会、二〇〇三年。
(22) 加古川市教育委員会編『西条廃寺発掘調査報告書』加古川市教育委員会、一九八五年。前掲註（21）。
(23) 兵庫県教育委員会埋蔵文化財調査事務所編「石守廃寺現地説明会資料」兵庫県教育委員会埋蔵文化財調査事務所、二〇〇二年。前掲註（21）。
(24) 西谷眞治「墓から寺へ」加古川市史編さん専門委員編『加古川市史　第一巻』加古川市、一九八九年。
(25) 兵庫県教育委員会埋蔵文化財調査事務所編『美乃利遺跡Ⅱ』兵庫県教育委員会、二〇〇六年。
(26) 今里幾次「加古川出土の古瓦」『文化財教室』六、加古川市教育委員会、一九七〇年。
(27) 西本昌弘「印南郡の里と郷」高砂市史編さん専門委員会編『高砂市史　第一巻』高砂市、二〇一一年。
(28) 前掲註（20）。
(29) 長山泰孝「屯倉の設置」「国府と郡衙」加古川市史編さん専門委員編『加古川市史　第一巻』加古川市、一九八九年。
(30) 吉本昌弘「播磨諸ミヤケの地理的実態」古代を考える会編『藤澤一夫先生古稀記念古文化論叢』藤澤一夫先生古稀記念論集刊行会、一九八三年。
(31) 塩田遺跡発掘調査団編『塩田遺跡2』高砂市教育委員会、一九七九年。間壁葭子「塩田遺跡」高砂市史編さん専門委員会編『高砂市史　第四巻』高砂市、二〇〇七年。
(32) 吉本昌弘「印南郡衙の所在について」『歴史と神戸』一八三、一九九四年。
(33) 西本昌弘「塩田遺跡と墨書土器」高砂市史編さん専門委員会編『高砂市史　第一巻』高砂市、二〇一一年。
(34) 山中敏史「地方官衙と周辺寺院をめぐる諸問題—氏寺論の再検討—」奈良文化財研究所編『地方官衙と寺院—郡衙周辺寺院を中心として—』奈良文化財研究所、二〇〇五年。
(35) 筆者は、山中の言う「郡衙周辺寺院」の性格については賛同するが、「郡衙周辺寺院」という名称は、そのような寺院の属性の一つに焦点を当てた言い方なので若干問題を感じる。「郡寺」という若干ぼかした名称の方が、それらの寺院の多様な性格を含んでいると見なせるのではないだろうか。もちろん、坂本経堯「古代肥後の復元・総説」『熊本日日新聞』一九六五年五月二四日号のように、「郡寺」を単なる郡立寺院の意味に使うのではない。
(36) 服部昌之「条里制と遺構」加古川市史編さん専門委員編『加古川市史　第一巻』加古川市、一九八九年。
(37) 前掲註（4）。

(38) 石見完次「賀古郡鴨波里の位置の確定—小字「舟引」の発見にもとづく—」『歴史と神戸』二〇—六、一九八一年。
(39) 前掲註(4)。
(40) 中村太一『日本古代国家と計画道路』吉川弘文館、一九九六年。
(41) 前掲註(4)。
(42) 島方洸一他編『地図でみる西日本の古代』平凡社、二〇〇九年。
(43) 一八九三、一八九六年測量、一九〇一年発行、五万分の一地形図「高砂町」。
(44) 鎌谷木三次『播磨上代寺院址の研究』成武堂、一九四二年。
(45) 西谷眞治「播磨国風土記「八十橋」考」『兵庫県の歴史』三〇、一九九四年。
(46) 前掲註(27)。
(47) 前掲註(29)。
(48) 一九六一年国土地理院撮影CG-六一-一(A)二　C一一-九三七四。
(49) 今里幾次「中西廃寺」加古川市史編さん専門委員編『加古川市史　第一巻』加古川市、一九八九年。
(50) 鎌谷木三好「住吉大社神代記に見える明石郡・加古郡に於ける摂津住吉神社の神領地に就いて」『兵庫史学』六五、一九七四年。
(51) 黒田義隆「住吉大社神代記と播磨国明石郡」『すみのえ』一四二、一九七六年。
(52) 前掲註(4)。
(53) 木本雅康「古代駅路と国府の成立」『古代文化』六三—四、二〇一二年。
(54) 一志茂樹『古代東山道の研究』信毎書籍出版センター、一九九三年。
(55) 黒坂周平『東山道の実証的研究』吉川弘文館、一九九二年。
(56) 服部昌之「駅制終末の様相」加古川市史編さん専門委員編『加古川市史　第一巻』加古川市、一九八九年。
(57) 前掲註(21)。

(58) 西本昌弘「高砂周辺の寺院」高砂市史編さん専門委員会編『高砂市史　第一巻』高砂市、二〇一一年。
(59) 木本雅康「下野国の古代伝路について」『交通史研究』三〇、一九九三年。
(60) 木下良「古代道路の複線的性格について―駅路と伝路の配置に関して―」『古代交通研究』五、一九九六年。徳富則久「肥前国三根郡の交通路と集落」『古代交通研究』六、一九九七年。

第七章　西海道の古代官道

はじめに

中央集権体制をとる古代律令国家は、中央と地方とを緊密に結び付けるために、官道を整備した。官道には、駅家間を連ねる駅路と、郡家間を結ぶ伝路等があったが、前者は七道とも呼ばれた。すなわち駅路は、都から地方へ放射状に六本の道として発するが、西海道のみは、都の出先機関である大宰府から九州各地に、やはり六本の道として展開していた。

一　西海道駅路の交通体系と名称

この九州内の六本の駅路の交通体系をどのように理解するかについて、坂本太郎[1]は、大宰府からそのまま南下して大隅国府へ至る駅路を「西海道西路」、豊前国到津駅から九州の東海岸を南下して大隅国府へ至る駅路を「西海道東路」と名付け、両道が本道で、その他の駅路を支道と位置づけた。それに対し、足利健亮[2]は、大宰府とそこから発す

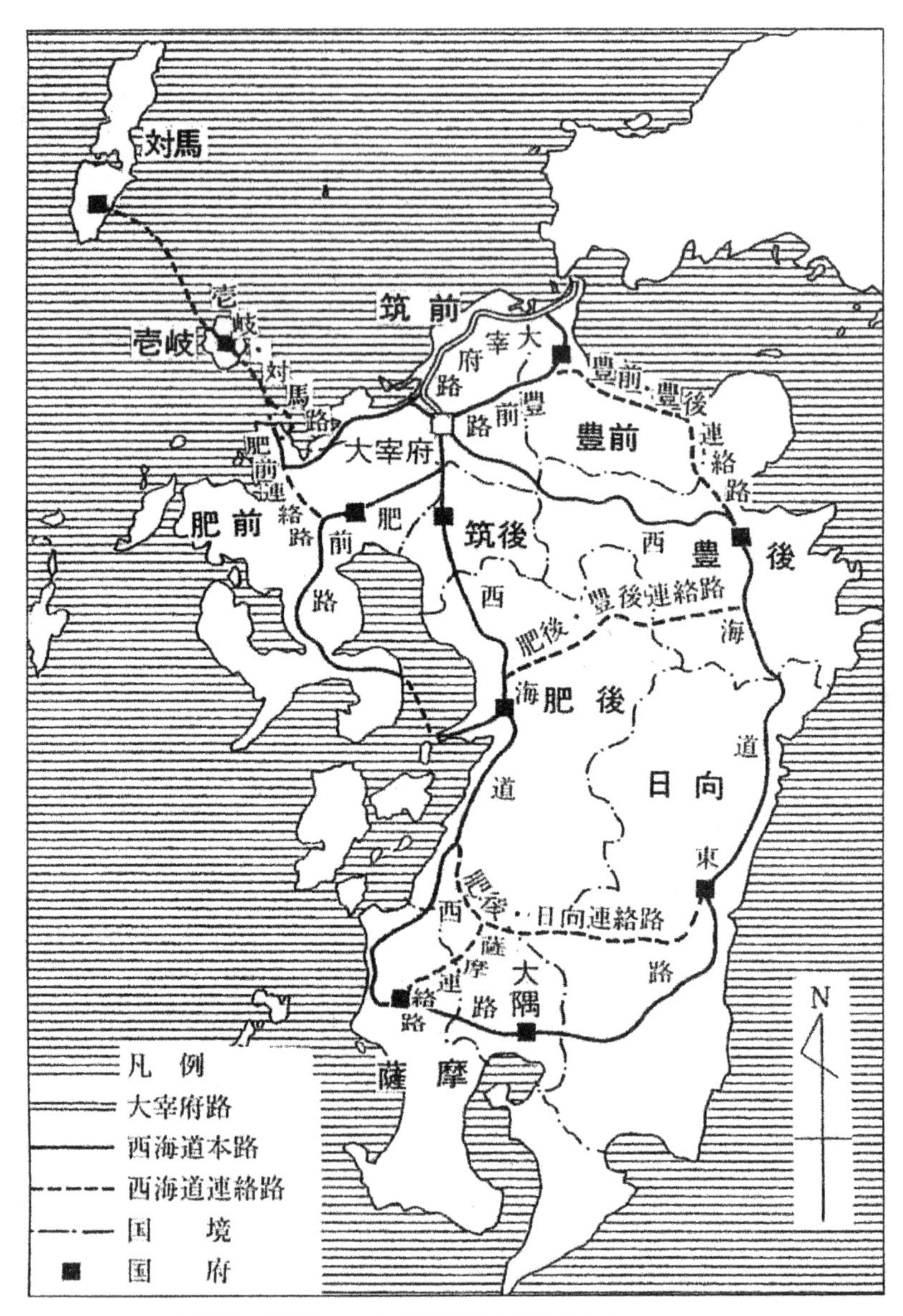

図34　武部健一による西海道の駅路の名称
（武部健一『完全踏査続古代の道』吉川弘文館より）

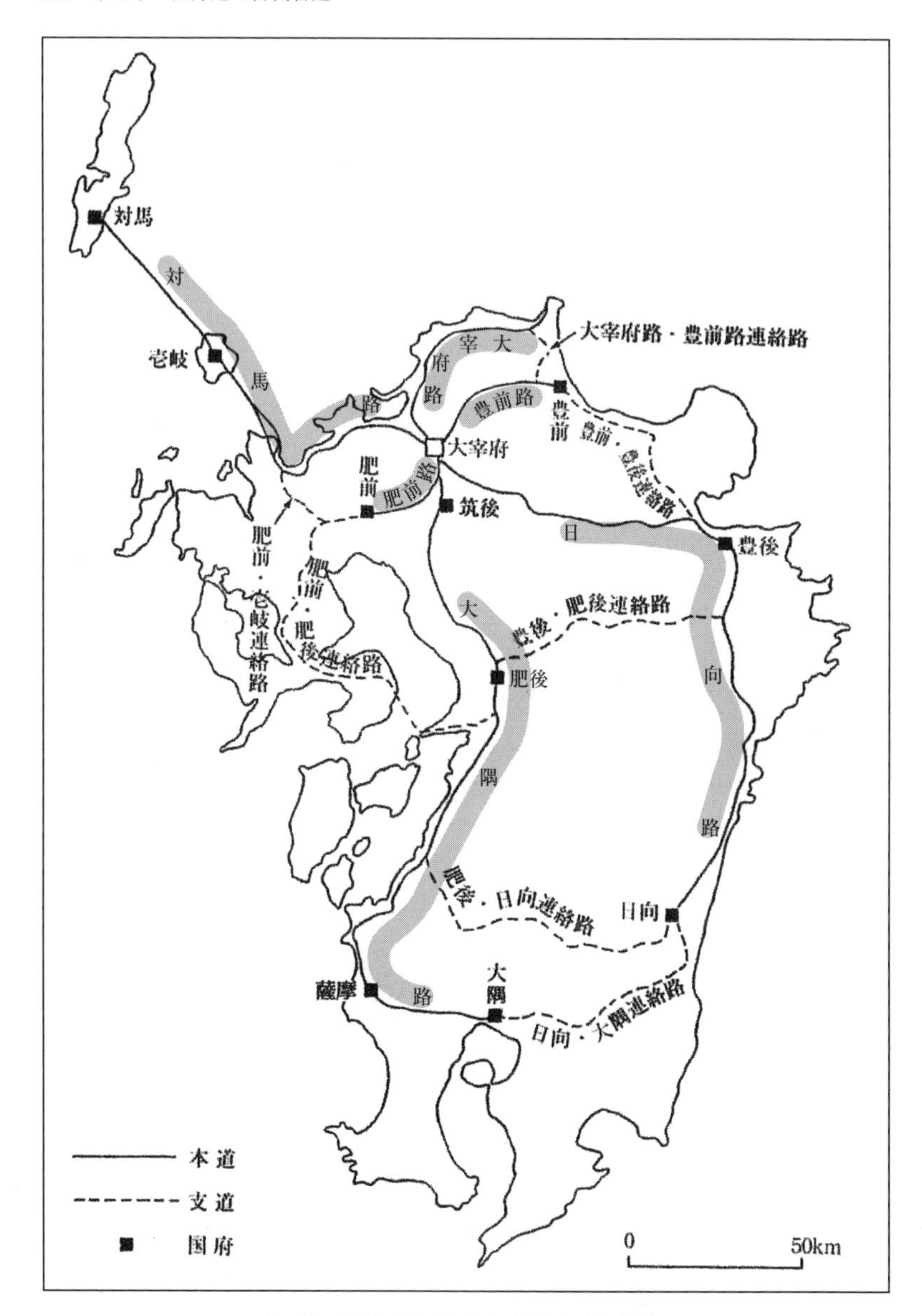

図35　私案による西海道の駅路の名称

る六本の駅路というあり方は、都から放射状に六本の駅路が出るパターンのミニチュア版になっているとして、六本すべてを対等な本道と見なし、さらに肥後南部から日向国府へ向う道も本道の一つと見なした。この考え方を受けた武部健一[3]は、図34のような名称を各駅路に与えた。ただし、この命名には、まだ坂本が提唱した「西海道西路」「西海道東路」という名称が使われており、この二道が本道のような印象を与える。筆者[4]は、図35のように「西路」「東路」という言い方をやめて、単純に大宰府から発するそれぞれの駅路の終点の国名をもって、各駅路の名称とした。また、本道はそれぞれの国の国府までとし、それ以遠もしくは以外の駅路は支路として名称を与えた。要するに武部と筆者との違いは、実態を重視するか理念を重視するかということであろう。都の場合は、平城京でも平安京でも、当時の律令国家のほぼ中央に位置するので、六道の長さにそれほど大きな差はないが、大宰府は九州の中で著しく北に偏った場所にあるので、そこから発する六道は、理念的にはすべて対等であるにしても、武部の言う「西海道西路」と「西海道東路」が極端に長く、したがって総体としての交通量は多かったであろう。このように、武部の命名には聞くべきところがあるが、筆者は理念の方を重視して、時計回りに豊前路・日向路・大隅路・肥前路・対馬路の名称を用い、山陽道に連絡する駅路を大宰府路と呼ぶことにする。

二　各駅路の特徴

次に、それぞれの駅路の特徴について、簡単に述べることにする。

大宰府路は、山陽道から大宰府に至る駅路で、関門海峡から玄界灘沿いにやや内陸部を進む。他の西海道駅路が小路として各駅家に駅馬を五疋ずつ置いているのに対して、大路として一五疋ずつの駅馬を設置している。奈良時代の半ばごろに、外国使節の通過を想定して、各駅家を瓦葺にしており、この点については次節で述べる。

豊前路は、大宰府から筑豊地方を通って、瀬戸内海沿岸にあった豊前国府に至る。藤原広嗣の乱の際、多胡古麻呂が通った道として『続日本紀』天平一〇年（七三八）一〇月五日条に見える「田河道」がこのルートにあたると見なされるが、古麻呂は田河駅からは、北に分岐して企救郡家へ向う伝路を通ったと推測されている。[5]

ところで、『延喜式』において、山陽道の駅家が令の規定通り二〇疋ずつの駅馬を設置しているのに、これに接続する大宰府路が、大路であるのにかかわらず一五疋ずつの駅馬しか置いていない点について、足利[6]は、筆者の言う大宰府路・豊前路連絡路と豊前路が、大宰府路の交通量の一部を分担したからではないかと推測している。この場合、『延喜式』に見える豊前路の駅馬数が令の規定通りの五疋なので区別がつかないが、足利が指摘するように、『万葉集』所載のいくつかの歌によって、このルートの利用がうかがわれる。特に平安時代に入って、大宰府官人の赴任が陸路から海路にシフトしてくるなど瀬戸内海の海上交通が盛んになると、その終点にあたる豊前国草野津に上陸した後、豊前路で大宰府を目指すルートがよく使われるようになったと推測される。豊前路は、大宰府路に比べてアップダウンは激しいものの、距離的にははるかに近いので、確かにバイパス的な役割を果たしていたのであろう。

日向路は、大宰府から日田・湯布院等の盆地を経て豊後国府に至り、そこから南下して日向国府に達するルートである。大隅路は、大宰府から南下して、筑後・肥後・薩摩国府を連ねて、大隅国府に至るものである。なお、大槻如電[7]や永山修一[8]は、『延喜式』主計上に見える薩摩と大隅両国の調・庸等の大宰府への所用日数がともに「上十二日下六日」となっていることから、大宰府から大隅国府までは、薩摩国府を経由しない別路があったとしている。その場合、筆者の言う大隅路から肥後・日向連絡路に入り、鹿児島県大口市付近に比定される大水駅から南下して大隅国府へ達するルートが想定され、武久義彦[9]はこれも駅路であったと考えてそのルートを復原している。しかし一方で、大隅路沿いに伝馬が薩摩国の田後駅まで配置されているので、筆者は、こちらを主路として判断した。なお、西海道南部の駅路が、肥後・日向連絡路と、大隅路および日向・大隅連絡路によって二重になっているのは、隼人対策のためと考えられる。

肥前路は、大宰府から南下した後、西に折れて佐賀平野を肥前国府まで走る短い駅路であるが、その先は、島原半島から有明海を宇土半島へ渡る肥前・肥後連絡路となっている。わざわざ海岸沿いに西へ張り出す形で駅路をめぐらしているのは、対外的な防備のためと考えられる。[10]

対馬路は、大宰府から福岡平野を北に走った後、西に折れて玄界灘沿いに通り、東松浦半島から海を渡って、壱岐・対馬に至るものである。なお、大宰府路と対馬路は、福岡平野を並行して通ることになるが、ここにも片方を封鎖されても、もう片方が使用できるような軍事的意味がうかがわれる。

三　大宰府路の瓦葺駅館

山陽道の駅家は、外国使節の往来に備えて、奈良時代の半ばごろに丹塗り白壁瓦葺の施設に改修しているが、それに連なる西海道の大宰府路の駅家も同様の措置がとられた。山陽道の場合は、播磨国を中心に、国府系瓦と呼ばれる駅館に葺かれた瓦の研究が進展し、実際に発掘調査によって、駅家の遺構が検出されている。それに対し、西海道の瓦葺駅館の場合はこれまで研究者の関心が薄く、駅路沿いの瓦出土地の性格については、寺院であると決めつける傾向が強かった。しかし近年、従来寺院とされてきた瓦出土地の再検討が行われるようになり、豊前国到津駅が北九州市の屏賀坂遺跡[11]もしくは小倉城内の瓦出土地[12]、筑前国夜久駅が同市の北浦廃寺[13]もしくはその北のリュウド原にある瓦出土地[14]、嶋門駅が遠賀町の浜口廃寺[15]、津日駅が福津市の畦町遺跡[16]、席打駅が古賀市の踊ヶ浦廃寺[17]、夷守駅が粕屋町の内橋坪見遺跡[18]、久爾駅が福岡市の高畑遺跡[19]に、それぞれ比定されるようになった。このうち嶋門駅については、貞観一八年（八七六）の太政官符によって、その修理は肥後国が担当していたことがわかるが、嶋門駅に比定される浜口廃寺の出土瓦には、熊本県菊池市泗水町の田嶋廃寺と同型式のものがあり、大宰府の強い関与がうかがわれる。また、大同二年（八〇七）以降に廃止された、嶋門駅と津日駅の間にあった名称不明の駅家に比定される宗像市の武丸大上げ遺跡[20]では、実際に大型の掘立柱建物が検出されている。

なお、以上のような大宰府路の瓦葺駅館は、外国使節のための客館の機能を持っているが、おそらく同時期に瓦葺化されたと推測される鴻臚館や、近年発掘された大宰府内の客館と推測されている遺跡[21]とも共通の性格を持っていると考えられるので、それらとの比較検討が望まれる。また、大宰府路の駅館に葺かれた瓦の編年、系統の研究も今後の課題である。

大宰府政庁で出土した贄に関する木簡は、主厨司管轄の津厨から大宰府へ運ばれた贄の一部が途中の駅家に留め置かれたことを示すと推測されているが[22]、津厨は福岡市の海の中道遺跡に比定され、途中の駅家は筑前国の夷守駅の可能性が高い。西垣彰博[23]は、内橋坪見遺跡で出土した瓦と同笵の瓦が、海の中道遺跡や、大宰府が管理していた港と推定される多々良込田遺跡等でも出土していることから、贄の運搬ルートを推測している。また、大宰府路の駅家と想定される遺跡で、大宰府式鬼瓦が出土していることに注目している。

なお、大宰府路以外でも、福岡県筑紫野市の御笠地区遺跡A区[24]が筑前国蘆城駅の、糸島市の塚田南遺跡[25]が同国深江駅の、同市の竹戸遺跡[26]が同国佐尉駅の、筑後市の羽犬塚中道遺跡[27]や前津丑ノマヤ遺跡[28]が筑後国葛野駅の、佐賀県神埼市の吉野ヶ里遺跡志波屋四の坪地区[29]が『肥前国風土記』に見える神埼郡の駅の、嬉野市の大黒町遺跡[30]が肥前国塩田駅の、熊本市の黒髪町遺跡[31]が肥後国蚕養駅の、鹿児島県姶良町の柳ガ迫遺跡[32]が大隅国の蒲生駅の可能性をそれぞれ指摘されているが、確定には至っていない。

四　駅路の敷設時期

西海道の駅路について、明確な敷設時期を記した史料は存在しないが、白村江の戦の敗北による対外危機に備えて造られたと推測される古代山城を結ぶように、「車路」と呼ばれる直線道がはりめぐらされていることから、木下良[33]は、天智朝としている。たとえば、天智天皇四年（六六五）に築城された古代山城として、大野城と基肄城が存在する。前者の東方、豊前方面へのルート上に「車路」地名があり、後者の南東、南、南西の方向に、それぞれ「クルマジ」地名がある[34]。また、駅路にあたる「城山道」（『万葉集』）は、基肄城が存在する基山の中腹を通っており、基肄城と駅路の密接な関係がうかがわれる[35]。肥後国の鞠智城は、最近の発掘調査から、大野・基肄城とほぼ同じころに築城された可能性が高まっているが、同城からも、東、南、西の三方に、「車路」と呼ばれる直線的な道路が放射状に出ている[36]。これらの「車路」のすべてが駅路であったとは限らないが、少なくとも西海道北部における直線的計画道の創設は、この時期であろう。

「車路」の名称について木下[37]は、「公式令」の計行程条に「車は一日三十里」とあり、その一日約一六キロメートルというスピードから、戦車のような馬車ではなく、牛が引く軍用輜重車に由来するのではないかと述べている。そして三〇里は、標準駅間距離に相当するので、筑後国葛野駅の想定地にあたる筑後市羽犬塚に隣接する前津に「丑ノマヤ」という小字地名があることや、『肥前国風土記』に見える「神埼郡駅一所」に比定される佐賀県神埼市の吉野ヶ里遺跡志波屋四の坪地区で「丑殿」と書かれた墨書土器が出土していることから、駅家には牛もいたのではないかと推測している。

ところで、直線的計画道としての西海道駅路の敷設時期について、近江俊秀[38]は、八世紀の初めごろとしている。その根拠は、太宰府市原口遺跡で検出された七世紀終わりごろに敷設されたとされる幅八メートルの道路が緩やかにカーブを描いているからである。近江はこれを初期の駅路と解釈し、付近の前田遺跡で発掘された直線的な道路を次の段階の駅路とする。近江は、直線的計画道としての東山道、北陸道、山陰道の敷設は、七世紀末ごろとし、西海道が遅れることについて、当時付近に集落等が密集していたため、直線道の整備がかえって遅くなったとする。しかし、今のところ、こういった事例は一例のみであり、これを西海道全体に敷衍するのは疑問である。福岡県上毛町の垂水廃寺は、七世紀後半の成立とされるが、この寺域に接して西北から東南に直線的に走る駅路に規制されて斜め方位をとっている。ということは、駅路の敷設は、寺院の建立と同時か、それ以前にさかのぼるであろう[39]。駅路にとって緊急性ということに本質的な意味があることを考えると、特に対外的な緊張関係にさらされた西海道北部の場合、駅路は当初から直線道として、天智朝ごろに敷設されたのではなかろうか。

五　条里地割と駅路

なお、条里地割との関係から、駅路の敷設時期を考える方法もある。一町方格の条里地割内に、帯状に一町に満たない地割が連続するものを「余剰帯」と呼ぶが、これが道路敷にあたる場合が多い。すなわち、道路敷としての余剰帯が存在する場合は、駅路の敷設が条里地割の施工に先行するか同時ということになる。余剰帯としての駅路は、西

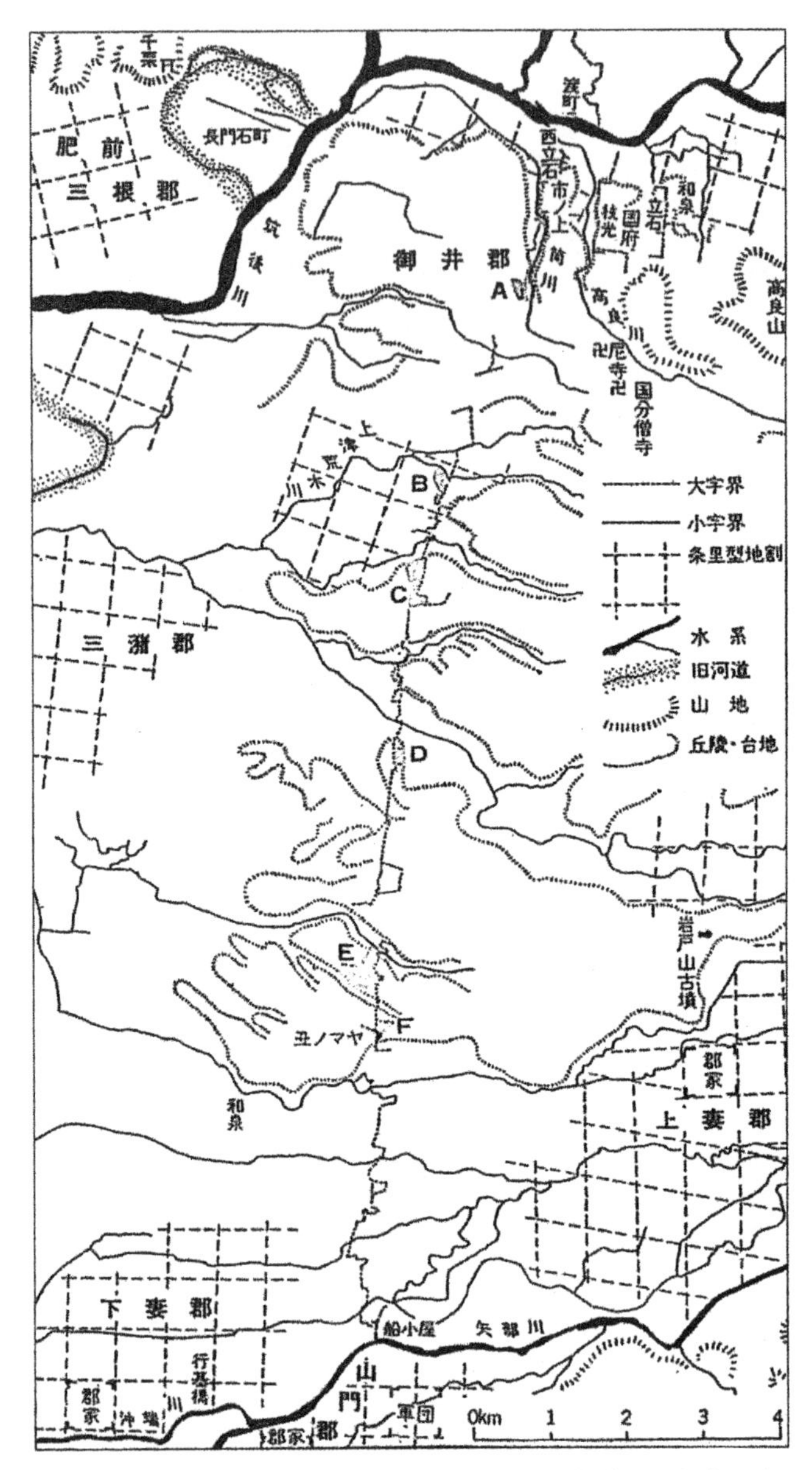

図 36 「車路」(A～F) 地名をもとに復原した筑後国の想定駅路
(木下良『日本古代道路の復原的研究』吉川弘文館より)

海道以外の諸道には認められるが、西海道のみには存在しないとされてきた。このことから、西海道では、条里地割の形成が駅路の敷設に先行するという見方もあった。しかし、次のような事例は、これを否定することになろう。木下[40]は、「車路」地名をもとにして筑後国における御井郡から山門郡にかけての駅路を復原したが、駅路の御井・三潴・下妻の各郡の通過部分は、それぞれわずかに方位を変えている（図36）。それはまた、各郡の条里地割と同方位である。低地の条里地割を基準に台地上の駅路を設定したとは考えられないから、この場合も駅路を基準に条里地割が施工されたと見なすべきであろう。このような事例などから、西海道駅路における余剰帯の欠如は、条里地割の施工が駅路の敷設に先行したからではなく、木下[41]が述べるように地域的特性と解したい。すなわち、他の諸道の場合は、駅路の両側溝をそれぞれ基準線として、条里地割を形成したのに対し、西海道駅路の場合は、どちらか一方の側溝もしくはセンターラインなど一本の線を基準として、条里地割を施工したのであろう。

ところで近年、小鹿野亮[42]が、大宰府の南方、朱雀大路の延長線上に、条里地割に対する幅約一八メートルの余剰帯を検出したので、これが西海道における余剰帯の初めての事例となる。大宰府のすぐ南というかなり特殊な地域であり、西海道駅路一般に敷衍化するのは難しいとも考えられるが、今後も西海道において余剰帯が存在する例はないか、注意すべきであろう。

なお、隼人の勢力下にあったため、律令国家に組み込まれるのが遅かった南九州においても、姶良市の城ヶ崎遺跡[43]で、駅路にあたると思われる大規模な道路状遺構が検出されている。発掘調査の結果、少なくとも八世紀前半代には造られていたとされるが、西海道中・北部のように、天智朝まではさかのぼらないであろう。

六　駅路の変遷

道幅が約九～一二メートルで、一直線に走る典型的な駅路は、八世紀末ごろにいったん廃絶する傾向がある。たとえば、水城の東門ルートとも呼ばれる大宰府路上の福岡市板付遺跡第四七次調査[44]や同市の高畑遺跡[45]で検出された駅路、大宰府周辺の太宰府市前田遺跡[46]や筑紫野市の大宰府条坊跡第九九次調査[47]で検出された駅路、佐賀平野を一七キロメートル一直線に走る肥前路に相当する駅路[48]の例などが挙げられる。このような傾向は全国的に認められ、平安時代の初めごろに、駅路の再編成が行われたためと考えられている[49]。

右の事例のうち、廃絶後の駅路のルートがどう変わったか判明しているのは、佐賀平野の肥前路である。すなわち、奈良時代の駅路の南に条里二里分離れて並行する幅約六メートルの道路痕跡が存在し、佐賀市西千布遺跡の調査の結果、八世紀末以降の築造の可能性があるとされる[50]。その他の事例の場合は不明であるが、条里地割に斜行する水城の東門ルートについて木下[51]は、廃絶後の駅路は、条里地割に沿うルートに変わったのではないかと推測している。

七　伝路について

駅家と駅家を結ぶ駅路に対して、郡家と郡家とを結ぶ官道を、研究者は伝路と呼んでいる。筑後国府の東方にある久留米市東合川町のヘボノ木遺跡[52]では、東へ向う幅約五～八メートルの道路状遺構が検出されている。松村一良[53]は、その延長線上に、大字・小字界や現在道が断続的に約一〇数キロメートルにわたって続き、それらが耳納山地北麓に東西に並ぶ山本・竹野・生葉三郡の郡家想定地を連ねることから、これらを伝路と解釈している。

また、先述した佐賀平野を約一七キロメートル一直線に走る駅路の北でも、佐賀県みやき町の高柳三本桜遺跡[54]や本村遺跡[55]、上峰町の八藤遺跡[56]では、幅約五・五〜六メートルの道路状遺構が検出され、その延長線上には、上峰町の堤土塁[57]と呼ばれる版築による土堤状の遺構が存在し、これも道路の基底部にあたると解釈されている。[58]この一連の道路状遺構の東への延長線上には、肥前国養父郡家に比定される鳥栖市の蔵上遺跡[59]が、反対に西への延長線上には、神埼郡家に比定される神埼市の吉野ヶ里遺跡[60]が存在するので、これもまた伝路にあたるのであろう。すなわち、駅路の北に、これとやや方位は異なるものの伝路が通り、駅路と伝路とは並行していたことになる。

これら駅路と伝路は、やはり全国的な傾向として、平安時代の初めに統合されていく。すなわち、伝馬は、延暦一一年（七九二）にいったん廃止され、同二一〜三四年の間に再設置されたと推測されるが、その際、原則として駅路に沿う郡に置かれ、これが後の『延喜式』に見える伝馬の配置状況に連なると見なせる。伝馬が再設置された場所は、一般的にそれ以前と同じく郡家であったと考えられるが、『延喜式』によると、西海道の場合、出羽国などと同様に、駅家に伝馬が置かれている所がある。これは、延暦年間の伝馬再設置の際の時に行われたのであろう。具体的には、肥前・肥後・薩摩・大隅の四国では、すべての伝馬が駅家に置かれている。筑後国では、御井・上妻両郡と狩道駅に、それぞれ伝馬が置かれている。御井郡家は先述した久留米市のヘボノ木遺跡に比定されるが、上妻郡家について日野尚志[61]は、八女市街西北部に想定した。両郡家は、それぞれ駅路から離れるので、木下[62]は、伝路は駅路とは別路で、狩道駅で両路は合流したと見ていた。その後、日野の上妻郡家想定地に近い福岡県広野町の大坪東遺跡・正恵大坪遺跡[63]で、郡家の一部と見られる遺構が検出されたので、上妻郡家は駅路に沿わないことが確実となった。日野[64]は、この付近の伝路のルートを一部具体的に復原している。すなわち、筑後国の大部分では、平安時代以降も、駅路と伝路が並行する古態が残ったのであろう。

八　西海道の保存と活用

以上見てきたように、西海道は北部を中心に、官道の遺跡が多数発掘され、全国でも北関東と並んで、研究の先進地域と言える。そして、それらの一部については、保存や展示が行われている。

たとえば、福岡県糸島市の塚田南遺跡では、七世紀末から八世紀ごろの掘立柱建物と道路状遺構が検出され、これらは『万葉集』にも見える筑前国深江駅と駅路の遺構である可能性が高いが、糸島市では「塚田南遺跡万葉公園」として、前者を柱列で後者を側溝をかたどった溝で復原整備している。同市では、この想定駅路の東への延長線上で検出された石崎・曲り田遺跡(66)の緩斜面を削り出して造られた道路状遺構についても、糸島斎場の中に、その形状を残す形で復原整備している。

糸島市の二遺跡の場合は、発掘された道路の形状が立体的にわかるように復原されているが、これらは公園化することによって可能になったもので、その場所が遺跡発掘後に、他の目的で使用されている場合には工夫が必要となる。福岡県太宰府市の島本遺跡(67)で発掘された古代駅路は、マンション建設にともなうものであったが、ピロティ式の駐車場には、その側溝部分に赤い塗装がされている。同様に、福岡県筑紫野市の峠山遺跡(68)で検出された古代道路状遺構の場所は現在県道となっているが、その歩道の部分に古代の路面および側溝の幅で、それぞれ赤と黄色のペイントがなされている。また、古代駅路が発掘された太宰府市の前田遺跡(69)の場所は現在公園となっているが、四ヶ所にタイルによる側溝の表示があり、間の砂場部分に、それらを結んで側溝の線を引けば、即席で古代駅路の規模を実感することができるというユニークな内容となっている。佐賀県の吉野ヶ里遺跡[70]の場合は、遺跡内に古代駅路の切り通しが残り、その北側法面や切り通しから西に延びる駅路の両側溝などが発掘された。吉野ヶ里遺跡は、国の特別史跡となって国営公園化されたため、当然古代駅路の切り通しもその中に含まれ、そのまま保存されるという理想的な状態となった。ただし、同遺跡の展示は現在（二〇一五年）のところ弥生時代が中心で、古代駅路については特に説明板もないので、改善を望みたい。

次に古代官道の活用面としては、まず地下の道路遺構の場所だけではなく、地表に残っている痕跡を含めて、古代道路をある程度長い距離歩くことによって歴史を体感する、いわゆるウォーキングが挙げられる。このような試みを行った例としては、福岡県豊津町教育委員会の主催による豊前路や、長崎街道ネットワーキングの会の主催による肥前・肥後連絡路の例などがあるが、最も規模が大きかったのは、市民参加の古代官道調査・活用事業実行委員会の主催によって、平成二〇～二一年度に一〇回にわたって行われた福岡県内のウォーキングであろう。これらは、毎回詳しい地図が用意され、専門家による丁寧な説明もあり、大変好評であった。同委員会の活動は、ウォーキング以外にも、市民フォーラムやシンポジウムの開催、地域の伝承的調査を行うワークショップ、中学校での古代官道勉強会としてのスクールフォーラム、子供向けの古代官道読本の制作など多岐にわたるものであった。これらは、国土交通省による「『新たな公』のコミュニティ創生支援モデル事業」として選定されたものであったが、いわゆる事業仕分け[71]によって、二年間で活動を縮小せざるを得ない状況に至ってしまった。しかし、平成二〇、二一年度の成果報告書がまとめられており、今後の古代官道の活用を考える上で大変参考になろう。

おわりに

本章は、第八章以下の古代西海道に関する論考の総論の意味で、西海道の古代官道の特徴について述べた。また西海道の道路遺構の保存、活用についても触れた。

註

(1) 坂本太郎『古代の駅と道』吉川弘文館、一九八九年。
(2) 足利健亮「西海道・交通」藤岡謙二郎編『日本歴史地理総説　古代編』吉川弘文館、一九七五年。
(3) 武部健一『完全踏査続古代の道―山陰道・山陽道・南海道・西海道―』吉川弘文館、二〇〇五年。
(4) 木本雅康「西海道における古代官道研究史―歴史地理学の立場から―」『古代交通研究』一二、二〇〇三年。
(5) 木下良「古代官道と条里制」香春町史編纂委員会編『香春町史　上』香春町、二〇〇一年。
(6) 前掲註(2)。
(7) 大槻如電『駅路通　下巻』六合館、一九一五年。
(8) 永山修一「南九州の古代交通」『古代交通研究』一二、二〇〇三年。
(9) 武久義彦「明治期の地形図に見る大隅国北部の駅路と大水駅」『奈良女子大学研究年報』三八、一九九四年。
(10) 木本雅康「古代の官道」長崎県教育委員会編『長崎街道―長崎県歴史の道(長崎街道)調査事業報告書』長崎県教育委員会、二〇〇〇年。
(11) 日野尚志「西海道における大路(山陽道)について」『九州大学文学部九州文化史研究所紀要』三二、一九八七年。

(12)　前掲註(3)。
(13)　渡辺正気『日本の古代遺跡三四　福岡県』保育社、一九七八年。
(14)　前掲註(11)。
(15)　前掲註(13)。
(16)　前掲註(11)。
(17)　木下良『事典　日本古代の道と駅』吉川弘文館、二〇〇九年。
(18)　前掲註(11)。
(19)　木下良『日本古代律令期に敷設された直線道の復原的研究』(科研報告書)國學院大學、一九九〇年。
(20)　宗像市教育委員会編『宗像埋蔵文化財発掘調査概報―一九八三年度』宗像市教育委員会、一九八四年。
(21)　太宰府市教育委員会編『大宰府条坊跡四四』太宰府市教育委員会、二〇一四年。
(22)　松川博一「考察　木簡」九州歴史資料館編『大宰府政庁跡』九州歴史資料館、二〇〇二年。
(23)　西垣彰博「福岡県糟屋郡粕屋町内橋坪見遺跡について」『国士舘考古学』六、二〇一四年。
(24)　筑紫野市教育委員会編『御笠地区遺跡』筑紫野市教育委員会、一九八六年。
(25)　二丈町誌編纂委員会編『二丈町誌(平成版)』二丈町、二〇〇五年。
(26)　二丈町教育委員会編『二丈町文化財調査報告書第一集』二丈町教育委員会、一九七九年。福岡県教育委員会編『二丈・浜玉道路関係埋蔵文化財調査報告』福岡県教育委員会、一九八〇年。
(27)　筑後市教育委員会編『筑後市内遺跡群Ⅵ』筑後市教育委員会、二〇〇五年。
(28)　筑後市教育委員会編『前津丑ノマヤ遺跡』筑後市教育委員会、二〇〇七年。
(29)　佐賀県教育委員会編『吉野ヶ里』佐賀県教育委員会、一九九二年。
(30)　塩田町教育委員会編『大黒町遺跡発掘調査報告書』塩田町教育委員会、一九九四年。
(31)　熊本大学埋蔵文化財調査室編『熊本大学埋蔵文化財調査室年報三』熊本大学埋蔵文化財調査室、一九九七年。

(32) 始良市教育委員会編『柳ガ迫遺跡』始良市教育委員会、二〇一一年。
(33) 木下良「近年における古代道研究の成果と課題」『人文地理』四〇―四、一九八八年。
(34) 前掲註(17)。木本雅康「大野城・基肄城と車路について」鈴木靖民・荒井秀規編『古代東アジアの道路と交通』勉誠出版、二〇一一年。
(35) 木下良「古代山城と軍用道路」鳥栖市教育委員会編『鳥栖市誌　第二巻　原始・古代編』鳥栖市、二〇〇五年。木本雅康「基肄・養父両郡の官道」基山町史編さん委員会・基山町史編集委員会編『基山町史　上巻』基山町、二〇〇九年。
(36) 木下良「日本古代官道の復原的研究に関する諸問題」『人文研究』七〇、一九七八年。鶴嶋俊彦「古代肥後国の交通路についての考察」『駒沢大学大学院地理学研究』九、一九七九年。同「肥後国北部の古代官道」『古代交通研究』七、一九九七年。木本雅康「鞠智城西南部の古代官道について」熊本県教育委員会編『鞠智城跡Ⅱ―論考編一―』熊本県教育委員会、二〇一四年。
(37) 木下良「古代官道の軍用的性格―通過地形の考察から―」『史朋』四七、一九九一年。
(38) 近江俊秀『道路誕生―考古学からみた道づくり』青木書店、二〇〇八年。
(39) 木本雅康「古代道路に規制されて斜めの方位をとる建物について」『考古学ジャーナル』五六六、二〇〇七年。
(40) 木下良「『車路』考―西海道における古代官道の復原に関して―」藤岡謙二郎先生退官記念事業会編『歴史地理研究と都市研究　上』大明堂、一九七八年。
(41) 木下良「古代的地域計画の基準線としての道路」『交通史研究』一四、一九八五年。
(42) 筑紫野市教育委員会編『立明寺地区遺跡―C地点　第一次発掘調査―』筑紫野市教育委員会、二〇一〇年。
(43) 始良市教育委員会編『城ヶ崎遺跡・外園遺跡』始良市教育委員会、二〇一二年。
(44) 福岡市教育委員会編『板付周辺遺跡調査報告書一〇』福岡市教育委員会、一九八五年。
(45) 福岡市教育委員会編『高畑遺跡―第一八次調査』福岡市教育委員会、二〇〇二年。
(46) 太宰府市教育委員会編『太宰府・佐野地区遺跡群Ⅸ、Ⅹ、Ⅸ、一四』太宰府市教育委員会、一九九九～二〇〇二年。

(47)　筑紫野市教育委員会編『太宰府条坊跡　第九九次発掘調査』筑紫野市教育委員会、一九九七年。
(48)　七田忠昭「肥前神埼郡における駅路と周辺の官衙的建物群の調査」『条里制研究』四、一九八八年。
(49)　木下良「日本の古代道路―駅路と伝路の変遷を中心に―」『古代文化』四七―四、一九九五年。
(50)　佐賀県教育委員会編『古代官道・肥前路』佐賀県教育委員会、一九九五年。
(51)　木下良『日本古代道路の復原的研究』吉川弘文館、二〇一三年。
(52)　園井正隆「ヘボノ木遺跡」久留米市史編さん委員会編『久留米市史　第一二巻　資料編（考古）』久留米市、一九九四年。
(53)　松村一良「古代官道跡」久留米市史編さん委員会編『久留米市史　第一二巻　資料編（考古）』久留米市、一九九四年。
(54)　中原町教育委員会編『原古賀遺跡群（3）』中原町教育委員会、一九九二年。
(55)　中原町教育委員会編『本村遺跡』中原町教育委員会、一九九九年。
(56)　上峰町教育委員会編『八藤遺跡Ⅱ　堤土塁跡Ⅱ』上峰町教育委員会、一九九八年。同編『八藤遺跡Ⅲ』上峰町教育委員会、一九九九年。
(57)　上峰村教育委員会編『堤土塁跡』上峰村教育委員会、一九七八年。前掲註（56）上峰町教育委員会編『八藤遺跡Ⅱ　堤土塁跡Ⅱ』。
(58)　西谷正「朝鮮式山城」『岩波講座日本通史　第三巻　古代2』岩波書店、一九九四年。
(59)　鳥栖市教育委員会編『蔵上遺跡Ⅱ』鳥栖市教育委員会、二〇〇〇年。
(60)　前掲註（29）。
(61)　日野尚志「筑後国上妻郡家について」『史学研究』一一七、一九九二年。
(62)　前掲註（49）。
(63)　広野町教育委員会編『大坪東遺跡　正恵大坪遺跡』広野町教育委員会、二〇〇四年。
(64)　日野尚志「古代の官道」熊本県立装飾古墳館分館　歴史公園鞠智城・温故創生館編『鞠智城とその時代』熊本県立装飾古墳館分館　歴史公園鞠智城・温故創生館二〇一一年。

(65) 前掲註(25)。
(66) 二丈町教育委員会編『石崎曲り田遺跡—第三次調査—(中)』二丈町教育委員会、二〇〇一年。
(67) 太宰府市教育委員会編『太宰府・吉松地区遺跡群1』太宰府市教育委員会、二〇〇五年。
(68) 筑紫野市教育委員会編『峠山遺跡　第三次発掘調査』筑紫野市教育委員会、二〇一三年。
(69) 前掲註(46)。
(70) 前掲註(29)。
(71) 市民参加の古代官道調査・活用事業実行委員会編『鴻臚館~大宰府・古代ハイウエイを探る—古代官道ロマン—成果報告書』市民参加の古代官道調査・活用事業実行委員会、二〇〇九年。同編『一三〇〇年前のハイウエイを探る—古代官道ロマン』市民参加の古代官道調査・活用事業実行委員会、二〇一〇年。

第八章　筑前国穂波・嘉麻両郡の古代官道

はじめに

本章は、筑前国穂波・嘉麻両郡の古代官道について、復原的に考察するものである。具体的な復原に入る前に、両郡を通過する駅路にあたる「豊前路」の利用者について述べる。

一　豊前路の利用者

足利健亮[1]は、山陽道と大宰府を直接連絡する大宰府路が大路であるにもかかわらず、『延喜式』では、このルートに設置された駅家の駅馬数が、令の規定より五疋少ない一五疋であることに注目している。すなわち、『類聚三代格』所収の大同二年（八〇七）一〇月の太政官符によると、これらの駅家は、当初令の規定のとおり各二〇疋の駅馬を有したが、「今、貢上雑物の減省半ばを過ぎ、逓送の労、旧日に少なし。人馬徒らに多く、乗用に余り有り」との理由から、駅ごとに五疋が減省され、各駅一五疋となったのである。ところが、同官符によれば、大宰府路の駅馬が減省された時に、これに続く山陽道上の駅家においても、それまで二五疋であった駅馬数が、二〇疋に減らされたことがわかる。足利は、このことから、山陽道と西海道大宰府路は、連続する道でありながら、古代を通じて常に五疋ないしそれ以上の差があったとしているが、山陽道の駅馬数が二五疋になったのは、神護景雲二年（七六八）に、伝馬を駅家に五疋ずつ移管した処置によるもので、それ以前は、山陽道も西海道大宰府路も、令の規定通り、大路として駅家には一律二〇疋ずつの駅馬を置いていたと考えられる。それはともかくとして、神護景雲二年以降、山陽道の駅馬数より、大宰府路の駅馬数が五疋少ないことは注目すべきことで、足利は、大宰府路から到津駅または社埼駅で分岐して、刈田駅より豊前国府を経由して大宰府に直行する田河道が、大宰府路の交通量の一部を分担したからではないかとしている。田河道については、豊前路の香春以西を指すと考えられるので、足利が述べたルートは、正確には、大宰府路から、大宰府路・豊前路連絡路を経て、豊前路に入るルートと表現するべきであろう。足利は『万葉集』所載のいくつかの歌によってこのルートの利用状態がうかがわれるし、天平年間、大宰帥の任を終えて都へ帰る大伴旅人の送別の宴が、豊前路の最初の駅家であった蘆城駅家で催された事実も、このルートがしばしば利用されたからではないかとしている。蘆城駅は、『延喜式』には見えない駅家であるが、筑紫野市阿志岐を遺称地名とし、吉木の御笠地区遺跡A区では、蘆城駅の遺構の可能性がある八世紀代の大型の掘立柱建物も検出されている(2)。

ところで、『万葉集』巻四には、「大宰帥大伴卿、大納言に任けらえて京に臨入むとする時に、府の官人等、卿を筑前国の蘆城の駅家に餞する歌四首」があり、足利が言うように、天平二年（七三〇）一一月に大宰帥兼任のまま大納言に任じられた大伴旅人の送別会が蘆城駅で行われたのであるが、『万葉集』巻六には、「冬十二月、大宰帥大伴卿の京に上る時に、娘子の作る歌二首」の後に、「右は、大宰帥大伴卿、大納言に兼任して、京に向ひて上道す。此の日馬を水城に駐めて、府家を顧み望む」とあるので、旅人自身は水城から出ていることがわかる。すなわち、大宰府路から山陽道に向うために、水城の東門から出発したのであろう。したがって、蘆城駅での餞は、あくまで出発二ヶ月前の送別会をそこで行ったということであり、豊前路を通って上京した根拠にはならないのである。蘆城駅については他にも『万葉集』巻八に「大宰の諸卿大夫と官人等と筑前国の蘆城の駅家に宴する歌二首」や、巻四に「(神亀)五年戊辰、大宰小弐石川足人朝臣の遷任するに、筑前国蘆城の駅家に餞する歌三首」によって、日常の宴会や送別会の場として利用されたことがわかるが、木下[3]は、当駅の性格について、都における都亭駅や国府の付属駅と同様に、大宰府の付属駅としてとらえている。したがって、そこで送別会をしたからといって、必ずしも大伴旅人のように豊前路を通らなかった場合もある。

『万葉集』巻一七には「天平二年庚午冬十一月、大宰帥大伴卿の、大納言に任けらえて 帥を兼ぬること旧の如し 京に上る時に、傔従の人等、別に海路を取りて京に入る」とあるので、旅人の従者たちは、一足先に出発して海路をとったことがわかる。木下は、そのルートについて、豊前路をとって瀬戸内海岸に出て、おそらく豊前国京都郡草野津から乗船したのであろうとした。しかし、後に考えを改め、従者の歌の中に「荒津」の地名が見え、ここは福岡市西区にあった当時の船着場にあたるので、荒津で乗船したのであろうとしている[4]。すなわち、従者たちは、水城の東門を出て対馬路を通ったことになる。

ところで、先述したように、足利[5]は『万葉集』所載のいくつかの歌によってこのルートの利用状態がうかがわれるとしているが、具体的にどの歌を指すかについては言及していない。他に、豊前路と関係がある『万葉集』所収の歌には、巻三に「鞍作村主益人、豊前国より京に上る時に作る歌一首」として、「梓弓引き豊国の鏡山見ず久ならば恋しけむかも」があるが、鞍作村主益人は、鏡山付近の出身である可能性が高いので、豊前路を通って上京するのは当然で、特に大宰府路と比較して豊前路を選択したことにはならない。また同じく巻三には、鏡山に葬られた河内王を悼む歌が三首収められている。河内王は、持統天皇三年（六八九）に大宰帥になった人物であり、木下は、[6]奈良時代には鏡山に駅家があり、そこで亡くなったのではないかとしている。『日本書紀』持統天皇八年（六九四）条には「浄大肆を以て、筑紫大宰率河内王に贈ふ。幷せて賻物賜ふ」と見えていることから、木下はその少し前に現職で逝去したらしいとして、部内巡行の時ではなかったかと推測している。したがって、豊前路を利用した赴任や帰任とは関係がないことになろう。

最後に、巻九には、「抜気大首、筑紫に任ぜらるる時に、豊前国の娘子紐児を娶きて作る歌三首」があり、一首目に「豊国の香春は我家紐児にいつがり居れば香春は我家」とある。抜気大首は、企救郡貫庄の人とする説もあるが、二首目に「石上布留の早田の穂には出でず心の中に恋ふるこのころ」とあることから、鹿持雅澄の『万葉集古義』が述べるように、本郷は大和国の布留の早田であろう。紐児は遊女の可能性が高く、先述したように、鏡山に駅家があったとすれば、そこに居たとも考えられる。また、目的地の筑紫については、『万葉集古義』が「題詞に任筑紫とあれば、豊前は九国の中なれど豊前とは定めがたし。筑前筑後などに任ぜられて、その任国へ行く途に豊前に宿れるなるべし」としている。あるいは、筑紫を西海道全体の意味にとって、大宰府あたりを目指していると解釈できるかもしれない。いずれにせよ、管見の限りでは、『万葉集』の中で、官人が大宰府への赴任・帰任に際して、大宰府路ではなく豊前路を通っていることがほぼ確実にわかるのは、この歌ぐらいで意外と少ない。ただし、それは資料によって直接裏付けられる例が少ないという意味であって、実際には大宰府路を通らず豊前路を選択した官人は多かったと想像される。『類聚三代格』所収の延暦一五年（七九六）一一月二一日付の官符によれば、天平一八年（七四六）、官人・百姓・商旅の徒が豊前国草野津などから物資を運漕し摂津に行くのを禁じたが、大宰府が旧の通り大宰府の過所すなわち通行証の発行と豊前門司での過所の勘検があればよいことを求めてきたので、延暦一五年一一月二一日、太政官がこれを認めている。草野津は、行橋市草野付近に比定されるので、ここから船で難波を目指す官人は、当然大宰府から、大宰府路ではなく豊前路を通ってきたことになる。

そのメリットは、何と言っても、大宰府路より豊前路の方が距離が短いということである。もっとも、大宰府路には峠らしい峠がほとんどないのに対して、豊前路の場合は、西から米ノ山峠、関の山峠、石鍋越、という大きく三つの峠を越えなければならず、特に後二者は急峻であった。しかし、一般的に古代の人々は、山越えや峠越えに対して、それほど抵抗はなかったようである。

以上のように、実態としては、豊前路はよく利用され、豊前路が大宰府路の交通量の一部を分担したために、それぞれの駅馬数が五疋、一五疋になっているという足利の見解は注目される。ただし、本来豊前路そのものが律令制では、「小路」に位置づけられて、五疋の駅馬を配置することになっているのであるから、足利説が成り立つかどうかの区別は、厳密にはつかない。

なお、先の延暦一五年官符からは、天平年間に、すでに官人が上京する際、海路をとっているケースがあることがうかがわれるが、反対に赴任の場合は、神亀三年（七二六）より、西海道諸国の国司については、六位以下は海路赴任となった。その後、平安時代に入ると、さらに官人の赴任は、山陽道の陸路から、瀬戸内海の海路赴任にシフトしていく。その場合、正式には大宰府の外港にあたる博多大津で上陸するのであろうが、瀬戸内海航路の終点にあたる草野津で上陸して、豊前路を通って大宰府を目指す官人がますます増えたことは想像される。草野津の入口に位置する行橋市の蓑島は歌枕となっているが、このこともここが交通の要地として都にまで知られていたことを意味するのであろう。(7)

二　伏見駅と綱別駅

『延喜式』兵部省諸国駅伝馬条における筑前国と豊前国の駅家の中で、大宰府から豊前国府へ向う豊前路上に位置する駅家は、筑前国の伏見・綱別、豊前国の田河・多米の四駅で、小路として、それぞれ五疋ずつの駅馬を設置している。さらに直接本章の対象とする穂波郡には伏見駅が、嘉麻郡には綱別駅が存在したと推測されている（図37）。

なお、青柳種信[8]は『筑前国続風土記拾遺』巻二七「穂波郡　上　長尾村」の項において「此村の西に館といふ圃名あり。此地に古瓦の砕破したるもの多し。布目有て御笠郡観世音寺都府楼等の址にある瓦に似たり」と述べ、長尾との地名の類似から、現在の飯塚市長尾に『延喜式』筑前国の長丘駅を比定している。しかし、西海道の大宰府路以外の駅家で瓦が使用された可能性は低く、『延喜式』の駅名の記載順からも、長丘駅は、日向路の駅家で、筑紫野市永岡を遺称する地名とするべきである。「館」は、現在飯塚市長尾に「立」という小字で残っており、旧国鉄長尾踏切一帯（現ＪＲ筑豊本線長尾踏切）付近にあたり、駅家の痕跡は県道工事のために消滅したとしている[9]。古老の言によれば、その際、道路下に布目瓦を多数埋めたらしい。穂浪郡家が想定される飯塚市大分の氷屋より、南南東に約一・五キロメートルと近く、何らかの郡家に関連した施設であろうか。

さて、伏見駅については、現在特に遺称地名が残っておらず、その位置については諸説がある。

吉田東伍[10]は、現在の飯塚市山口・馬敷付近に比定し、馬敷は馬次（うまつぎ）の訛かとしている。高橋誠一[11]は、山口の小字「日守」「道官」に注目して、後者を駅家関係の地名ではないかとしている。また、馬敷が米ノ山峠からの街道から北にややそれているのに対して、山口は街道に沿っており、米ノ山峠下の大宰府側の集落である大石などに対して対照的な位置を占める、いわゆる「峠下の対向集落」であるとして、山口に駅家を想定した。また、日野尚志は、当初、米ノ山峠を越えて、最初に平地が展開する扇状地の扇頂付近に位置する山口としたが[12]、のちに馬敷を駅家の遺称地名と見て、当地に伏見駅を比定した[13]。

一方、武部健一[14]は、木下の意見として、ＪＲ篠栗線筑前大分駅南方のやや平地になった地点としている。付近には、穂波郡家の有力な想定地である小字「氷屋」の地名や、郡寺と考えられる大分廃寺が存在する。また、児嶋隆人[15]は、東大寺文書に「伏見郷高田村」とあることから、飯塚市高田に比定している。

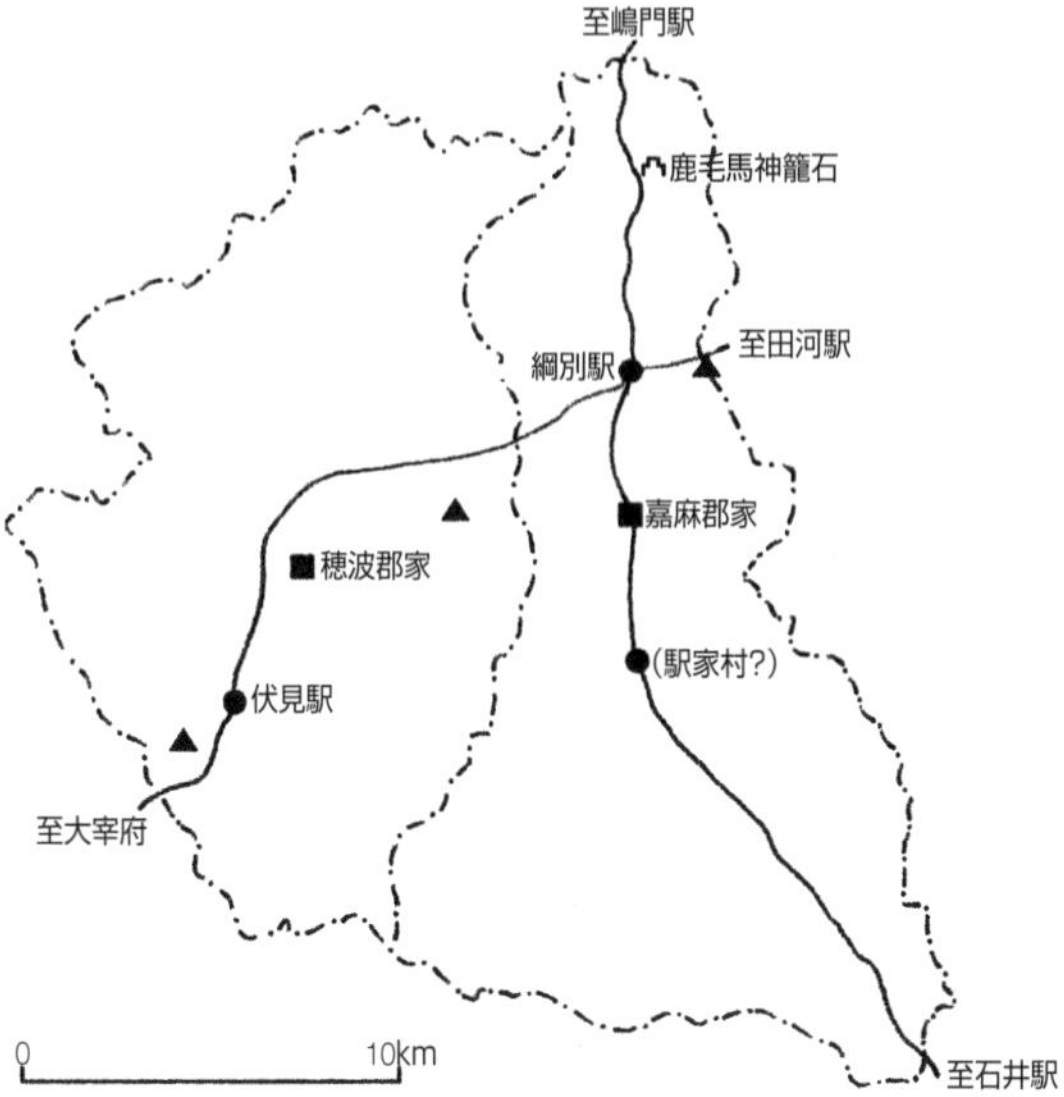

図37　全体的概念図（▲は烽想定地）

以上のように、伏見駅の位置については、①米ノ山峠下の馬敷・山口付近、②穂波郡家や郡寺が位置する穂波郡の中心地域付近、③高田付近、の大きく三つの説が存在する。

ところで、先述したように、現在伏見の遺称地名は存在しないが、平安時代の東大寺文書の中に見ることができる。すなわち、天慶三年（九四〇）三月二二日の「穂波郡司解案」（『平安遺文』二四八）によれば、正六位上源朝臣敏が笠門々子から買得した家地・林田・治田のうち、家地は「伏見郷高田村」にあった。また、同年四月五日の「源敏施入状案」（『平安遺文』二四九）にも、笠門々子から得た同家地が見え、同じく「伏見郷高田村」という所在地を記す。伏見郷は、『和名抄』の穂浪郡の郷名には見えない地名で、従来の郡の下部にある郷ではなく、国衙に直結する新しい徴税単位として、出現したものであろうか。これらの文書から高田村に比定される飯塚市高田付近が、伏見郷の範囲に含まれていたことがうかがわれるが、伏見郷がどこまで広がっていたかは不明なので、これをもって伏見駅の位置を高田付近に限定することはできない。

さらにさかのぼって「伏見田」の地名が、延喜五年（九〇五）の「観世音寺資財帳」（『平安遺文』一九四）の中に見える。すなわち、観世音寺が所有する穂浪郡の墾田の位置と面積を示す条里坪付中に「伏見田一図四里　三川依田三百三歩」とある。穂波郡の当坪付には、他にもその前に「阿自井田」「補田」「浦田」というような記載があり、日野[16]は、穂浪郡内に五つの条里呼称があり、それらを区別するための地名であるとして、伏見田を山口川流域の条里に比定した。その根拠は、先述したように、日野自身が伏見駅を山口と考えていたことによるのであるが、日野の条里呼称の復原によれば、山口川流域の条里地割が周辺のそれらと方位を異にする一エリアを形成しているので、ここに伏見田を持ってくるのは適当であろう。

ただし、日野が条里区を区別するために付けられたとした「浦田」や「補田」のような地名は、先述した東大寺文書にも見られるが、実際には、古文書の中では、同じ坪付は一つもない。したがって、条里呼称は、穂波郡全体で一つだった可能性もあろう。その場合、日野に代わる復原案を示すことは困難であるが、穂浪郡の坪並が西南隅を一の坪として、そこから北に進む千鳥式であることを考えると、一般的に条の方向も、同様に南から北へ進む場合がほとんどである。伏見田の地名が付されている坪付部分は、一図四里である。穂波郡条里の最南端は、山口付近から始まる。最西端は大分で、日野が指摘したように、里は西から東に数えたと考えられる。したがって一案としては、筑穂元吉から阿恵付近が一図四里となる。このように考えると、やはり山口集落付近から平野部に出た付近が「伏見田」となるので、伏見駅もこの付近に考えるべきであろう。大分廃寺付近は、確かに穂波郡の中心地であったが、そこに駅家があれば、たとえば「穂波駅」のように、郡名を名乗った可能性が高いのではないか。

綱別駅は、『和名抄』の嘉麻郡綱別郷と同所と考えられ、飯塚市綱分を遺称地名とする。当地は、平安時代末から南北朝期にかけて、宇佐八幡宮領綱別荘が置かれた。なお、綱別駅の位置について高橋[17]は、駅路が綱別の北方の笠松越を通過していたとして、飯塚市有井に綱別駅を想定するが、後述するように、駅路が関ノ山峠を越えていたことは確実であるから、この説はとれない。

三　豊前路の想定

それでは、以上のように伏見駅と綱別駅の位置を大まかに比定した上で、これらを連ねる豊前路の駅路について想定してみたい。

まず、御笠郡との駅路の境界は、筑紫野・飯塚市界の米ノ山峠（図38A）にあたる。新道の南に旧道（B―C）があるが、現在D―E間は通行不可能になっている。さらに、明治三三年（一九〇〇）測量の五万分の一旧版地形図「太宰府」によると、当時の道は、F―E間は谷部を通っていたが、現在はまったく通行することができない。G点で道が迂回しているのは、砂防ダムができたためで、本来はまっすぐに通っていたであろう。H点には、道に沿って立石状の猿田彦が祀られており、本来何も刻まれていなかった立石に、猿田彦の文字が彫られた可能性もある。C点以東は、反対に現在の主要道の北側を通り、I点まで続く旧道が、古代の駅路を踏襲した道の可能性がある。ただ

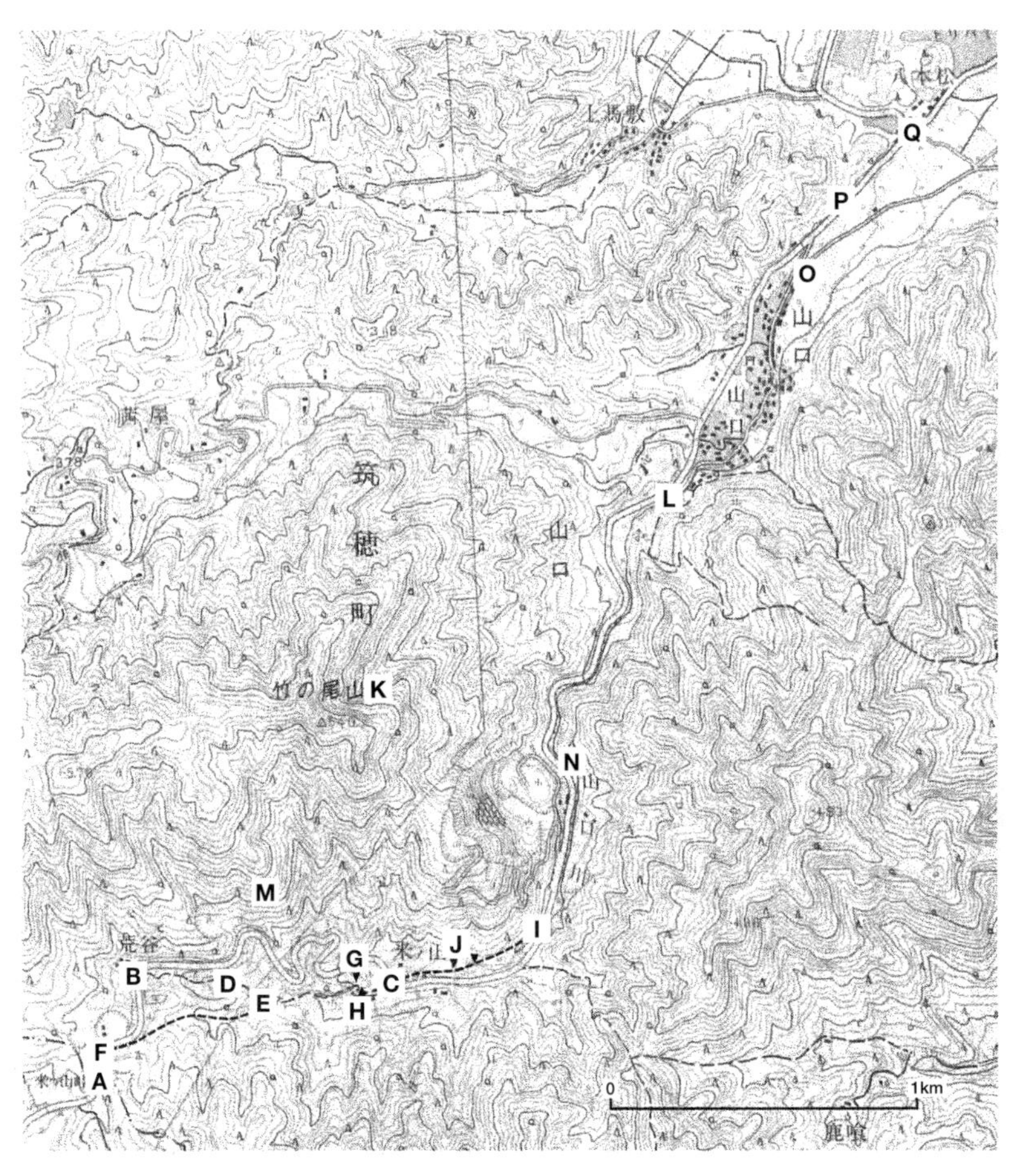

図 38　伏見駅想定地付近（1/2.5 万地形図「太宰府」「大隈」を縮小）

し、現在J区間は、通行不可能になっている。以上のように、駅路を想定すると、山間部ではあるが、F点からI点までほぼ直線的に駅路が通っていたことになり興味深い。なお、後述するように、峠の北にそびえる竹の尾山（K）には、古代の烽が置かれていた可能性がある。I点からは山口川に沿った谷沿いの一本道で、L点で山口集落に達した所から平野部が開ける。

先述したように、観世音寺文書に見える「伏見田」は、山口のすぐ南の筑穂元吉から阿恵にかけての地名と考えられるので、山口に伏見駅が存在した可能性が高い。ただし、山口に伏見駅を比定した高橋[18]が、その関連地名とした小字「道官」（M）は、米ノ山峠付近の地名で、しかも想定駅路に沿っておらず、このような所に駅家が置かれたとは到底考えられない。また、高橋がもう一つ駅家関係地名として取り上げた「日守」（N）も、駅路に沿ってはいるが、谷の狭隘部沿いの山の地名で、やはり駅家が置かれるような場所ではない。山口に伏見駅があったとすれば、現山口集落付近に考えるべきであろう。

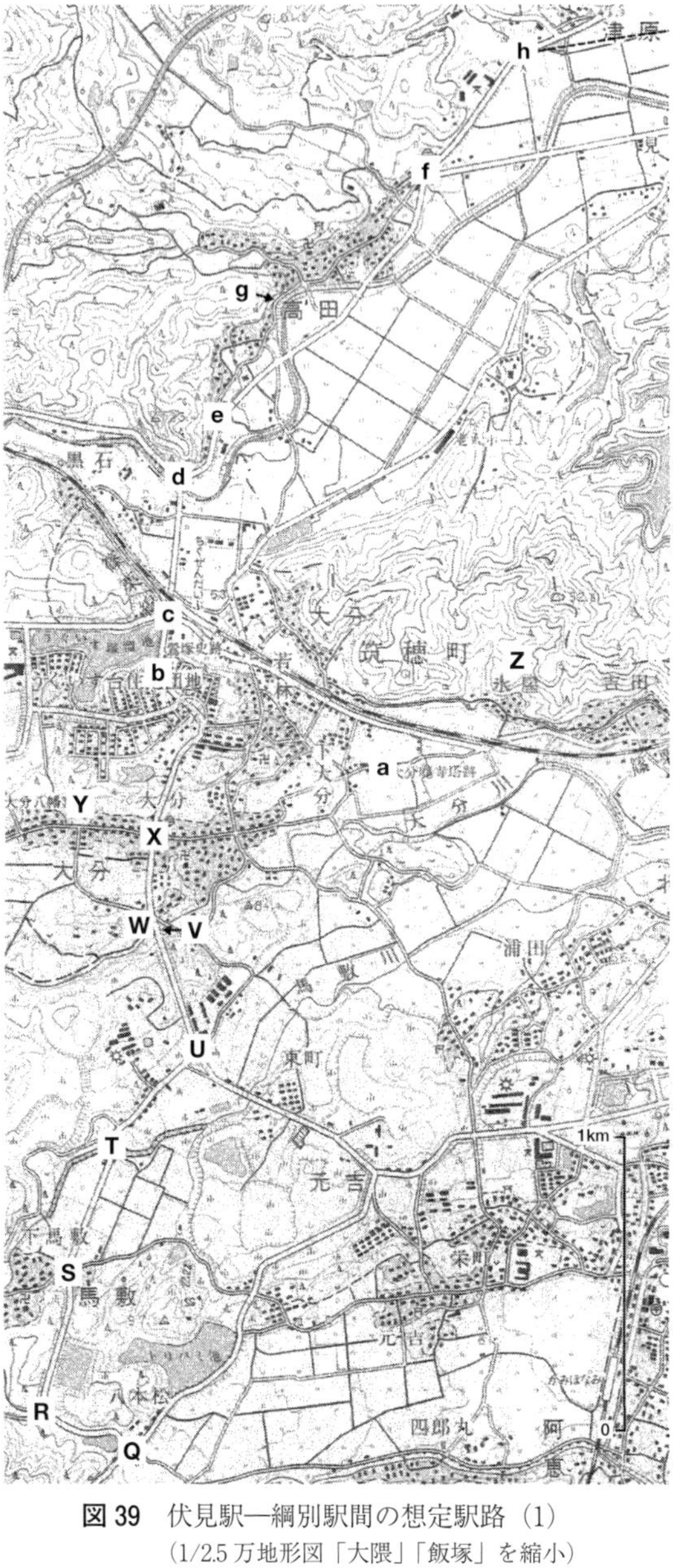

図 39　伏見駅—綱別駅間の想定駅路（1）
（1/2.5 万地形図「大隈」「飯塚」を縮小）

大字山口で一応、駅家に関係する可能性がある小字地名としては、「前田」（O）と「清水」（P）がある。マエ地名は、ウマヤが転訛した場合があり、前田が駅田を指すことも考えられる。当地は、現在、山口集落を北に出た所にあたるので、この付近から駅田が展開していたかもしれない。「清水」は、当然駅家には水が必要であったことから、駅家に関連する場合がある地名であるが、当地では現在も西側の丘陵から水が湧いている。もっとも、山口は峠下の集落なので水はどこでも得ることができよう。

図39Q点から想定駅路は、大分方面に達するためには、丘陵の西の谷に入る必要があるので、西にほぼ直角に折れ、R点で再び北に折れて、馬敷の小字「出口」（S）の地に達するが、ここから水田が開ける。Q点より北は、山口の小字「八本松」で、この地名が古代までさかのぼるかどうかは不明であるが、ランドマークとしての松が八本あったのであろう。馬敷の地名は、確かに駅家を連想させるが、現集落は、想定駅路から少し南下する位置にあるので、やはり山口を有力としたい。S点からT点までは、ほぼ旧道を踏襲した直線的な現在道が通っているが、その先で台地に突き当たり、現在は東方に迂回して、U点に達している。しかし、この程度の台地であれば、古代においては、そのまま越えていたであろう。ただし、台地上には、かつて炭鉱の大分坑があり、大幅に地形の改変等が行われたためか道路の痕跡は残っていないようである。V点は「車屋橋」で、この西側一帯が大分の小字「車屋」（W）にあたる。一般的に大津宮以西の古代駅路に沿って「車路」の地名がしばしば認められる。[19] 当地の場合は、「車路」ではなく「車屋」で、別の要因で生まれた地名かもしれないが、一応想定駅路に沿っている点が注目される。

想定駅路は、X点で後述する糟屋郡家と穂波郡家とを結ぶ伝路と直交する。西へ二五〇メートルほど行くと、延長元年（九二三）に、ここから筥崎宮に遷座して筥崎宮の起源となった大分八幡宮（Y）（『八幡愚童訓』『石清水八幡宮記録』）が位置する。反対に東方には、穂波郡家に由来すると推定される氷屋（Z）の地名や、郡寺にあたる大分廃寺[20]（a）が存在する。想定駅路の東に近接する大分廃寺は、七世紀後半の創建とされ、新羅系古瓦を出土する。これと同型式の古瓦は、田川市の天台寺跡や行橋市の椿市廃寺、上毛町の垂水廃寺等からも出土し、これらの寺院も豊前路やその先の道路に近接して存在するので、駅路を通じた渡来系文化の伝播が想定される[21]。

現在道は、X点付近から北方の丘陵を避けて、東側に膨らんで通るが、この部分も本来は、まっすぐ丘陵を越えていた可能性がある。b—c間で、現在道は、うぐいす塚溜池の堤防を兼ねた道となっている。本来、低地を土堤状に通っていた駅路を利用して、後世溜池の堤にした可能性がある。現在道は、さらに直線的に延びて、丘陵の先端（d）に突き当たって東北に折れる。

e点から新道と分かれて、f点で再び新道と合流する旧道は、部分的に屈曲するものの、全体的には直線的で、おおよそ駅路を踏襲した道ではないかと推測される。一ヶ所、g点が内住川の攻撃斜面にあたるのが難点であるが、それほど大きな川ではなく、古代において、現在のように浸食が進んでいたとは限らないので、特に問題とはならないであろう。

f点で新道と合流した後も、想定駅路は、ほぼこれまでの方位で直進したと推測されるが、h点で東に折れ、かつて条里の里界線として、穂波川の渡河点（図40 i）まで直進していた道路が、古代駅路を踏襲した道と推測される。ただし、現在は圃場整備のため、道路の位置は微妙に変わっているようである。このライン上のj点付近の小字地名は「車」である。この場合も「車路」ではないが、やはり想定駅路に沿っていることが注目される。日野の条里の復原によれば[22]、穂波川の右岸以東も碇川（k）まで地割が連続するが、里界線は北に一坪ずれるので、この間は坪界線となっている。以上のように、駅路を想定すると、久保白の丘陵の北をまわることになり、穂波郡家の想定地である氷屋の地を直接通らないことになる。そして、丘陵の南をまわった方が、氷屋を経由して、北周りのルートより、

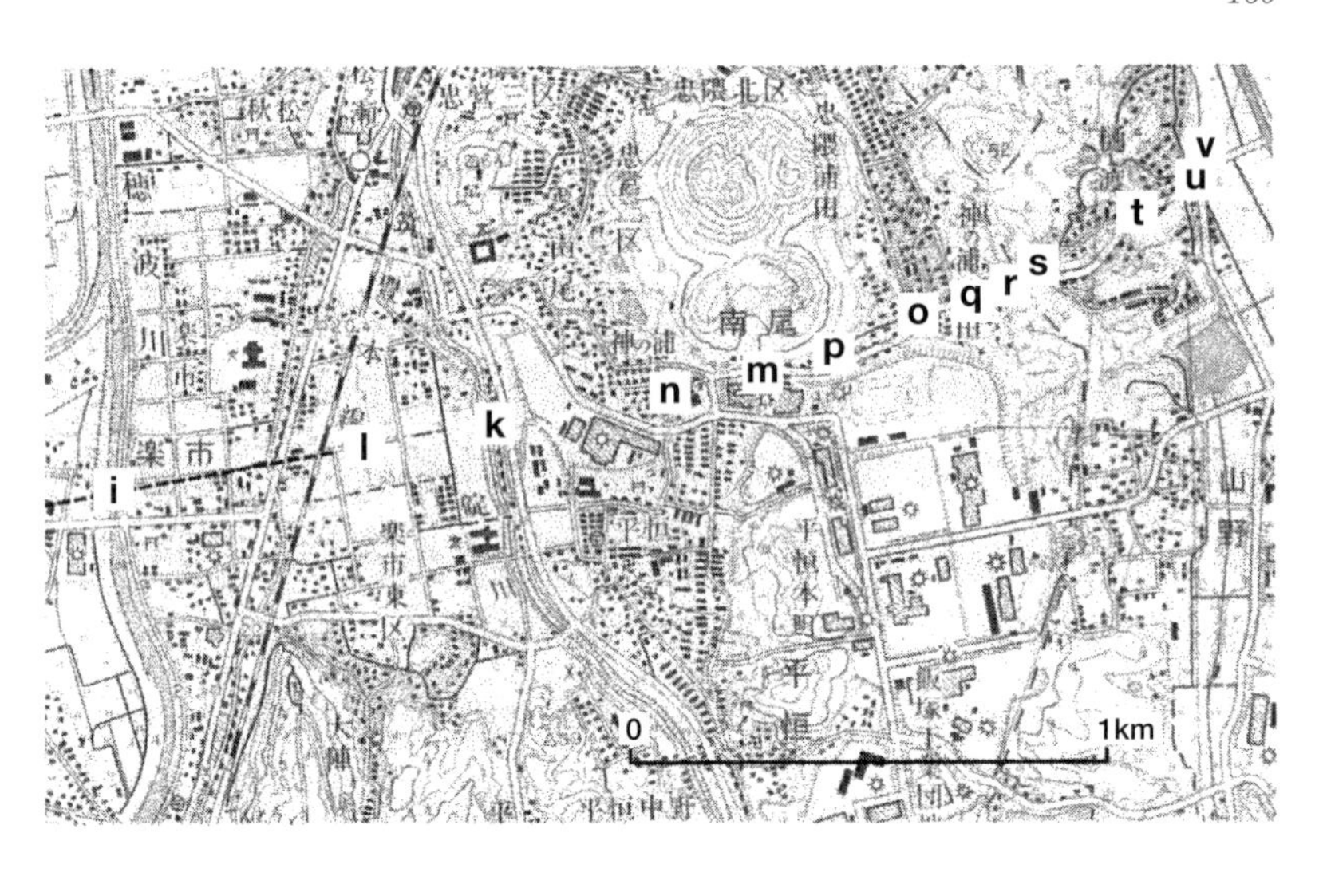

若干近くなるようである。しかし、あえて南周りルートを避けたと考えられるのは、穂波川が丘陵の裾に迫って流れており、駅路としてやや安定性に欠けたからではないか。

そして、l—m間は、現在南尾と平恒の直線的な大字界となっている。この部分は、ちょうど北の忠隈山と南の丘陵とのギャップになっており、通過地点が限定される場所である。k—n間は、現在道路が通じていないが、n—m間には現在道が通っている。m点から東の大字界はo点まで、現在の主要道沿いにやや南寄りに湾曲するが、この間もほぼ直進する地割や小道が認められる。p—o間は現在道となっているが、n点からここまでは、空中写真（国土地理院撮影KU－63－9X C4－9）にも、明瞭な直線として写っている。q点からr点までは、やはり現在道が南寄りに湾曲するが、そのやや北側を駅路が通っていたと考えられる。r点から駅路は、嘉麻市に入り、ここからは古代の嘉麻郡の地域となる。この付近で、駅路は微妙に方位を北寄りに変えているようである。s—t道がほぼ駅路を踏襲した道と考えられるが、s点以東は、現在道の南側に、幅約六メートルの帯状の畑地が続き、この部分は、さら

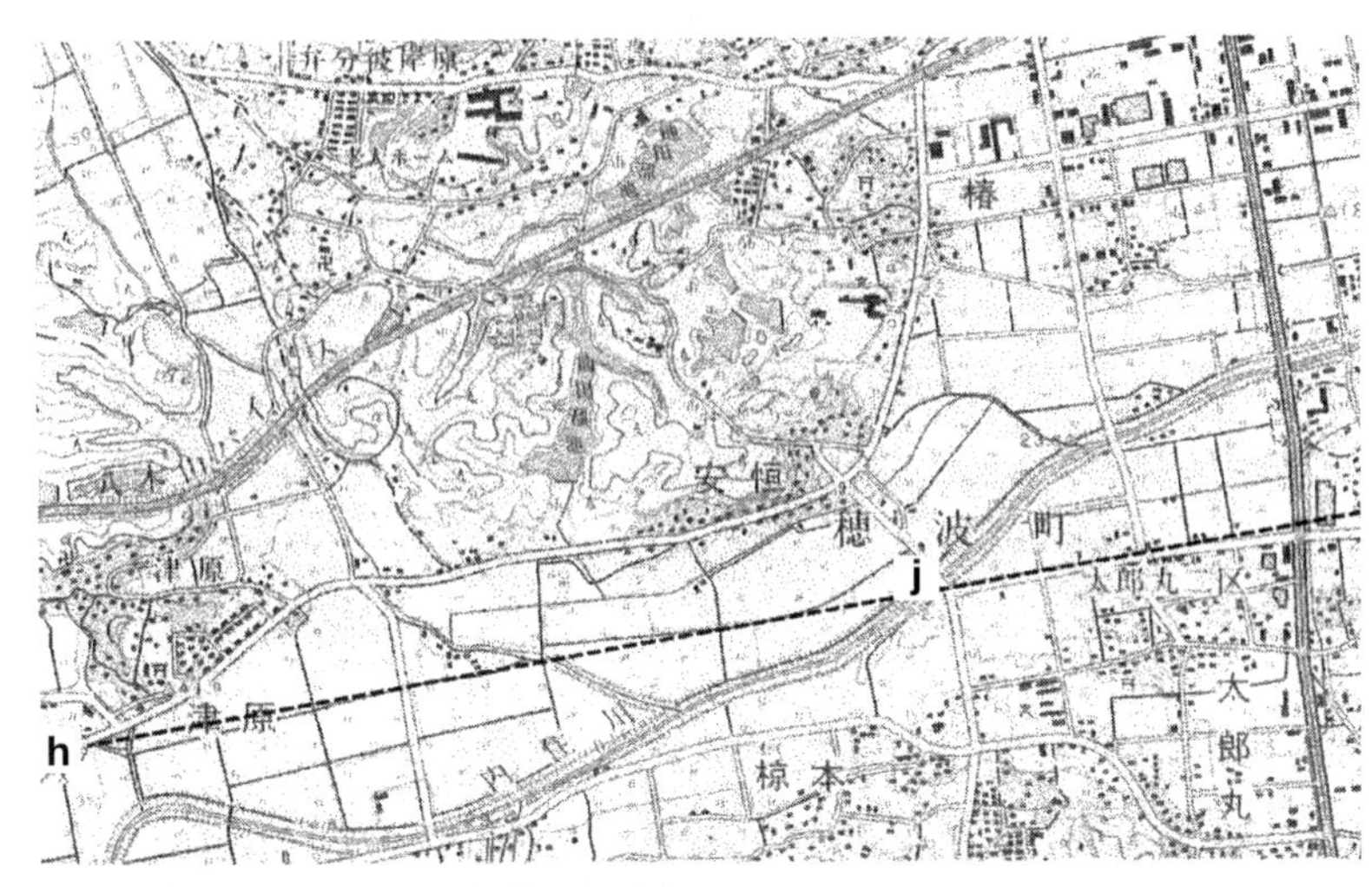

図 40　伏見駅―綱別駅間の想定駅路（2）（1/2.5 万地形図「飯塚」を縮小）

に南側の荒地部分より、一段高くなっているので、現在道を含めた幅が古代の駅路の幅であったと推測される。その先も住居の敷地の幅が同様に続く。t点からu点までの間は、南寄りに湾曲する現在道ではなく、古代駅路は直線的に通っていたと推測され、その部分に住居が並んでいるのが、その痕跡と考えられる。

図41のu点からは水田地帯に入り、遠賀川の左岸（N）まで、直線道をたどることができる。ここにはかつて条里地割が存在し、想定駅路に沿って北側に「三十六」の小字地名（v）が存在する。嘉麻郡の条里については、坪並の配列は、南西隅を一の坪とし、そこから北へ進む千鳥式であることが判明している[23]ので、「三十六」の南が里界線となる。条里地割と想定駅路の方位も合っているので、駅路を基準線として条里地割が施工され、また条里の呼称も、駅路を基準としていたことがうかがわれる。遠賀川以東については、圃場整備によって駅路の痕跡は消滅しているが、明治三三年（一九〇〇）測量の旧版五万分の一地形図「太宰府」によれば、そのまま直進してw点に達していた。遠賀川以東は、再び飯塚市の領域に入るが、このラ

図41　綱別駅想定地付近（1/2.5万地形図「飯塚」「田川」を縮小）

インに沿って、上三緒に小字「代田（だいだ）」（x）があり、「大道（だいどう）」の転訛や、巨人伝説にちなむ可能性がある。w—Z間に直線道があり、このうち、w—y間は新しい道のようであるが、y点に「サヤノ前」、A点に「サヤ谷」の小字地名があって、これらは塞（さい）の神に由来するのであろう。この直線道は、z点で折れて、B点に達する。このうち、z—C間は、旧版五万分の一地形図に描かれていないので、それ以降に造られた道かもしれないが、その走行方向から、ほぼ同じ所を古代駅路が通っていた可能性が高い。また、D点とE点にかけて現在道路はやや屈曲しているが、B—E道をそのまま延長すると、崖や道路、直線的な水路が連続し、D—C道との間に家が並ぶ帯状の地割が続くので、その部分が道路敷であった可能性がある。

さて、B点より関ノ山峠（F）に向おうとすると、標高六八・一メートルの丘（G）にぶつかってしまうので、駅路はこの丘の北か南を迂回しなければならない。南に迂回した方が、北に迂回するよりも、微妙に近いようであるが、この付近に綱別駅があったことを考えると、現在の綱分集落を通る北回りルートの方が適当であろう。綱分は、『和名抄』の綱別郷の遺称地で、古社綱分八幡宮（H）が存在する。庄内中学校の東に浅い切り通し（I）があり、そこから東方に住居が一列に並んでいる（J）。住居の南側は、丘を若干カットしたような状況が見てとれる。あるいはもともとここに東西に駅路が敷設された際に、丘陵がカットされ、そこに現代の住居が立ち並んだのではないだろうか。住居の列をほぼ道路敷と考えて、東へ延長すると、K—L道に連なる。現在、この道は工事による改変のため、途中で途切れて通行不可能になっている。

具体的な綱別駅の位置を絞り込むのは困難であるが、先述したように駅路を推定すると、独立丘陵上に位置する綱分八幡宮よりは南になるのではないだろうか。なお、M点に「前給」の小字地名があり、もしマエがウマヤの転訛したものであるとすると、駅家や駅田との関係が考慮される。

さて、B点からI点までの駅路のルートであるが、条里地割に沿ってクランクしていたのであろう。途中、庄内川に沿って、浮殿（O）が位置する。『筑前国続風土記附録』巻二一嘉麻郡上「綱分村」の「亀山八幡宮」（綱分八幡宮）の項によると、当社には別地に中宮と下宮もあり、後者を浮殿と称する。そして浮殿には、毎年八月一四日に神幸があるとする。

一方、L点から東へは、現在の飯塚市と田川市との境界にあたる関ノ山峠（F）を越えることになる。飯塚市側の峠への登り道は、谷沿いの一本道で、よく整備されている。関ノ山峠は、古代の筑前国と豊前国との国境であったので、文字通り国境の関所が置かれていた可能性が高く、関ノ山の地名もそれに由来するのであろう。『庄内町誌』(24)は、「関の山越えの中腹に平坦な地があって、ここが関所の跡と言い伝えられ土地台帳には宅地として残っている」と記している。古代の関所の場合、『出雲国風土記』に見るように、国境の両側に置かれる場合もあるので、この平坦地もその候補地になるであろう。ただし、国境の関所がもっと規模の大きいものであったとしたら、むしろ峠下の平坦地である綱別駅の付近に置かれたのではないか。

なお、後述するように、関ノ山峠から南に尾根状を約八〇メートル行った所（図42P）に小さな独立丘があり、そこに古代の烽が置かれていた可能性が高い。

関ノ山峠の田川市側は通行不可能になっていたが、最近整備され、「古代官道跡」の標柱も立てられている。やはり谷を下る一本道なので、ルート的にはほぼ正しいであろう。木下は、(25)Q—R間に、田川市と糸田町との境界線が約二キロメートルにわたって一直線に続き、その西への延長線上に関の山峠（F）が位置し、東への延長は金辺川の渓口部に達するので、この線が筑前国嘉麻郡から豊前国京都郡への田河郡内での最短路になることを指摘した。またこの線に沿って糸田町に「車地」（S）、田川市川宮に「車路」（T）の小字地名があり、その東への延長線上にも「車

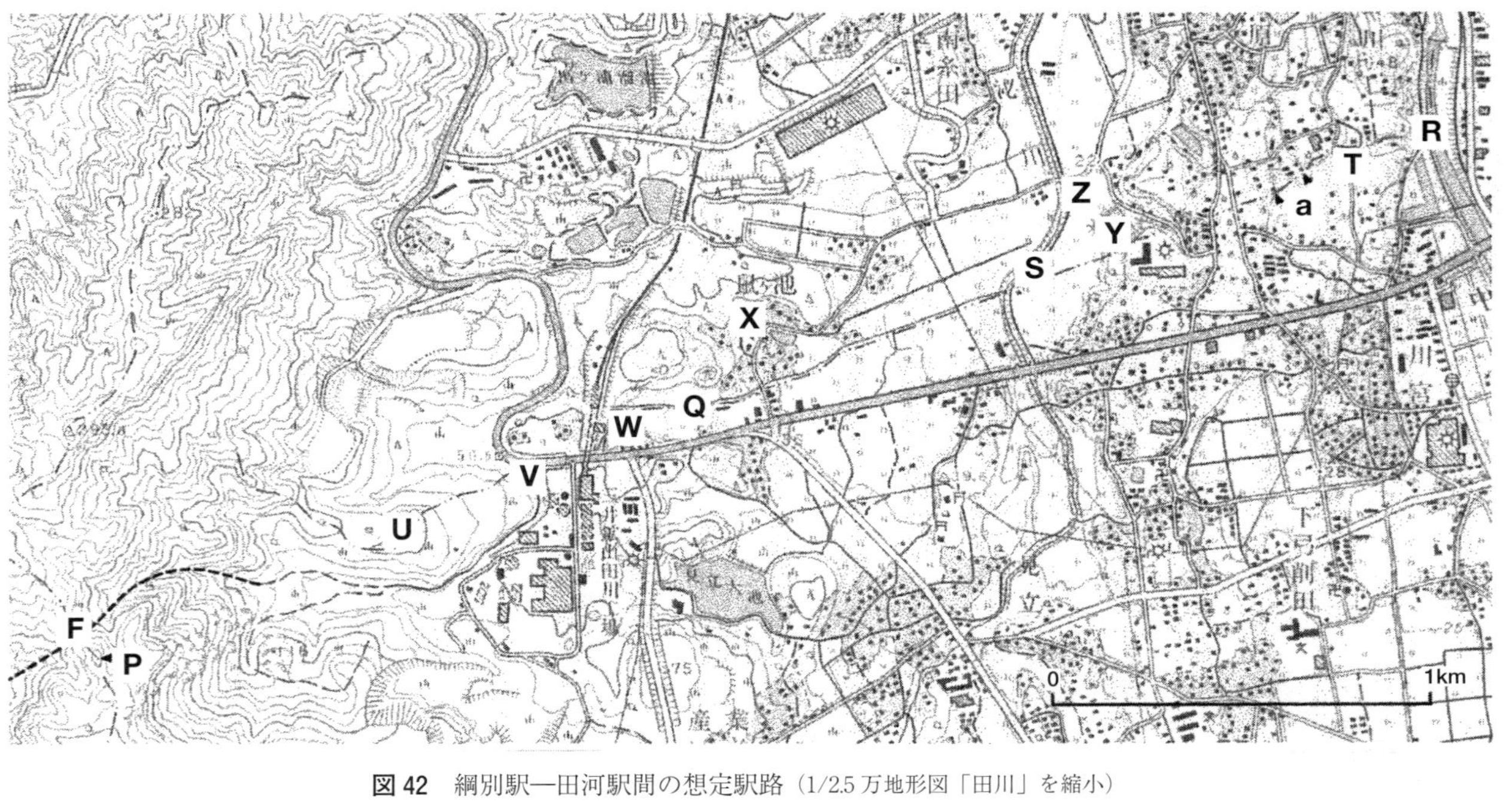

図42　綱別駅—田河駅間の想定駅路（1/2.5万地形図「田川」を縮小）

路」地名があることなどから、この境界線が、駅路の一部にあたるとした。日野[26]も同様の見解をとっているが、さらにその西への延長線上にあたるU―V間の境界線も、駅路にちなむものと見ており、木下[27]も後にこれにしたがっている。したがって、U―R間の約二・八キロメートルが、駅路の痕跡を示すことになる。ただし、V点西の小支丘の登り口は、かなり急なので、小支丘を避けて、現在道のように、南側に迂回した可能性も検討する必要があろう。

W点は、小字「関ノ山」でこの付近に、豊前側の関所が置かれた可能性がある。また、想定駅路の北側には「鼠ヶ池」（X）の集落と池があるが、鼠が付く地名の中には、古代の烽と関係するものがあるという説がある[28]。ここは山麓なので、烽火台そのものは峠の上にあったとしても、「烽家」と呼ばれるようなそれを管理した施設が峠下にあった可能性がある。

さて、田川市と糸田町との直線境界は、Q点から、Y点の出ヶ浦平地ダムまでは水路となって続いている。木下[29]は、この間の泌（たぎり）川以西が幅六～七メートルの帯状窪地となっており、水路の両岸を含めた幅は、一〇～一五メートルを示しているとしている。また、想定駅路から若干北に離れるもののZ点に、「泌水」と称する湧水点が存在することが注目される。なお、この水田地帯には条里地割が認められる。想定駅路の坪界線に沿うが、里界線とはならないことを日野[30]が指摘している。

Y―R間は台地上となり、木下[31]はここには格別顕著な地割は認められないが、中元寺川左岸での台地への登り口の部分は、幅一五～二〇メートルの凹地となっているとしている。しかし、大縮尺地形図と現地踏査によって、台地上の境界線付近を検討すると、a区間に幅二〇メートル程度の帯状地割が確認され、その東の果樹園の中にもテラス状の平坦面を認めることができるので、これらが駅路の痕跡であると考えられる。綱別駅の次駅である田河駅について、吉田[32]は田川市夏吉に、高橋[33]は伊田ないし夏吉に、戸祭由美夫[34]は香春岳の麓下から古代寺院天台寺付近に、それぞれ想定していた。これに対し木下[35]は、先に述べた田川市と糸田町の境界線の延長線上に位置する田川市伊田の小字「真米」と、さらにその東方に位置する同市夏吉の「立石」地名に注目して、田河駅は、この間の低い丘陵上にあったと推定した。その後、この丘陵上の伊田の下伊田遺跡[36]において、二間×一二間の南北棟の掘立柱建物跡が検出されたが、木下[37]はこの遺構を、田河郡家の脇殿と解釈して、郡名を冠する田河駅も、同地付近にあったのではないかとしている。

四　嘉麻郡を南北に通る駅路

以上で豊前路の復原を終えるが、嘉麻郡の中世文書に「駅家村」の名が見えることから、これを古代の駅家と結び付けたのは、日野[38]である。すなわち、康永三年（一三四四）二月三日条の「渋谷宗真譲状」（岡元文書）に、「筑前国駅家村の光清名」が見える。他にも「駅家庄」が、明徳三年（一三九二）一〇月二〇日の「宗澄茂書下」（歩行御判物帳）や、応永五年（一三九八）卯月二七日の「宗頼重書下」（歩行御判物帳）に出てくる。日野[39]は、このうち、「渋谷宗真譲状」に駅家村の光清名は牛隈と号すとの記載があること、また「宗頼重書下」に駅家庄の平一〇町についての記載があることから、前者の牛隈は、嘉麻市の牛隈にあたり、後者の平は、同市の平にあたるとして、牛隈から平にかけての山田川流域から嘉麻川流域に、古代の駅家があったとする。このように、嘉麻郡に古代の駅家が存在したとすれば、『延喜式』には記載がないので、それ以前に廃止されたと見なされる。

日野は、遠賀郡の嶋門駅で大宰府路と分かれて、遠賀川流域に沿って、鞍手・穂波二郡を経て嘉麻郡家を通り、嘉麻峠を経て豊後国日田郡に至る駅路があったのではないかとしている。遠賀川流域には、下流から遠賀・鞍手・穂波・嘉麻の四郡があり、上流域まで水運があったが、日野はこれら四郡を管轄したと推測される遠賀団は、遠賀川下流域の左岸にあったとしている。そして、『続日本紀』天平一二年（七四〇）九月戊申（二四日）条には、藤原広嗣の乱の際、広嗣が遠賀郡家において軍営を設け、烽火をあげて国内の兵士を徴発したことが見えるが、日野は、同地が軍団の兵士と、大宰府路と、遠賀川の水運を利用できる交通・軍事上の要衝にあることを考えたためであろうとする。そして、遠賀川沿いに駅路も設置されたと考えられることについては、このルートが博多大津と関門海峡の中間にあり、非常の際には動員した兵士を内陸部から大宰府・関門両地域と、さらに玄界灘沿岸にも送り出すためとしている。

なお日野は、この想定駅路は、一部鞍手郡域を通るとして、藤原広嗣の乱の際、広嗣自身が通った「鞍手道」は、この駅路であるとしている。すなわち、日野の理解によれば、広嗣は最初大宰府から豊前路を通り、遠賀川付近で当駅路に入ったことになろう。それに対して木下[40]は、広嗣が軍勢を三手に分けたのは、大宰府から三者が別路をとることによって混乱を避けたとして、「鞍手道」とは、大宰府から北に糟屋郡家に向う伝路を通って、糟屋郡から犬鳴峠を越えて鞍手郡に入るルートを指すとしている。そして広嗣が国内の兵を徴発した遠賀郡家への経路については、宮若市北部の倉久付近から宗像市吉留を通って岡垣町戸切に入るのが最短距離になるようであるとしている。すなわち、いったん遠賀川に出る必要がないので、先述した嘉麻郡から嶋門駅へ連絡する駅路とは無関係ということになろう。この倉久から吉留・戸切を経由するルートは、後述するように、穂波郡家と遠賀郡家とを結ぶ伝路であった可能性がある。なお、嶋門駅の想定地は、遠賀川の左岸にあるのに対し、嘉麻郡の駅家の想定地は右岸にあるので、どこかで遠賀川を渡河しなければならない。また、その間に遠賀川の右岸に、古代山城の鹿毛馬神籠石が存在する。古代山城は駅路と密接な関係を持ち、駅路沿いに存在する場合が多い。しかし、先述したように、豊前路が関ノ山峠を越えていたとすると、鹿毛馬神籠石の南東約五・五キロメートルを通過することになる。そこで、嘉麻郡を南北に通る駅路が遠賀川の右岸を北上していたとすれば、神籠石はほぼ駅路に沿っていたことになる。そこから北は、ますます遠賀川の川幅が広くなり、渡河は困難となるので、そのまま駅路は右岸を南下して大宰府路に接続していたのではないだろうか。嶋門駅の本体は、左岸にあったにせよ、実際は両岸に駅家の施設が展開していたと考えられるので、その場合も広い意味で、嶋門駅で大宰府路と接続していたと言えよう。あるいは、木下は、犬鳴峠を越えた広嗣は、遠賀郡家に達するため、北に進路をとったとするが、鞍手道そのものは、そのまま東へ延びて遠賀川を直方市植木付近で渡って現在の北九州市八幡西区に入り、ほぼ国道二〇〇号線の経路をとって洞海湾南岸に出て、大宰府路と合流していたと見ており、このルートが大宰府から関門海峡方面への最短経路になることを指摘している。筆者は、おおよそこのルート上にあたる北九州市八幡西区と中間市との直線的な境界線は、鞍手道の痕跡ではないかと見ている。それはともかくとして、鞍手道の遠賀川渡河点が直方市植木付近にあったとすれば、嘉麻郡から北上する駅路もそこで右岸から左岸へ渡河した可能性もあろう。

嘉麻郡に存在した駅家の位置を特定するのは困難であるが、駅家庄より駅家村の範囲の方が狭いと考えられるので、嘉麻市牛隈付近が候補地となろう。『筑前国続風土記附録』巻二一によれば、牛隈の荒穂神社は、かつては馬見神社と称していたらしい。嶋門駅から牛隈までの経路を特定するのも難しいが、鹿毛馬神籠石から綱別駅を経由していたとすれば、遠賀川の右岸から、鹿毛馬川の谷に入り、神籠石の前面を通過した後、小字「大坂」付近から西南に峠を越えて、元吉集落付近で庄内川の谷に入ったと考えられる。そこから南下して、綱別駅を通り、嘉麻郡家の想定地である鴨生を経由した後、再び遠賀川の谷に入り、牛隈に達していたと見なされる。嶋門駅と綱別駅の間には、駅間距離から一駅は必要であったろう。牛隈以南は、次第に遠賀川の谷の幅が狭くなって、通過地点は限定される。ほぼ現在の国道二一一号線が駅路のルートにあたるであろう。これに沿った嘉麻市大隈の柿木遺跡では、奈良時代の溝等が出土し注目されるが、想定駅路の方位とは合わない。また、すぐ南の穴江・塚田遺跡においても、国道に沿って、奈良時代の掘立柱建物跡五棟以上や井戸などが検出されている。さらに南下した嘉麻市大字桑野に「千束野」の小字地名があるが、「センゾク」地名は、しばしば古代駅路に沿って存在する。やがて嘉麻峠を越えると、上座郡の地域に入り、小石原からは大肥川の谷を下って、現在のJR日田英彦山線の宝珠山駅付近で、豊後国日田郡の地域に入ることになる。[41]

ところで、日田郡の駅家である石井駅については、日田市を流れる三隈川の南岸の石井を遺称地とするので、日向路の前駅である筑前国把伎駅からの経路は、いったん筑後川を渡って筑後国を経由して、石井駅に達するのが通説である。また、次駅の荒田駅への経路は、三隈川の北岸を通ったと考えられるので、再び渡河しなければならない。

木下[42]は、このように駅路が渡河を繰り返したり、他国をかすめたりするのは不自然であるとして、近年石井駅を三隈川の北岸に置く新しい説を提起している。すなわち、朝倉市の旧杷木町杷木に比定される杷伎駅から杷木神籠石の北側を通って大山峠を越えて小倉街道に接続し、小倉街道を日田に出るという経路である。この新説に従うと、嘉麻郡からの想定駅路とは、先に述べた現在のJR日田英彦山線の宝珠山駅付近、すなわち筑前国と豊後国との国境付近で合流することになる。なお、木下[43]は、石井駅の位置を日田市淡窓から中城町付近に比定しているが、平成二〇年（二〇〇八）に、日田市教育委員会は、同市北豆田の大波羅遺跡[44]で、四面廂付きの掘立柱建物や大型の柱列等を検出しており、木下の駅家想定地にかなり近いことが注目される。嘉麻郡の駅家の想定地である牛隈から、当地までは、直線距離でも約三四キロメートルあるので、途中に一駅ほど駅家が必要になろう。その位置は、東峰村の小石原であろうか。

以上、述べてきたような嘉麻郡を南北に通る駅路は、資料的には中世文書から想定されたものに過ぎず、また嘉麻郡の駅家と綱別駅が近すぎるなどの問題があり、実在したかどうかは不明であるが、いずれにせよ、この経路は、内陸部の日田盆地から遠賀川流域を経て玄界灘に達することができるので、古代の重要な道路であったことは間違いない。

五　伝路について

筑前国糟屋郡家については、近年福岡県粕屋町の阿恵遺跡で、政庁と正倉群が発掘された。正倉群の東側の地点から、約二一メートルを隔てて、二〇〇メートル以上続く並行する二本の溝が検出され、西垣彰博(45)は、この内側に、さらに幅の狭い伝路が通っていると推測している。そして、その東南への延長線上には、宇美八幡宮が位置し、そこで西に直角に折れると、水城の東門に至り、大宰府に到達することができることから、大宰府路から分かれて、別ルートで大宰府に達する伝路と位置づけている。反対に宇美八幡宮から東へ直角に曲がると、ショウケ越につながり、その延長線上に大分廃寺が存在し、付近に穂波郡家の存在が想定される。西垣は、伝路が一般的に旧来の道路を踏襲していることから、糟屋屯倉と穂波屯倉を結ぶ道が、その前身だったのではないかとしている。屯倉が郡家につながる例は多いので、妥当な解釈であろう。また、高倉洋彰(46)は、『魏志倭人伝』の記載や、遺跡の分布から、日向峠から宇美を経て、ショウケ越に至る弥生時代の幹線道路の存在を想定しており、瓜生秀文(47)は、このルートに沿って、神功皇后伝承が分布していることを指摘している。

また、穂波郡家から嘉麻郡家への伝路については、嘉麻郡家を通説のように、嘉麻市鴨生に比定すれば、飯塚市大分の小字「氷屋」から桂川町土居・吉隈、嘉麻市岩崎を経て鴨生に達する道が考えられよう。鴨生は鎌屯倉の想定地でもあるので、この伝路もまた前身は、屯倉を結ぶ道であったことになる。豊前国田河郡家については、先述したように、田川市伊田の下伊田遺跡群が有力視され、同地は駅路に沿っていたと考えられる。木下[48]は、嘉麻郡家からの伝路は、関ノ山峠（標高約二二七メートル）より低いJR後藤寺線の入水トンネル北側の峠（標高約一五〇メートル）を越えていたのではないかとしている。

その他、筑前国御笠郡家は、大宰府付近にあったと考えられるので、穂波郡家からの伝路は、駅路と同じ米ノ山峠を越える道であったろう。また、同国夜須郡家は、福岡県朝倉郡筑前町大字三並字八並の八並遺跡に比定されるの[49]で、穂波郡家から長崎街道のルートで南下し、冷水峠の手前で東に折れて、桑曲、三箇山を経て、八並に下りてくる伝路のルートが考えられよう。また、下座郡家は、朝倉市牛鶴の小字「郡ノ」に比定されるので[50]、嘉麻郡家から秋月街道を南下して、旧八丁越から秋月を経て、下座郡家に達する伝路も存在したであろう。さらに嘉麻郡家から大分県日田市三和の小字「郡町」に想定される豊後国日田郡家[51]への伝路は、先述した嘉麻郡内を南北に通る駅路と同じ道であろう。

遠賀郡家の所在地は不明であるが、『類聚三代格』所収の嶋門駅の修理について述べる貞観一八年（八七六）の官符には、嶋門駅は遠賀郡の東にあったとしており、この場合、郡は郡家を意味するから、嶋門駅に比定される芦屋町浜口廃寺の西方に遠賀郡家は在在したことになる。木下[52]は、緑釉陶器・白釉陶器などを出土して六世紀末から八世紀中ごろにわたる掘立柱建物群が検出された岡垣町黒山遺跡などに注目して、この付近を郡家の候補地としている。その場合、嘉麻郡家からは先述した嘉麻郡を南北に通る駅路と同じ道で嶋門駅に達して大宰府路に入り、遠賀郡家に達していたであろう。また、穂波郡家からは、飯塚市津原付近で駅路と分かれて北上し、同市伊規須・庄司を経て、鞍手郡の地域に入り、先述した藤原広嗣が鞍手道から分かれて遠賀郡家へ向けて北上したルート（宮若市の倉久付近から宗像市吉留を通って岡垣町戸切に入る）に合流していた可能性がある。

鞍手郡家の所在地は不明であるが、装飾古墳として有名な竹原古墳などがある旧若宮町東部付近が有力とされる[53]。仮にこの地を郡家とすれば、穂波郡家から宮若市脇野までは、遠賀郡家までの伝路と同じ道で、そこから西北に折れて、鞍手郡家に達していたと推定される。

なお、伝路の場合、正倉院文書の「周防国正税帳」に「船伝使」の語が見えるように、水上交通も考えられる。それぞれ遠賀川もしくはその支流に沿って位置する穂波・嘉麻・鞍手郡家の間には、水上交通のネットワークも存在したであろうが、直接的な資料が存在しないので、具体的なことは不明である。

六　穂波・嘉麻郡の烽

最後に、穂波・嘉麻郡の烽について、若干触れておきたい。筑前国の烽については、『風土記』が逸文しか残っていないこともあり、その数や場所は不明である。ただし、先述したように、天平一二年（七四〇）の藤原広嗣の乱の際、『続日本紀』によれば、広嗣は遠賀郡家に軍営を設置し、烽火をあげて国内の兵士を徴発したことがわかる。この場合、通常の烽の使い方とは異なっており、本来そこにあった烽を利用したのかどうか不明であるが、少なくとも大宰府路沿いに烽が設置されていたことは確かであろう。一方、豊前路についても、大宰府から瀬戸内海までの距離が、大宰府路よりも近いことを考えると、この道沿いにも、烽が設置されていたことは充分考えられる。

穂波・嘉麻郡内の具体的な烽の位置については、駅路に沿った米ノ山峠と関ノ山峠が考えられる。両峠の間の距離は、直線で約一八キロメートルあるので、律令に定められた烽の標準距離四〇里（約二一キロメートル）に近い。なお、峠付近に烽を設置する場合、峠の地点そのものは鞍部となって、周囲より標高が低いので、峠近くのピークに置かれる場合が多かったと推測される。特に、米ノ山峠の場合、関ノ山峠の方向からは、手前の山塊の陰になって直接峠を見ることができない。そこで、標高が五四〇メートルとかなり高いことが問題ではあるが、この山塊の最も東に位置する竹の尾山（図38K）を、烽の一候補地としておきたい。

一方、関ノ山峠については、峠から南に尾根状を約八〇メートル行った所に小さな独立丘があり、現在展望所となっている（図42P）。この地点は、非常に見晴らしがよく、烽を置くのに打ってつけの場所である。古代駅路大隅路の筑前・肥前国境にあたる筑紫野市の両国峠の東方の丘のピークに「火ノ尾」の地名があり、ここでは奈良時代の土師器・須恵器が採集され（島田遺跡）、古代の烽に由来すると考えられている。[54]立地的には、この「火ノ尾」の場所に、きわめて類似している。また、烽を管理する施設である「烽家」については、山麓に置かれた可能性が高いが、先述したように、糸田町の小字「鼠ヶ池」の地が候補地の一つとなるかもしれない。

竹の尾山から関ノ山峠までは、約一六キロメートルとなり、烽の標準距離からいうと、その間に烽はなかったことになる。ただし、ほぼその中間にあたる飯塚市楽市、桂川町土居、吉隈、瀬戸に、それぞれ小字「日ノ隈」があることが注目される。ヒノクマ地名は、古代の烽にちなむ場合があると考えられる地名で、たとえば、佐賀県神埼市の日の隈山は、『肥前国風土記』神埼郡条の「烽壱所」に比定され、同県鳥栖市の朝日山は、別名「日の隈山」とも呼ばれるが、やはり『肥前国風土記』養父郡条の「烽壱所」に比定される。また、行橋市矢留（やどみ）の小字「火熊」は、谷部の地名であるが、その西隣りの矢留山が、火熊山とも呼ばれて、烽が設置されていたと考えられる。[55]福岡県上毛町にも駅路に沿って、日熊山があり、矢留山から直線で約二〇キロメートルの距離となる。これは、「軍防令」に記す烽間距離四〇里（約二一キロメートル）とほぼ一致するので、矢留山の次の烽は、日熊山であった可能性が高い[56]。

飯塚市から桂川町にかけて分布する「日ノ隈」地名は、市町の境界線上に位置する独立丘陵大将陣山（標高一一二・四メートル）を取り囲むように存在するので、かつてこの山が日ノ隈山と呼ばれ、ここに米ノ山峠と関ノ山峠との中間の補助的な烽が置かれていたのではないかと推測される。そして、先述したように、大将陣山の北麓を駅路が通過していたと想定されるので、烽が届かなかった際に、烽子が走るにも好都合である。

おわりに

本章では、直線的な駅路の存在が不明であった築前国穂波・嘉麻両郡において、その痕跡を指摘し復原的に考察した。また両郡における伝路のルートや烽の設置についても若干触れた。

註

（1）足利健亮「序説（二）」藤岡謙二郎編『古代日本の交通路Ⅰ』大明堂、一九七八年。
（2）筑紫野市教育委員会編『御笠地区遺跡』筑紫野市教育委員会、一九八六年。小鹿野亮「御笠地区遺跡A地点」筑紫野市史編さん委員会編『筑紫野市史　資料編（上）考古資料』筑紫野市、二〇〇一年。
（3）木下良「西海道の古代交通」『古代交通研究』一二、二〇〇三年。
（4）木下良「歴史地理的に見た「道の万葉集」」高岡市万葉歴史館編『道の万葉集』笠間書院、二〇〇六年。
（5）前掲註（1）。
（6）木下良「古代官道と条里制」香春町史編纂委員会編『香春町史　上巻』香春町、二〇〇一年。

(7) 木本雅康「古代の官道」行橋市史編纂委員会編『行橋市史　上巻』行橋市、二〇〇四年。
(8) 青柳種信編著・広渡正利・福岡古文書を読む会校訂『筑前国続風土記拾遺（中）』文献出版、一九九三年。
(9) 矢野久編『筑穂町誌』高橋宅次、一九六二年。
(10) 吉田東伍『増補大日本地名辞書　第四巻　西国』冨山房、一九七一年。
(11) 高橋誠一「筑前国」藤岡謙二郎編『古代日本の交通路Ⅳ』大明堂、一九七八年。
(12) 日野尚志「筑前国穂浪郡の条里と郡家および屯倉」『人文地理』一九―六、一九六七年。
(13) 日野尚志「西海道」木下良編『古代を考える　古代道路』吉川弘文館、一九九六年。
(14) 武部健一『完全踏査続古代の道』吉川弘文館、二〇〇五年。
(15) 児嶋隆人「古代の飯塚地方」飯塚地方誌編纂委員会編『地図と絵で見る飯塚地方誌』元野木書店、一九七五年。
(16) 前掲註(12)。
(17) 前掲註(11)。
(18) 前掲註(11)。
(19) 木下良『日本古代道路の復原的研究』吉川弘文館、二〇一三年。
(20) 筑穂町教育委員会編『大分廃寺』筑穂町教育委員会、一九九七年。
(21) 小田富士雄「帰化人文化と大宰府」鏡山猛・田村圓澄編『古代の日本三　九州』角川書店、一九七〇年。
(22) 前掲註(12)。
(23) 鏡山猛「碓井条里復原考」『九州史学』六、一九五七年。
(24) 庄内町誌編集委員会編『庄内町誌』庄内町長赤松寅七、一九六六年。
(25) 木下良「『車路』考―西海道における古代官道の復原に関して―」藤岡謙二郎教授退官記念事業会編『歴史地理研究と都市研究　上』大明堂、一九七八年。
(26) 日野尚志「豊前国田河・企救・下毛・宇佐四郡における条里について」『佐賀大学教育学部研究論文集』二五（Ⅰ）、一九七七年。
(27) 木下良「西海道の古代官道について」九州歴史資料館編『大宰府古文化論叢』上、吉川弘文館、一九八三年。
(28) 一志茂樹『古代東山道の研究』信毎書籍出版センター、一九九三年。
(29) 前掲註(25)。
(30) 前掲註(26)。
(31) 前掲註(27)。
(32) 前掲註(10)。
(33) 高橋誠一「古代山城の歴史地理」『人文地理』二四―五、一九七二年。
(34) 戸祭由美夫「豊前国」藤岡謙二郎編『古代日本の交通路Ⅳ』大明堂、一九七八年。
(35) 前掲註(27)。
(36) 田川市教育委員会編『下伊田遺跡群』田川市教育委員会、一九八八年。
(37) 木下良『事典　日本古代の道と駅』吉川弘文館、二〇〇九年。
(38) 日野尚志「日田周辺における古代の歴史地理学的研究」『九州文化史研究所紀要』一六、一九七一年。
(39) 日野尚志「西海道」木下良編『古代を考える　古代道路』吉川弘文館、一九九六年。
(40) 木下良「律令制下における宗像郡と交通」宗像市史編纂委員会編『宗像市史　通史編　第二巻』宗像市、一九九九年。
(41) 嘉穂町教育委員会編『穴江・塚田遺跡』嘉穂町教育委員会、一九八四年。
(42) 前掲註(37)。
(43) 島方洸一他編『地図でみる西日本の古代』平凡社、二〇〇九年。
(44) 日田市教育委員会文化財保護課編『大波羅遺跡―五次調査の概要』日田市教育委員会、二〇一一年。
(45) 西垣彰博「官道にみる夷守駅と糟屋郡家」『海路』一二、二〇一五年。
(46) 高倉洋彰「九州本土とその周辺の弥生文化」竹内理三他編『日本歴史地図　原始・古代編〈上〉』柏書房、一九八二年。

(47) 瓜生秀文「日向峠越えルートについて」『古代交通研究』九、二〇〇〇年。
(48) 前掲註(6)。
(49) 前掲註(40)。
(50) 日野尚志「筑後川流域右岸における条里について―筑前国夜須・上座・下座三郡、筑後国御原・御井(一部)二郡の場合―」『佐賀大学教育学部研究論文集』二三、一九七五年。
(51) 前掲註(38)。
(52) 前掲註(40)。
(53) 前掲註(40)。
(54) 木本雅康「古代の烽」基山町史編さん委員会・基山町史編集委員会編『基山町史　上巻』基山町、二〇〇九年。
(55) 木本雅康「古代の官道」行橋市史編纂委員会編『行橋市史　上巻』行橋市、二〇〇四年。
(56) 前掲註(55)。

第九章　肥前国基肄・養父両郡の古代官道

はじめに

本章では、肥前国基肄・養父両郡を中心とする古代官道について、復原的に考察する。『延喜式』兵部省諸国駅伝馬条には、筑前・筑後・肥前三国の駅伝馬について、次のようにある。

筑前国駅馬　独見(ヒトミ)。夜久(ヤク)各十五疋。嶋門(シマト)二十三疋。津日(ツヒ)二十二疋。席打。夷守(ヒナモリ)。美野(ヨシノ)各十五疋。久爾十疋。佐尉。深江(フカエ)。比菩。額田(ヌカタ)。石瀬(イワセ)。長丘。把伎。広瀬。隈埼。伏見(フシミ)。綱別各五疋。

　伝馬　御笠郡十五疋。

筑後国駅馬　御井(ミイ)。葛野(カツラノ)。狩道各五疋。

　伝馬　御井。上妻(カムツマ)郡。狩道駅各五疋。

肥前国駅馬　基肄十疋。切山。佐嘉。高来(タカク)。磐氷。大村。賀周。逢鹿(アフカ)。登望。杵嶋(キシマ)。塩田。新分。船越(フナコシ)。山田。野鳥各五疋。

　伝馬　基肄駅五疋。

このうち、筑後国の首駅である御井駅は筑後国御井郡に、肥前国の首駅である基肄駅は肥前国基肄郡に、切山駅は同国三根郡に存在したと判断される。筑後・肥前両国の各駅家に設置されている駅馬数が小路の規定通り五疋である

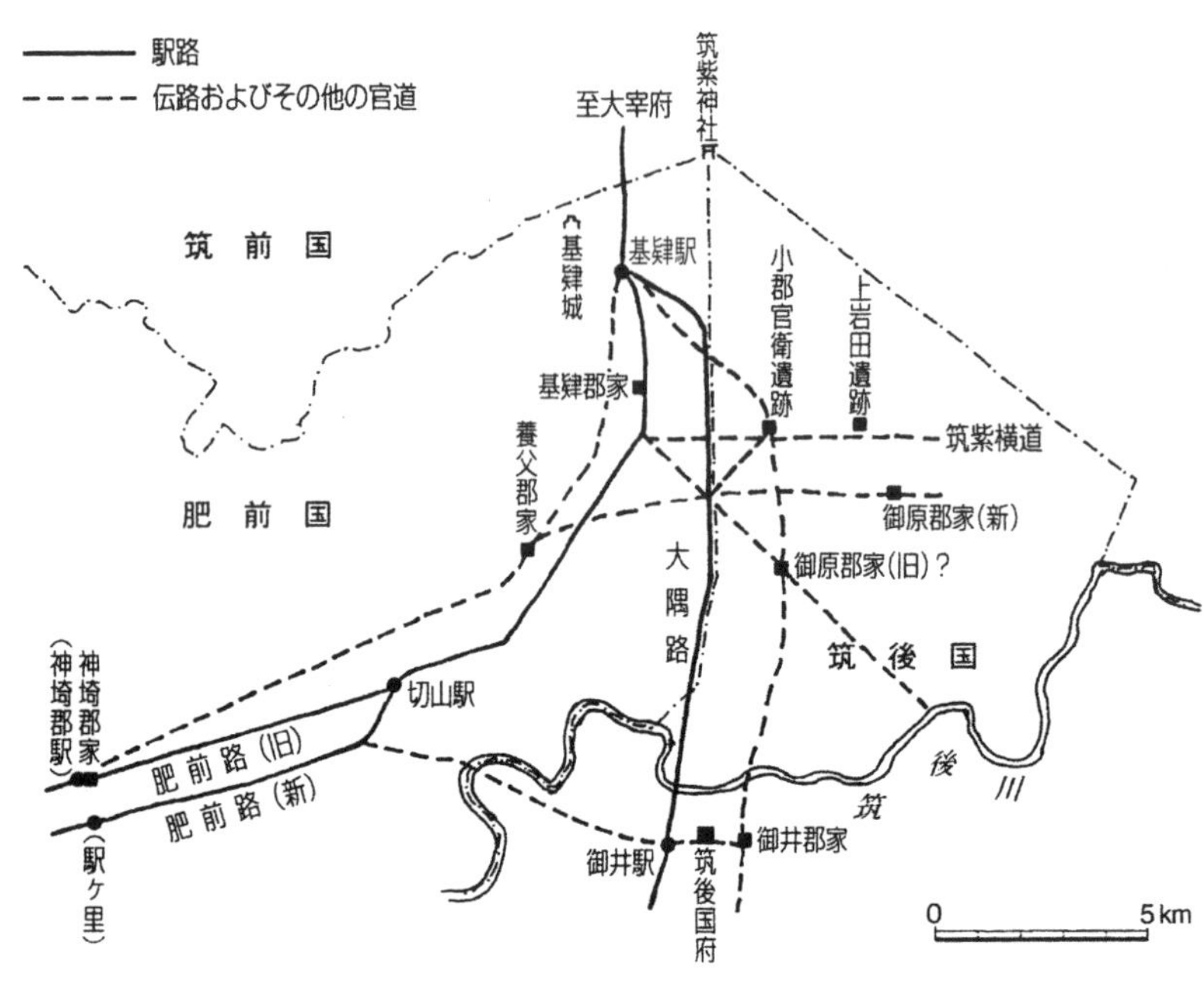

図 43　全体的概念図

中で、基肄駅のみが倍の一〇疋の駅馬を置いているのは、当駅で大隅路と肥前路が分岐していたからであろう。伝馬は、全国的に郡家に置かれるのが原則で、筑後国では御井郡・上妻郡にあるが、肥前国では、基肄駅に設置されている。基肄駅の伝馬は、規定通りの五疋であるが、筑前国の御笠郡から基肄駅に達した伝馬路は、ここで筑後国の御井郡へ向うルートと、肥前国府へ向うルートに分かれていたのであろう。

なお、『延喜式』諸国駅伝馬条は、一〇世紀初めごろの状況を示すと考えられ、駅制や伝馬制の成立当初の状況とは、かなり異なったものであったらしい。肥前国の場合、『肥前国風土記』が存在するので、『延喜式』との比較検討が可能である。たとえば『肥前国風土記』によると、神埼郡に駅家が一ヶ所存在したことがわかるが、『延喜式』では、神埼郡に相当する駅家はなかったと判断されるので、『延喜式』成立までに廃止されたことがうかがわれる。

一　大宰府から基肄駅まで

大宰府政庁から朱雀大路を南下すると、水城の西門から南東へ進んできた駅路とぶつかる。基肄駅へ向う駅路は、そのまま南東へ直進し、豊後路と分かれて再び方向を南南に変え、「城山道（きのやまみち）」を通って肥前国へ入ったと考えられる。「城山道」は、『万葉集』巻四に[1]「今よりは城山道はさぶしけむ吾が通はんと念ひしものを」と見えるもので、この歌は、筑後守葛井連大成が大宰帥大伴旅人の帰京を嘆いて歌ったものである。この「城山道」の比定地については、江戸時代から諸説がある。

貝原益軒[2]は「萩原より城の山の東をこえて、肥前国基肄郡にゆく道あり。馬往来自由なり。むかしは肥前筑後より此の城の山道をこえて、太宰府に行し由いへり。今の原田道より近し。肥前筑後の人は、所により今も此道を通る。近ければなり。肥前の方の麓に城山口（きやまぐち）とて小なる町あり。筑後守葛井の連か歌を見れは、太宰府より筑後へゆくに、此山道をこえし事明らけし」と述べている。このルートは、基肄城の東北門（図44A）から南門（B）を通る、いわゆる「萩原越え」にあたるのか、基肄城の東方を通過する両国峠（C）ルートにあたるのか、もう一つ明瞭ではないが、久保山善映は、当初前者と解し[3]、のちに後者を指すと変更している[4]。

次に、伊藤常足[5]は、三橋氏の言として「城山は古ハ一山の惣名なりし趣なれども此山に東西二峯ありて今は東を坊中山とし西を城山とす其間は北の方にまがりて箕の腰の如くにつゞけり北の方にまがれる所を北のミカドと云是天智天皇の行宮の跡なりと云その東に近くすこしたわめる處則城山の道なり」としている。すなわち、基肄城の北門

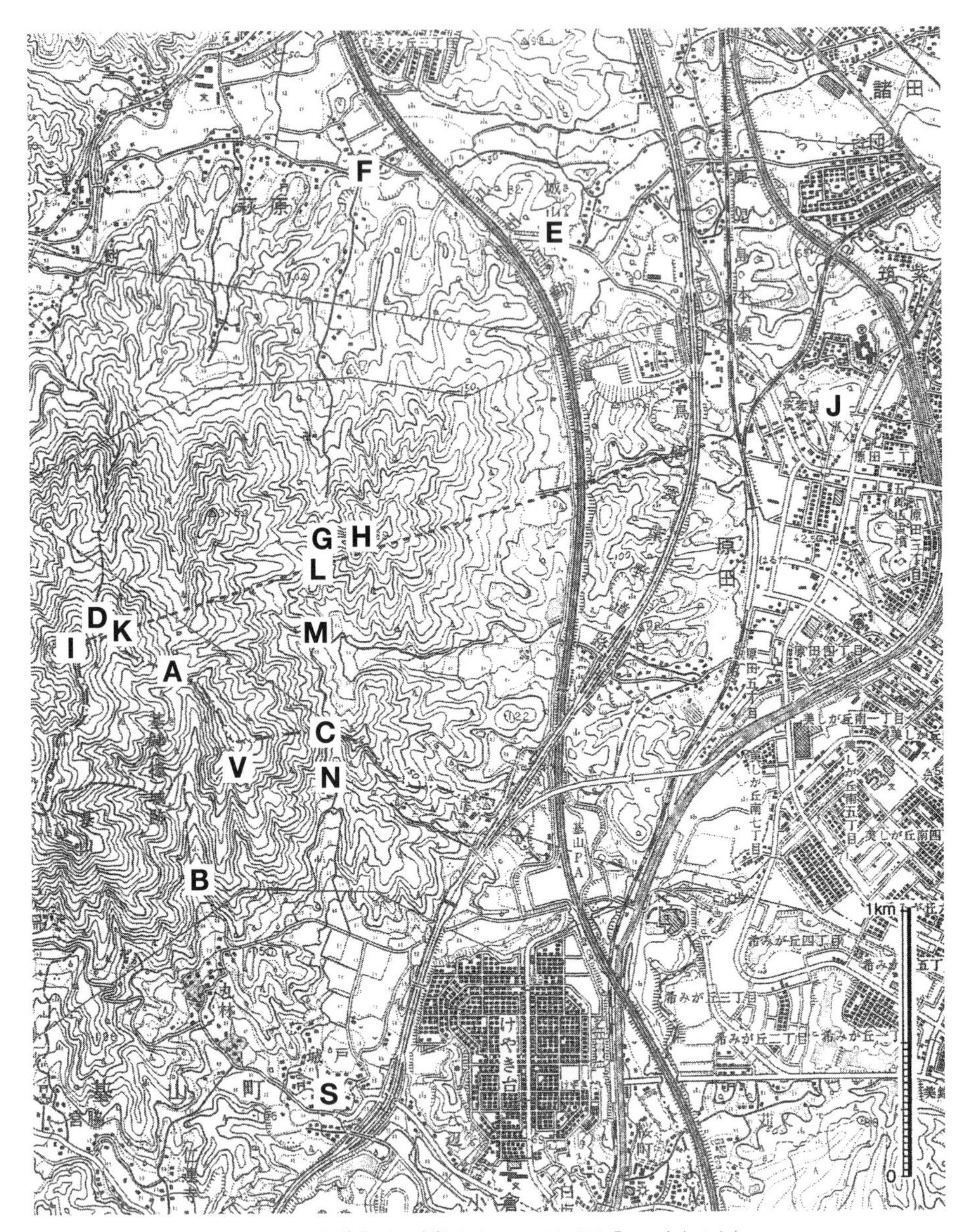

図 44　城山道とその周辺（1/2.5 万地形図「二日市」より）

（D）から南門（B）を通るルートを、城山道に比定している。

また、文化九年（一八一二）の写しとされる『太宰府旧蹟全図　南図』[6]には、木山（現在の筑紫野市城山）（E）の付近に「昔ハ此道トリコエ□原田ニ行トウリ谷ヲチクゴニ行シナリ」と記して、傍らに『万葉集』の「城の山道」の歌を載せている。したがって、おおよそ現在の九州自動車道付近のルートを考えている。

久保山[7]は、伊藤説に対して、「衛禁律」に「筑紫の城を越えたらば、徒一年」とあることから、駅路が基肄城内を通過することはあり得ないとし、また西への迂回路となることを批判して、両国峠ルートをよしとしている。木下良[8]も、久保山説を支持して、両国峠ルートについて、「海抜二〇〇メートル前後の峠を二つ越えるものであるが、筑前側山麓の山谷から肥前側の城戸までの間をほとんど直線状につないで、駅路として適わしい」と述べている。

筆者も、基肄城に近く、しかも城内を通らないことと、経路として最短距離になることから、両国峠ルートを「城の山道」として適当としたい。なお、『太宰府旧蹟全図　南図』の示す筑紫野市の城山を通るルートは、現在、高速道路が走っていることが注目されるが、絵図に出てくる地名を、現在の小字地名と対照させると、かなり蛇行した道になり、駅路としては不適当である。「城山道」をここに比定したのは、城山の地名に引っ張られてしまったからであろう。

そこで、以下両国峠沿いの推定駅路について、その入口であるF点から具体的に検討するが、木下が述べる二つの峠のうち北側のものが、G点である。現在、この付近はほとんど廃道化しており、かろうじて通行が可能な状態である。峠の東側のピークに「火ノ尾」（H）の地名があり、古代の烽に由来する可能性がある。すなわち、「軍防令」によると、天候が悪く見通しがきかない時や、応答がない場合には、徒歩連絡をする必要があったので、烽が駅路に沿っている方が都合がよいからである。

ところで、かつての筑前・肥前国境は、文字通り両国峠（C）であったが、服部昌之[9]は、古代の国境は、基肄城の北峰筑前坊住（I）と筑紫神社（J）を結んだ直線ではなかったかとしており、日野尚志[10]もこの説を踏襲している。これらは、単に図示されたものであり、特に根拠を述べられていないが、筑前坊住から東北東に現在の筑紫野市と基山町の境界線が直線的に延びており（I―K）、それをそのまま延長すると、筑前・筑後の国境の基準点であったと推定されている[11]筑紫神社に達するので、同社が筑前・筑後のみでなく、肥前との国境であったとする発想からきているのであろう。古代の国境線が右のように設定されていたとすると、国境線と城の山道がクロスする地点は、火ノ尾西南麓の平坦地（L）となるので、峠より約一〇〇メートルほど南になる。あるいは、実際には峠そのものが国境として認識されていたかもしれない。なお、『出雲国風土記』には、官道の国境部分には、関が存在することが書かれているので、この筑前・肥前国境にも関が置かれていた可能性がある。

M点以南は、舗装された現在道が続いており、C点が現在の福岡・佐賀県境にあたる両国峠である。久保山[12]は「この坂路中肥筑の国境たる両国峠附近よりは、筑後国府一帯が見渡されて眺望に富み、名水焼下（やきおろし）の泉が滾々として湧出して行人の渇を医するのである」と述べているが、焼下の泉の場所はN点である。

以上の二つの峠は、先述したように海抜二〇〇メートルほどあり、基山の標高が四〇四・五メートルなので、まさに基山の中腹を越えることになる。東に平野がありながら、そこを通らずこれほど高所を越えるということは、単に最短距離を目指したからというだけではなく、展望のきく高所を通るという古代駅路の軍用道路的性格[13]によるのであろう。

ところで、『筑後国風土記逸文』に「公望（きむもち）案ずるに、筑後（つくしのみちのしり）の国の風土記に云はく、筑後の国は、本、筑前（つくしのみちのくち）の国と合わせて、一つの国たりき。昔、此の両（ふたつ）の国の間の山に峻（さか）しく狭（さ）き坂ありて、往来（ゆきき）の人、駕（の）れる鞍（したくら）

韀を摩り尽されき。土人、鞍韀尽しの坂と曰ひき。三に云はく、昔、此の堺の上に麤猛神あり、往来の人、半ば生き、半ば死にき。其の数極く多なりき。因りて人の命尽の神と曰ひき。時に、筑紫君・肥君等占へて、筑紫君等が祖甕依姫を祝と為して祭らしめき。爾より以降、路行く人、神に害はれず。是を以ちて、筑紫の神と曰ふ。（中略）後に両の国に分ちて、前と後と為す」とあるが、この中に出てくる「鞍韀尽しの坂」について、久保山[14]は、火の尾西麓の峠に比定している。これに対して、片岡宏二[15]は、おおよそ長崎街道のルートが基山町から筑紫野市へ抜ける峠に比定して、五世紀代に、高原川沿いの谷に花聳古墳群のような有力古墳群が築かれ、滑石の製作を行う特徴のある集落が出現することから、基山町—筑紫神社間の山道が整備されたのは五世紀代とする。

右の逸文中の両国は筑前・筑後国であるが、久保山の比定地は、筑前・肥前国境であることに問題があろう。したがって、尽坂は、筑紫神社付近に存在したと考えるべきである。筑紫神社の位置は、古代においては、筑前・筑後のみならず肥前との国境ともなっていたので、右の説話中に筑紫君のみならず、肥君が登場することも説明がつく。したがって、「尽坂」を「城山道」沿いに比定することは不可能であり、片岡が述べるように、長崎街道沿いのルートに存在したと考えた方がよいであろう。ただし、片岡の比定地は、筑紫神社からやや南に離れ、筑前・筑後国境とはなり得ない地であるから、むしろ筑紫神社のすぐ西の峠付近を考えた方がよいかもしれない。

基山町の中心部付近から大宰府もしくは博多湾岸への交通路を考えた際、この筑紫神社付近を通過するルートが最も自然であり、片岡が述べるように五世紀代に開かれたかどうかはともかくとして、古くから使われていた道であったろう。あるいは、基肄郡家と筑前国の御笠郡家を結ぶ伝路だった可能性もある。とすれば、後世その一部が長崎街道に踏襲されたこともうなずけよう。それに対して、城山道は、最短距離ではあるが、基山のほぼ中腹というきわめて高い所を通る。一般的に、古代駅路と現代の高速道路は、近い路線を選択することが多いが、この付近の九州自動車道は、城山道と長崎街道の中間付近を走っており、城山道の特殊性がうかがわれる。やはり城山道は、基肄城の築造にともなって開削された道路ではなかろうか。

二　基肄駅の位置について

肥前国の首駅である基肄駅は、『延喜式』駅伝馬条によれば、一〇疋の駅馬と五疋の伝馬とを設置している。西海道は小路なので、各駅に基本的に五疋の駅馬を設置しているが、基肄駅の場合、先述したように、肥前路と大隅路との分岐点になるので、通常の二倍の駅馬が置かれていると解釈することができる。また、『延喜式』において、駅に伝馬が置かれている所が多いのは西海道の特徴で、おそらく平安時代初期の駅路と伝路の統合処置の結果であると推測される。したがって、平安時代においては、少なくとも肥前路、大隅路、御井郡家へ向う伝路の三本の官道は、基肄駅を通らなければならない。

さて、基肄駅の具体的な位置について、久保山[16]は、小倉の小字「割田」の俗称「阿弥陀様」の地（図45O）を考えている。その根拠としては、西側の木山口の小字が「宿」（P）であること、北側に関屋土塁が存在すること、基肄郡家や基肄団も付近に存在したと考えられること、などを挙げている。日野[17]も、関屋土塁（Q―R）で、二本の駅路が分岐したと考え、関屋土塁を含む条里制の里内に基肄駅が存在したと考えている。

それに対し、木下[18]は、基肄駅を、基肄城下の城戸（S）の地に比定している。その根拠は、ここに印鑰の小祠が存在することや、木下の推測によれば、この地で二本の駅路が分岐することである。

さらに、平成七年（一九九五）に小郡市三沢で発掘された西島遺跡5[19]（T）は官衙的様相を示すが、肥前路を直線

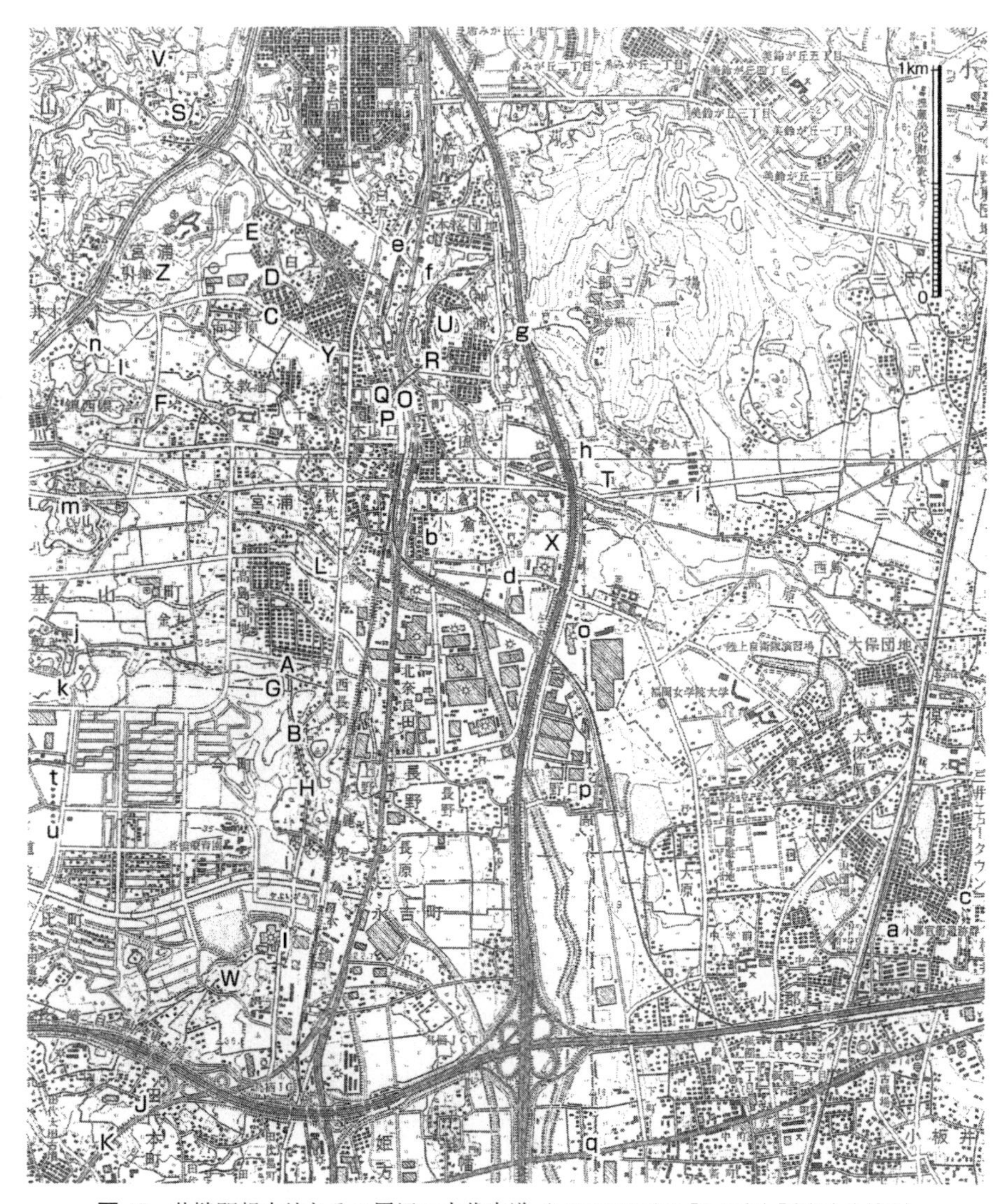

図 45 基肄駅想定地とその周辺の古代官道（1/2.5 万地形図「二日市」「鳥栖」を縮小）

的に延ばすとこの地に達し、大隅路とのほぼ分岐点になることも考えられるので、基肄駅と関わる遺跡である可能性もあろう。

そこで、右の三案について、それぞれ検討してみたい。まず、基肄駅を関屋土塁付近に考える説であるが、宿地名は、一般的に中世の交通集落を指し、必ずしも古代の駅家の存在と結び付くわけではない。基肄郡家の位置については、むしろ八並丘陵に存在したとする考え方が強くなっている[20]。基肄軍団の位置について久保山[21]は、小倉の小字「下桜町」「桜町」（U）「本桜町」「北桜町」に比定している。その根拠は、駅路に沿って交通の便がよく、付近は平地で屯田に適し、前面は関屋の隘路に関門を設けて守備を厳かにしたのではないかということである。なお、関屋土塁からは、瓦を転用した古代の硯が出土している[22]。基肄駅を関屋土塁付近に考えると、後述するように、大隅路はともかくとして、肥前路が「逆くの字型」の迂回路となってしまう点が問題である。

次に、基肄駅を城戸に考える説であるが、その根拠の一つは、印鑰神社の存在であった。かつては、肥前国等に広く分布する印鑰神社を、様々な古代的施設と結び付ける解釈があったが、その後の研究により、同社の分布が広がるのは、むしろ中世に入ってからのことであることが判明した[23]。したがって、印鑰神社の存在は、特に基肄駅家が城戸に存在したことの根拠にはならないであろう。

ところで、基肄駅は、先述したように、一〇疋の駅馬と五疋の伝馬を置いているので、平安時代においては、少なくとも肥前路、大隅路、筑後国御井郡家へ向う伝路の三本の官道は、基肄駅を通らなければならない。城戸は、この条件を満たすが、基肄駅は、特に二本の駅路の分岐点にあった方が好都合であろう。筆者は、後述するように、関屋の地は両駅路の分岐点にはならず、城戸の地こそが分岐点になると、駅路の復原から考えた。現在の城戸集落には、南北約一二〇メートル、東西約一五〇メートルの方形地割（図46イ―ロ―ハ―ニ）が認められる。すなわち、東辺は不明瞭であるが、北辺には段差があり、南辺から南西隅にかけては水路がめぐっている。なお、城戸の地名は基肄城との関係が考えられるが、駅名が基肄なので、基肄城下に基肄駅が存在した可能性があろう。後述する関屋土塁や西島遺跡5よりも高所にあり、古代官道の軍用的性格を考えてみても、駅家の立地にふさわしい。高所の割には、基山から流れてくる河川によって、駅田を営むことも可能と思われ、付近に「倉谷」（図45V）の小字地名も存在する。大宰府から約八キロメートルと近いのが難点と言えなくもないが、途中城山道を越えることを考えれば、その麓に駅があった方がよいとも思われる。そして、肥前路も特に迂回路とならずに、ほぼ最短距離で走ることができる。

最後に、西島遺跡5を基肄駅に比定する説であるが、この説が成り立つためには、肥前路が、日野説[24]のように剣塚古墳（W）付近で北に折れず、そのまま東北に延びて、当遺跡付近で、大隅路と合流しなくてはならない。駅路の直進性という性格から見て考えられないコースではないが、この説の最大の問題点は、肥前国の駅家であるはずの基肄駅が、筑後国の領域に入ってしまうことであろう。駅路を兼ねる筑後・肥前の直線国境を、そのまま北へ延長すると、ほぼ筑紫神社（図44J）に到達し、国境は、この神社を基点として設定されていると考えられているので[25]、当時、西島遺跡5の場所が肥前国であったという可能性は薄いと言ってよいであろう。また、同遺跡を遺構面から考えても、検出された廂付きの建物は、むしろ東面して、想定駅路に背を向けている点などが気になる。そして、肥前路は、基肄駅を関屋土塁付近に考える説よりも、はるかに迂回路となってしまう。以上の検討から、基肄駅の位置

図46　基肄駅想定地付近（1969年測量1/3000基山町地形図1を縮小）

は、城戸に存在した可能性が高いのではないか。

三　肥前国基肄駅から筑後国御井駅まで

城戸で肥前路と分かれた大隅路は、途中で方位を南に変え、筑後と肥前の旧国境を兼ねる道としてさらに南下したと考えられるが、城戸から国境までのルートは必ずしも確定されていない。一般的には、日野が述べるように[26]、関屋土塁を抜けて、高原川に沿って東南に進んで、国境に達するというものである。しかし、近年、基山町の古寺遺跡[27]（図45X）で、両側溝間の心々距離六・五メートルの道路状遺構が検出された。これをそのまま西北へ延長すると、とうれぎ土塁（Y）から字「車路」（Z）の方へ達する。木下[28]は、道幅が伝路並に狭いことに躊躇しつつも、一応、駅路にあたる可能性はあるとしている。しかし、木下自身が触れているように、筑後・肥前の直線国境は、この道路が分岐すると推測される地点から、さらに北に直線で延びている。また、六・五メートルという道幅は、一般的に八世紀代の駅路としては狭く、伝路の幅にふさわしい。筆者[29]は、かつて筑後国御原郡家に比定される小郡官衙遺跡（a）と、基山町小倉の小字「高下」（b）付近に考えられる肥前国基肄郡家とを結ぶ伝路について、ほぼ大字界となっているc—d道を考えたことがあったが、古寺遺跡で検出された道路状遺構は、その北約一五〇メートルの位置にあたり、方向もほぼ同じであった。したがって、この道路状遺構は、伝路と解釈した方がよいであろう。ただし、その後筆者は、筑後国御原郡家は、小郡官衙遺跡ではなく、下高橋官衙遺跡に比定した方がよく[30]、肥前国基肄郡家についても、「高下」付近より八並丘陵上に存在した可能性が高いと考えるようになった[31]。したがって、古寺遺跡で検出された道路状遺構は、筑前国御笠郡家と筑後国御井郡家とを結ぶ伝路と考えた方がよいであろう。

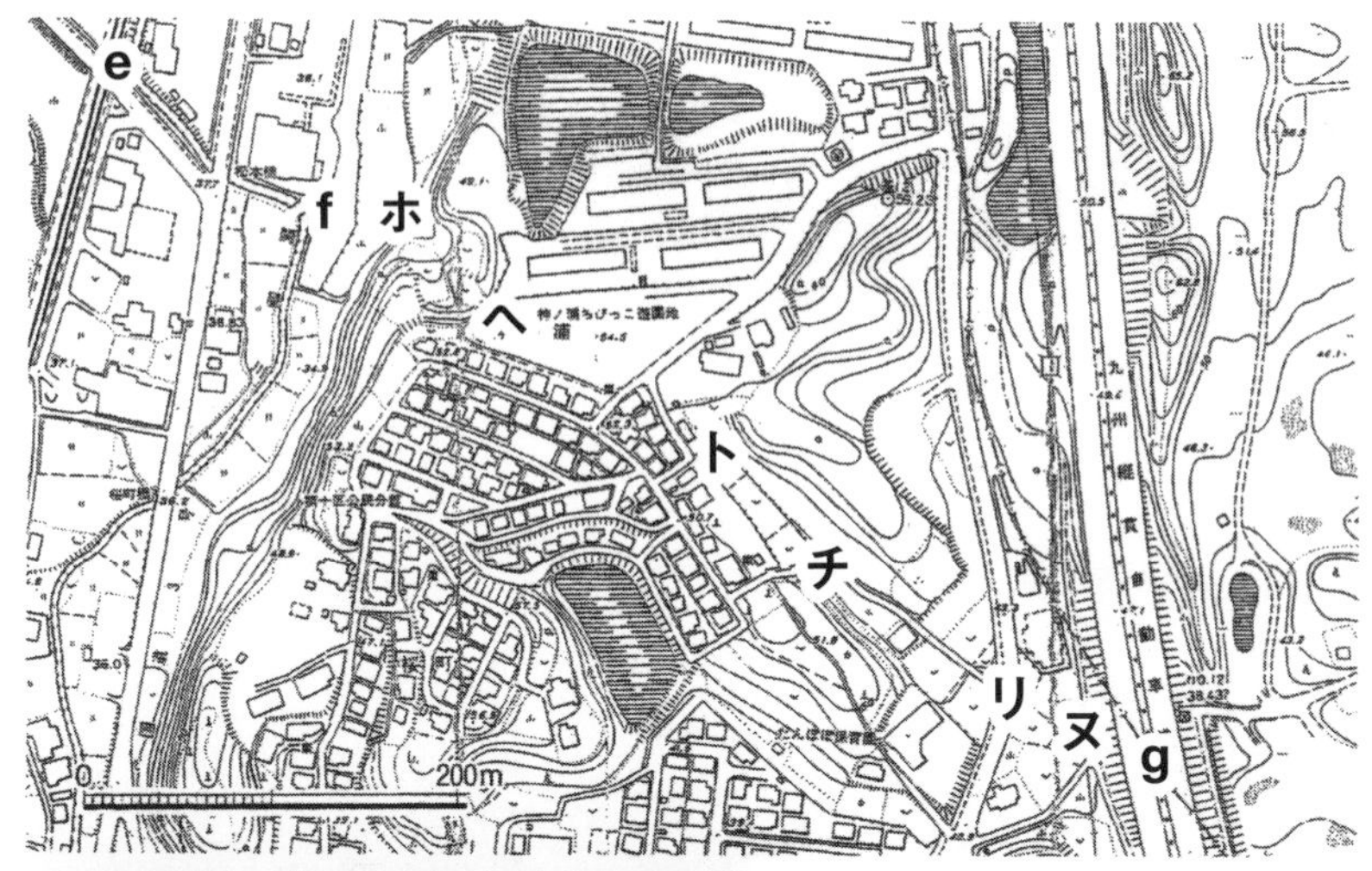

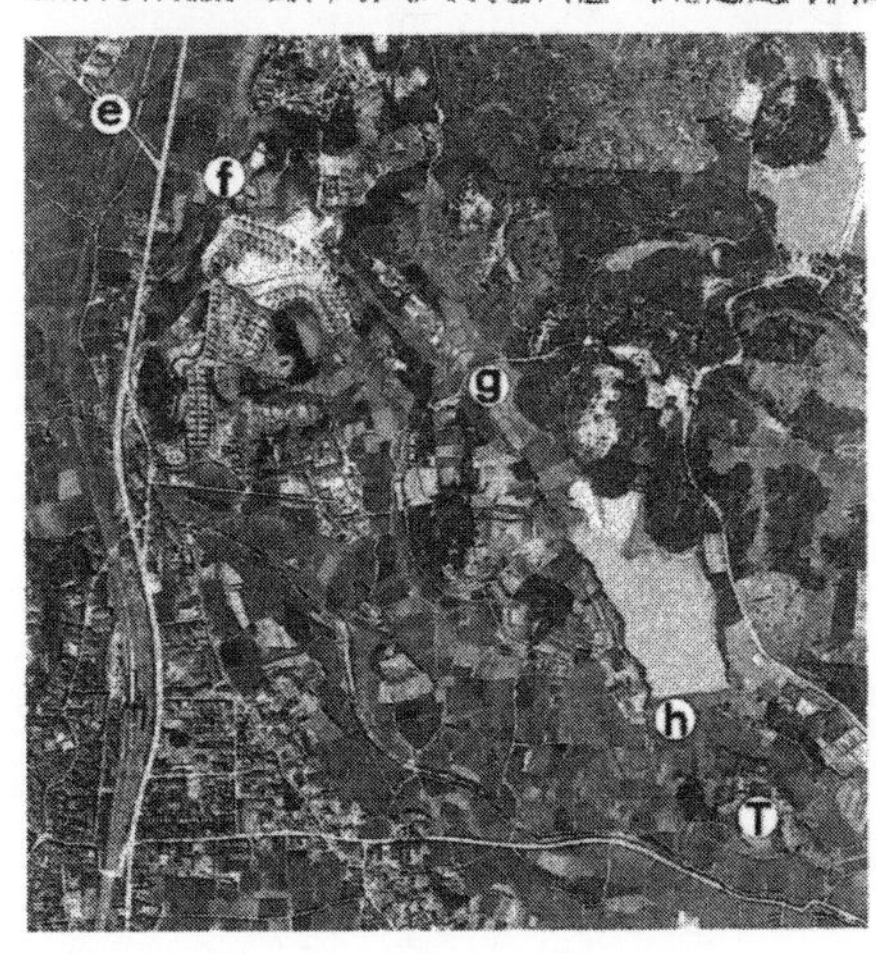

図 47　神の浦の丘陵を越える想定駅路

（上：1978 年測量 1993 年修正 1/2500 基山町地形図共 7 を縮小。下：1961 年国土地理院撮影 KU-61-1 C21-9 より）

そこで、駅路の検討に戻るが、筆者[32]は、かつて日野[33]が想定した高原川沿いのルートではなく、その北側の丘陵を越えるルートを想定した。すなわち、城戸から谷の北側を下った想定駅路は、神の浦の丘陵に突き当たるが、その手前で、関屋川が駅路と同じ方向に不自然に屈曲している（e—f）ことが注目される。想定駅路が丘陵に突き当たった部分には、切り通し状の地形（図 47 ホ—ヘ）があり、その上幅は、広い所で二〇メートル以上に達するが、これは後の浸食や開墾によって広がったのであろう。なお、この部分は、現在でも小道が通じていて、簡単に台地上に上がることができる。台地のピークを越えた想定駅路は、再び切り通し状の地形（トーチ）を作って、丘陵を降りることになるが、その部分は幅約九メートルほどの帯状の畑となっており、さらに北東側は、これに沿って一段低く幅六メートルほどの地割が続いている。なお、現在は、ト点がほぼ垂直な壁になっているが、現地での聞き取り調査によると、以前はもっと緩やかに下っていたということである。チ点からは現在道が約一二〇メートル続き、その延長には、畑の地境（リーヌ）が認められる。その先は、北からきた福岡・佐賀県境とg点付近でスムーズに合流し、ここから先は、緩やかにカーブを描くこの県境の線が駅路にあたるのであろう。それは谷道で、途中には尾崎溜池が形成されている。溜池の南のh点からは、南北道となる。以上のルートは、空中写真にも非常に明瞭である。

図45および図47のT点が西島遺跡5[34]で、三棟の大型掘立柱建物や区画溝、井戸等を検出した。また、瓦、鉄滓、製塩土器等が出土しているが、「井」「里」と線刻された土師器も出ている。「里」は「黒」の可能性もあるが、「里」でよいとすれば、この遺跡が里長の居宅である可能性も指摘されている。掘立柱建物の年代は、八世紀第1四半期から第3四半期とされている。なお、この遺跡の東方約四〇〇メートルに位置する西島遺跡3[35]（i）においても、八世紀前半から後半ごろの二間×二間の総柱掘立柱建物二棟や平瓦などが出土している。

以上のような想定駅路は、関屋土塁を通らないことになるが、必ずしも関屋土塁の名称が古代の関に由来するかは確証がなく、このルートの方が最短距離となるので、一応、右のように想定しておきたい。

さて、図45のh点から南に約六キロメートル直進し、図48のj点でやや方位を西寄りに変えて、再び約二一・六キロメートルにわたってほぼ直進する筑後・肥前の直線国境を、木下[36]は、筑後国御井駅へ向う駅路に比定した。これに対

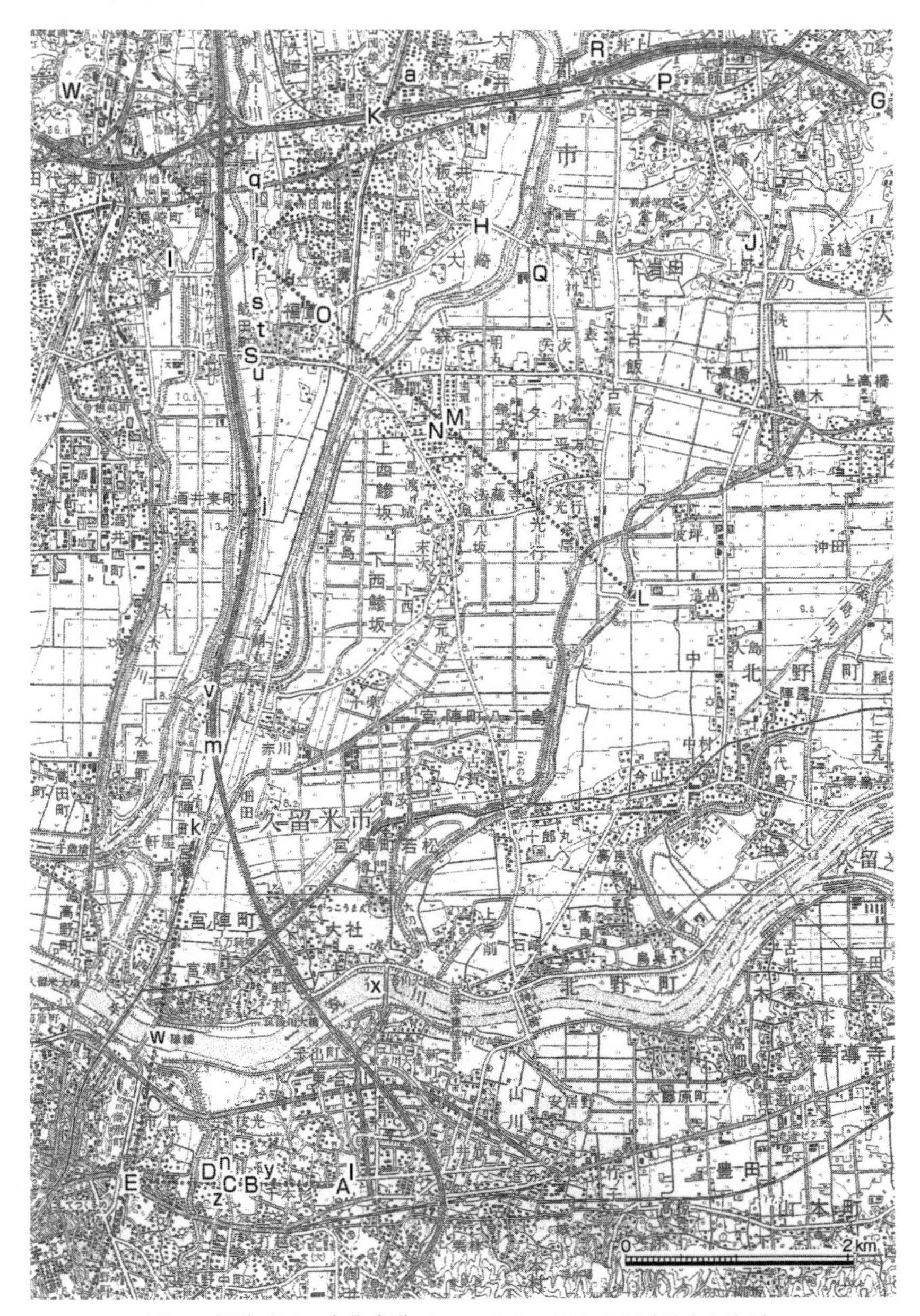

図 48　筑後平野の古代官道（1/5 万地形図「鳥栖」「久留米」を縮小）

し、松村一良[37]は、基肄駅を基山町の木山口付近に比定して、そこから小郡官衙遺跡（a）を経て、微高地状を南下し、筑後川を渡河して御井郡家に比定されるヘボノ木遺跡（l）に達するルートを駅路とした。これに対して木下[38]は、松村が提唱したルートは、郡家想定地を結び迂回路となることから、駅路ではなく、伝路であるとした。その後、直線国境は数ヶ所で発掘された[39]が、明瞭な道路状遺構は検出されていない。また、木下は、k点以南は、直線国境をそのまま伸ばし、久留米市から筑後市にかけて分布する「車路」地名を連ねる想定駅路と連続すると考えていたが、筑後川の南では、低湿地を通ることになり、そこでも発掘調査の結果、駅路が検出されなかった[40]ので、本当に直線国境が駅路であったかどうかについては疑問視する向きもあった。しかし、今回、筆者が小郡市の小字地名を検討したところ、直線国境に沿って、小郡市赤川の小字地名として「クルマチ」（m）を確認した。「クルマチ」の地名が「車路」からきていることは間違いないであろう。実は、すでに小郡市郷土研究会の山田藹[41]が、この地名について、「「クルマ・ジ（車路）」の意であれば古代官道にちなむもので、其の沿線にみられる地名である」と述べていたが、これまで研究者の間では、取り上げられていなかったものである。「クルマチ」地名は、まさに直線国境の東側に接しており、しかも、j点で国境がやや方位を変えた以南に位置するわけであるから、国境が道路であり、それはj点で折れて、久留米市から筑後市にかけて分布する「車路」地名を結ぶ駅路と連続することは明らかである。直線国境の両側の条里地割は、国境を基準線としていることが指摘されており[42]、特に日野[43]は、j点から南で、国境が西寄りに屈曲すると、東側の筑後国御井郡の条里地割も同方位で屈曲することを述べていた。すなわち、駅路を基準線としたために、このようになったのであろう。これまで大隅路において、筑後川以北では「車路」地名の存在は、認識されていなかった。なお、筑後国府の先行官衙付近でも、両側溝間の心々距離約八メートルの道路状遺構（n）が発掘されている[44]。この道路の発掘地点は、直線国境をj点で屈曲させずに、そのまま南下させた地点に、ほぼ相当する。ただし、方位は若干異なる。松村は、[45]近年自説を撤回して、このルートを筑後国府へ向う駅路としたが、ｊ点以南の赤川に「クルマチ」地名が存在するわけだから、やはり木下説の方が適当であろう。

さて、この国境を兼ねる想定駅路に沿ってほぼ小道が通じており、それらをたどることができるが、部分的に帯状の明瞭な地割を認めることができる。まず、甘木鉄道を横切る部分の南北には、図49に見るような幅約一五メートルの帯状の地割（ｏ―ｐ）が連続していた。[46]これらは、空中写真[47]にも明瞭であるが、北側の地割は工場の建設によって、ほぼ消滅している。南側についても、やはり開発によって消滅した所もあるが、大部分は、帯状の畑地としてたどることができる。また、鳥栖市日恵寺集落の東側（図48ｑ）には、幅約一〇メートルの帯状窪地を認めることができる。[48]ｒ地点には、方形の地割が存在し（現在、西側は消滅）、何らかの施設があったことがうかがわれるが、これについては、本章の九で述べたい。ここより南は、水田の中、国境線に沿って幅約五〇メートルの畑地がｓ点まで連続しており、飯田町の集落内には、幅約二〇メートルの帯状の竹林（ｔ）が続く。ｕ地点からは、幅約六メートル、高さ二メートルの土堤状の道路となり、高速道路と重なる直前まで続く。これが本来の駅路の状

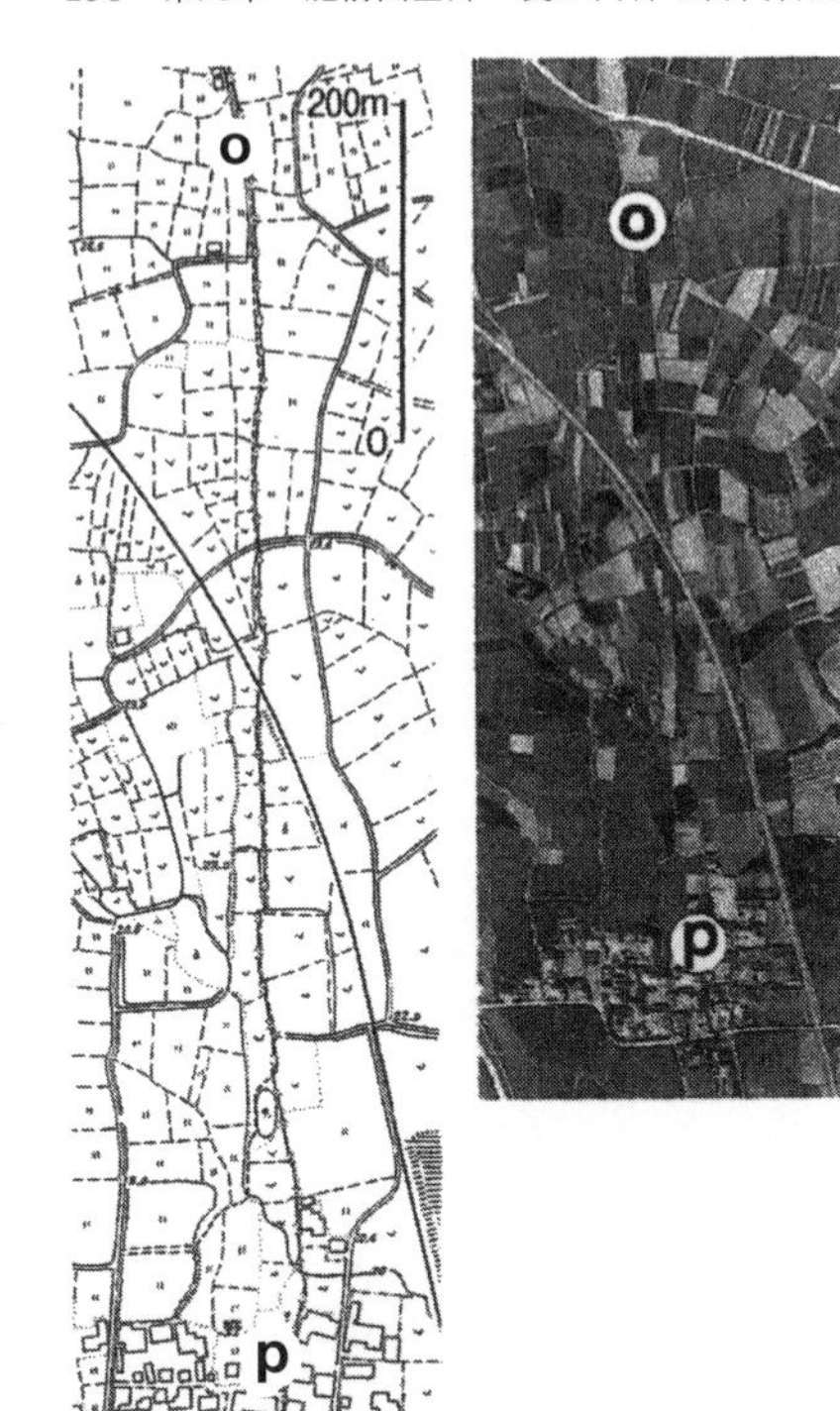

図 49 筑後・肥前の直線国境
（左：1969 年測量 1/3000 基山町地形図 2 を縮小。右：1961 年国土地理院撮影 KU-61-1 C22-9 より）

況をどの程度示しているかについては検討が必要であろうが、こういった低地部においては、もともと土堤状の道路であったと考えることもできよう。ここから宝満川を渡る地点までは、現在、道路としての痕跡は明瞭でないが、宝満川以南（v）から直線国境が西に折れる地点（k）までは道が通じている。これに沿ったm地点が、先述した小字「クルマチ」である。k点より南は、現県境は、西に曲がるが、駅路はそのまま直進して、宮ノ陣橋（w）付近で筑後川を越えたと想定されている。木下[49]は、『太平記』の「菊池合戦時」に見える「杜(えずり)の渡」をこの付近に考えているが、松村[50]はこれを誤解であるとして、北に「森」の地名が残る約一・五キロメートル上流の地点（x）に比定している。ただし、宮ノ陣橋付近も、古代においての渡河点の一つであったろう。

なお、『肥前国風土記』養父郡条には、曰理郷が見え、「昔者、筑後国の御井川、渡瀬甚広く、人も畜も渡り難くありき。茲に、纏向日代宮御宇天皇、巡狩でましし時に、生葉山に就きて船山とし、高羅山に就きて梶山とし、船を造り備へて、人・物を漕ぎ渡しき。因りて曰理の郷と曰ふ」とある。曰理郷の位置について、秋本吉郎[51]は、鳥栖市の水屋町から高田町付近に比定している。しかし、水屋町は、古代においては、基肄郡の地域に入ってしまうと考えられるので、高田町から安楽寺町付近に考えるべきであろう。したがって、駅路の渡河点よりは、やや下流になる。この交通路は、『肥前国風土記』にわざわざ景行天皇が船を設置したことを記していることからも、大化前代の主要幹線道路と考えられ、したがって、筑前から筑後方面へ向う南北方向の道路であろう。曰理郷の地名は、直線的計画道としての古代駅路が敷設される以前の古い交通路を示すものとして注目される。あるいは、『和名抄』には、養父郡に曰理郷が見えなくなっており、屋田郷に名称が変更されたのではないかと推測されている[52]が、そうであるとすれば、東に新しく駅路が敷設され、そちらの方に渡河点が移ったことがその理由かもしれない。しかし、『風土記』の当時は、すでに渡河点は移っていたが、まだ曰理の地名は残っていたことになる。

駅路に話を戻すが、駅路の管理は、地方では国司が行うことになっており、このように駅路が国境となっている場合、どちらの国の国司が担当したかについては興味が持たれる。

四　筑後国御井駅について

御井駅の位置について木下[53]は、仁治二年（一二四一）の「筑後国交替実録帳」に「国府院」と並んで見える「駅館一院」を国府の付属駅としての御井駅と見なし、国府域内に所在していたとして、久留米市合川町字立石の長者屋敷伝承地（y）に比定した。その後、同地は、立石遺跡[54]として発掘調査が行われ、八世紀初めから一〇世紀前半ごろの官衙的な遺構・遺物（Ⅰ期）、一〇世紀中ごろから一一世紀中ごろの築地（Ⅱ期）、それ以降の時期における土塁と濠で囲まれた一町四方の方形館（Ⅲ期）を検出した。特に、Ⅰ期では、大型の方形柱穴や溝を検出し、瓦や緑釉陶器も出土して注目されるが、その位置が木下自身の想定駅路から約一・二キロメートルも東に入り込む点が問題である。すなわち、交替実録帳の駅館は、近年、永田英明[55]が明らかにしたように、令制の駅家とは関係なく駅制廃絶後に国府内に設けられた官吏の宿泊所を意味すると考えられるので、御井駅は必ずしも国府域内にある必要はない。

一方、松村[56]は、御井駅を久留米市合川町字葉山の葉山遺跡（z）に比定した。同遺跡の奈良時代前半から平安時代前期ごろの遺構は、大溝によって囲繞された推定一町方格内に大型方形掘り方を持つ建物群が計画的に配置され、また布目瓦や円面硯が出土するなど、官衙的性格の強いものである。松村はさらに、小字名の葉山（はやま）が駅馬（はゆま）の転訛したものではないかと推測している。その後、木下[57]も葉山の地に、御井駅の想定地を変更している。

葉山遺跡の状況は、駅家の遺構の可能性を示すものとして大変興味深いが、ここの場合も、木下の想定駅路から約一キロメートル東に入り込む点が問題となろう。松村の想定駅路は、筑後川南の低湿地を避けてクランクするので、葉山遺跡の場所を通ることになるが、先述したように、小郡市赤川の「クルマチ」地名の存在から、駅路はほぼ直進していたことになると想定されるので、葉山遺跡のかなり西方を通過することになる。そこで筆者は、想定駅路上の筑後川の渡河点の南方に突き出した市ノ上の低位段丘上に御井駅が存在したと考えたい。もともと木下[58]は、この段丘上に、駅路、筑後国府への連絡路、肥前国府への連絡路が形成する十字街の存在を想定していたので、その場所が御井駅の位置としてふさわしいであろう。筑後国府域で発掘されている幅約六・五～一四メートルの東西道（A—B）について、松村[59]は駅路と解釈して、C点で南に折れるとしているが、木下[60]が指摘するように、この道路は、国府域内の都市計画道路もしくは国府と御井郡家、駅路と伝路の連絡道と解した方がよいであろう。そして、B—C道をC点で南に折れずにそのまま西へ延長すると、Ⅰ期国庁（D）の前面を通ることになるので、B—C道の延長線と想定駅路との交点にあたるE点付近に、十字街と御井駅が存在したのではないか。

なお、念のため付け加えると、久留米市内の「クルマジ」地名を結んだ想定駅路を北へ延ばすと、松村が指摘した低湿地を横断することになるが、市ノ上の段丘上を進むことになり、低湿地帯の中にすっぽり入ってしまうわけではない。もし葉山遺跡が御井駅の本体であったとしても、当然駅路上に、駅馬の取替え施設や筑後川の渡河施設は必要であったろう。

五　基肄駅から切山駅まで

次に、基肄駅で大隅路と分かれて肥前国府方面へ向う肥前路のルートについて、考察したい。従来は、先述したように、基肄駅を関屋土塁付近に考える説が多かった。日野[61]は、そこからおおよそ長崎街道のルートに近い所を南下する駅路を考えていた。それに対し、筆者[62]は鳥栖市と基山町との境界線になっている現在道（図45Ａ—Ｂ）に注目し、この道路の南側が南南西から延びる丘陵を斜めに切り通していることを指摘した。そして、この道路をそのまま北へ延長すると、基肄郡条里[63]の二条と三条との里界線と一致して、ほぼ城戸への最短距離となることに気が付いた。すなわち、従来のように、関屋土塁を経由すると、「逆くの字型」の迂回路になるのに対し、このように駅路を想定すると、ほぼ直線的なルートをとることができる。なお、基肄郡条里は、正方位ではなく、北から西にわずかに傾いている。その基準線は、国境でもある大隅路と考えられているが、西へ行くほど方位がやや西寄りに傾いているのは、この二条と三条の里界線となっていたと推測される肥前路の影響を受けたのではないだろうか。すなわち、大隅路と肥前路は、当初から二里分離れて計画されたが、何らかの測量の誤差等のため、肥前路がやや西偏して敷設され、条里地割もその影響を受けたのではないかとの考えである。

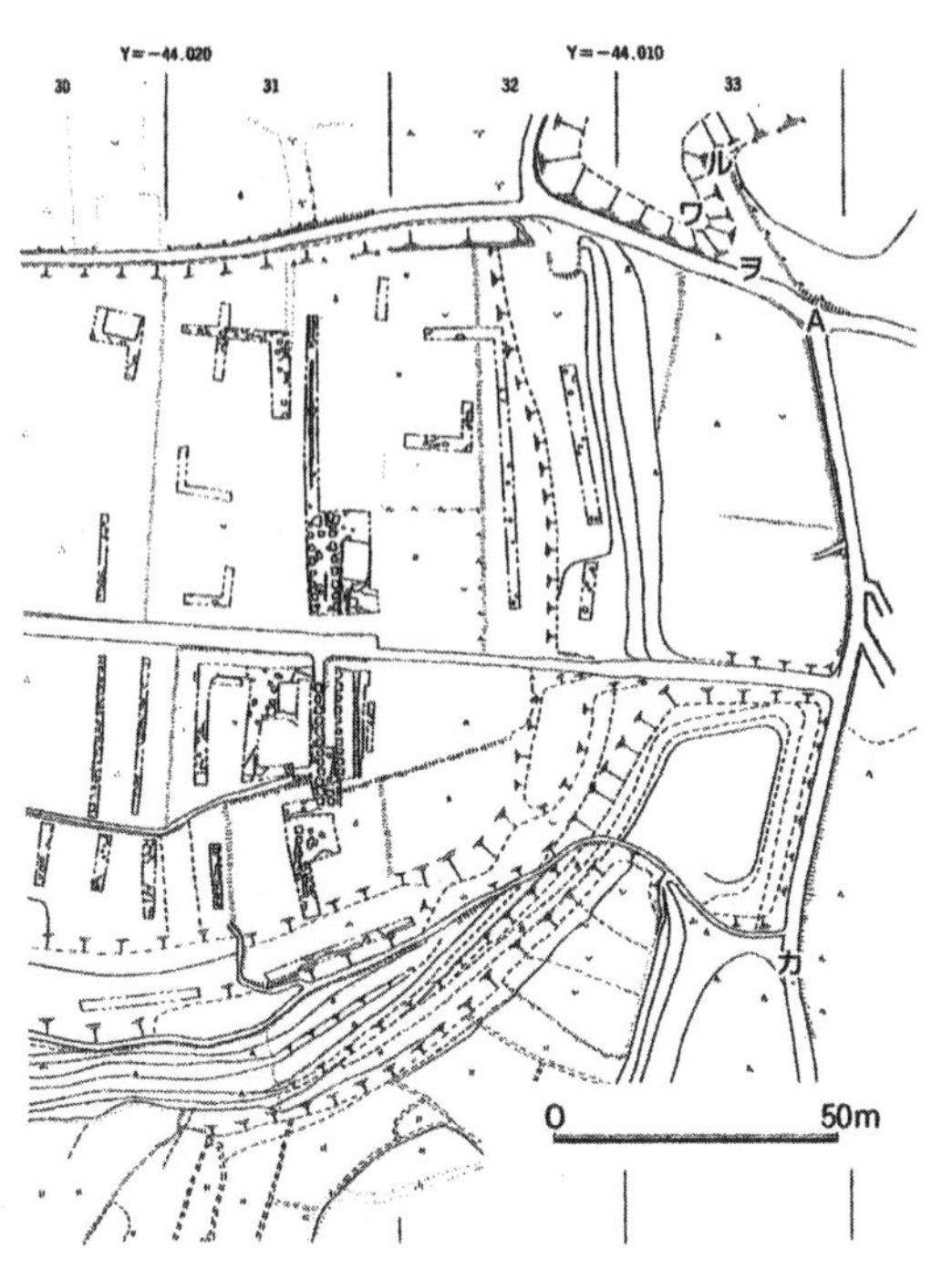

図50　八ツ並金丸遺跡と想定駅路（鳥栖市教育委員会編『八ツ並金丸遺跡』鳥栖市教育委員会図２を改変）

　二条と三条の里界線を北へ延長すると、向平原の丘陵の東端（Ｃ）付近に達し、とうれぎ土塁もここまで西に延びて、丘陵に達していたと考えられている。[64] 現在、この地には「べんてんさん」と呼ばれる、高さ約一・二五メートル、幅約〇・七メートル、厚さ約〇・三五メートルの自然石が祀られている。このような何も文字の刻まれていない自然石が古代官道に沿ってよく立っており、立石と呼ばれる場合が多い[65]が、これもその一種ではないだろうか。そこから北は、城戸を指向するD—E道が注目されるが、その延長は丘陵上の開発のため消滅している。なお、荒穂神社の御神幸祭の際に、久保田集落の人々は、お仮殿（F）に風流を奉納するが、その際通る古道が決まっていた。すなわち、A点から西北へ向う道がそれにあたるが、現在は、北に三〇メートルほど進み、台地を降りる所（図50ル）で途切れている。この道と東西道路との分岐点（ヲ）には、地蔵が祀られており、古道であることを示している。古代駅路は、この道のすぐ西側を切り通しで下っていたと考えられ、現地には、その名残り（ワ）が認められる。A—B道はカ—A間は、やや東側に膨らんでいるが、B—カを直線的に伸ばすとワの切り通しに達するので、本来は駅路はよりまっすぐに通っていたのかもしれない。A地点からは、城山道や萩原越えをよく望むことができる。A—B道の西側の八並丘陵は、基肄郡家の想定地であり、この丘陵の最も東の想定駅路に近い所に、郡庁の脇殿風の大型掘立柱建物が検出されている[66]（G）ことが注目される。郡家の想定地が、従来の「高下」の地よりも、八並丘陵が有力視されるようになってきたことも、駅路が関屋土塁経由ではなく、八並丘陵の近くを通過していたのではないかという推測を高める。すなわち、駅路に近い所に、基肄郡家が設置されたと考えることができるからである。

B点より南はH点に達し、そこからは日野[67]の想定に従うと、ほぼ長崎街道のルートをとって、I点に達し、ここから方位を西南に変えて直進する。W点の剣塚古墳は、この想定駅路設定の際、西南からの目標物になっていたのではないかと推測されている。W—Jの現在道は、小字界となっており、J—K間は、現在道路が存在しないが、図51

のK—L間は、国道三四号線が、駅路を踏襲していると考えられる。この部分は、旧版地形図[68]にも明瞭であるが、日野[69]が空中写真で認めたもので、その後、木下[70]は、その空中写真を検討して、幅約二〇〜三〇メートルの帯状耕地の連続を示す部分があることを指摘した。この道路は、ほぼ大字界となっている。なお、途中大木川を渡る（M）が、この河川が基肄・養父郡界であった。N点には、小字「車路」が存在するが、地元では「くるまで」と発音している[71]。想定駅路の西のO点が養父郡家の想定地である[72]。K—L道のおおよそ延長線上にあたるP—Qの大字界およびR—Sの長崎街道が、ほぼ駅路を踏襲していると、日野[73]は指摘した。なお、Tの朝日山は、『肥前国風土記』養父郡条に見える烽の想定地である[74]。

想定駅路は、S点で屈曲し、U点からV点まで一直線に走る国道三四号線がほぼ駅路を踏襲した道と考えられる。この道路は、V点の大刀洗峠で再び屈曲して直線的に走るが、V—W間は、現在の鳥栖市とみやき町との境界線となっており、旧養父郡と三根郡との境界線であった。当初の駅路は、そのまま直進していたと考えられるのに対し、『延喜式』駅路は、X点から南南西にY点方面へ折れる[75]。『延喜式』に見える切山駅の位置については諸説あるが、武部健一[76]は、上峰町坊所付近（Z）に比定している。ただし、このルートの延長線上にある神埼市の駅ヶ里地名は、『筑前国観世音寺資財帳』に見える「神埼郡七条駅家里」の比定地であるが、これをかつて存在した駅家に由来した地名とすると、坊所では、駅ヶ里にあまりにも近すぎる。そこで、最大限駅ヶ里から遠い地点で三根郡内を考えると、X点付近に切山駅が存在した可能性がある。もっとも、『延喜式』当時までに、駅ヶ里の駅家が廃止されたので、切山駅がX点から坊所付近に移転した可能性はあろう。奈良時代の駅家を示す『肥前国風土記』では、養父郡には駅家がなく、三根郡と神埼郡に一つずつ駅家が置かれている。神埼郡の駅家は、吉野ヶ里遺跡に比定されるので[77]、駅間距離から考えて、三根郡の駅家を、同遺跡から最も遠い三根郡内に求めると、やはりX点となる。『風土記』に駅名

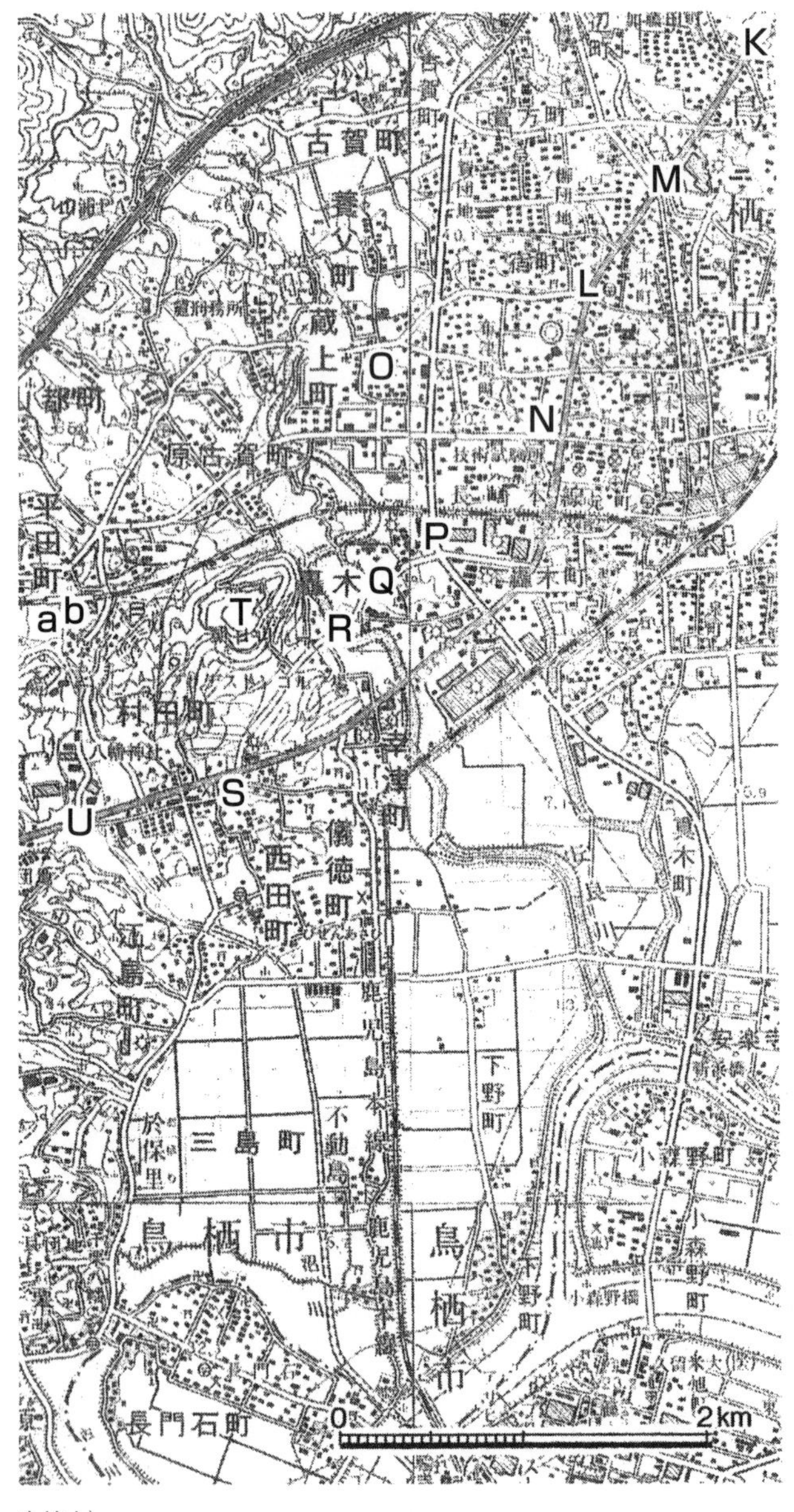
K
M
L
O
N
P
Q
R
T
a
b
S
U
0
2km
古賀町
原古賀町
長崎本線
村田町
西田町
儀徳町
三島町
不動島
鳥栖市
下野町
小森野町
長門石町
安楽寺

を縮小）

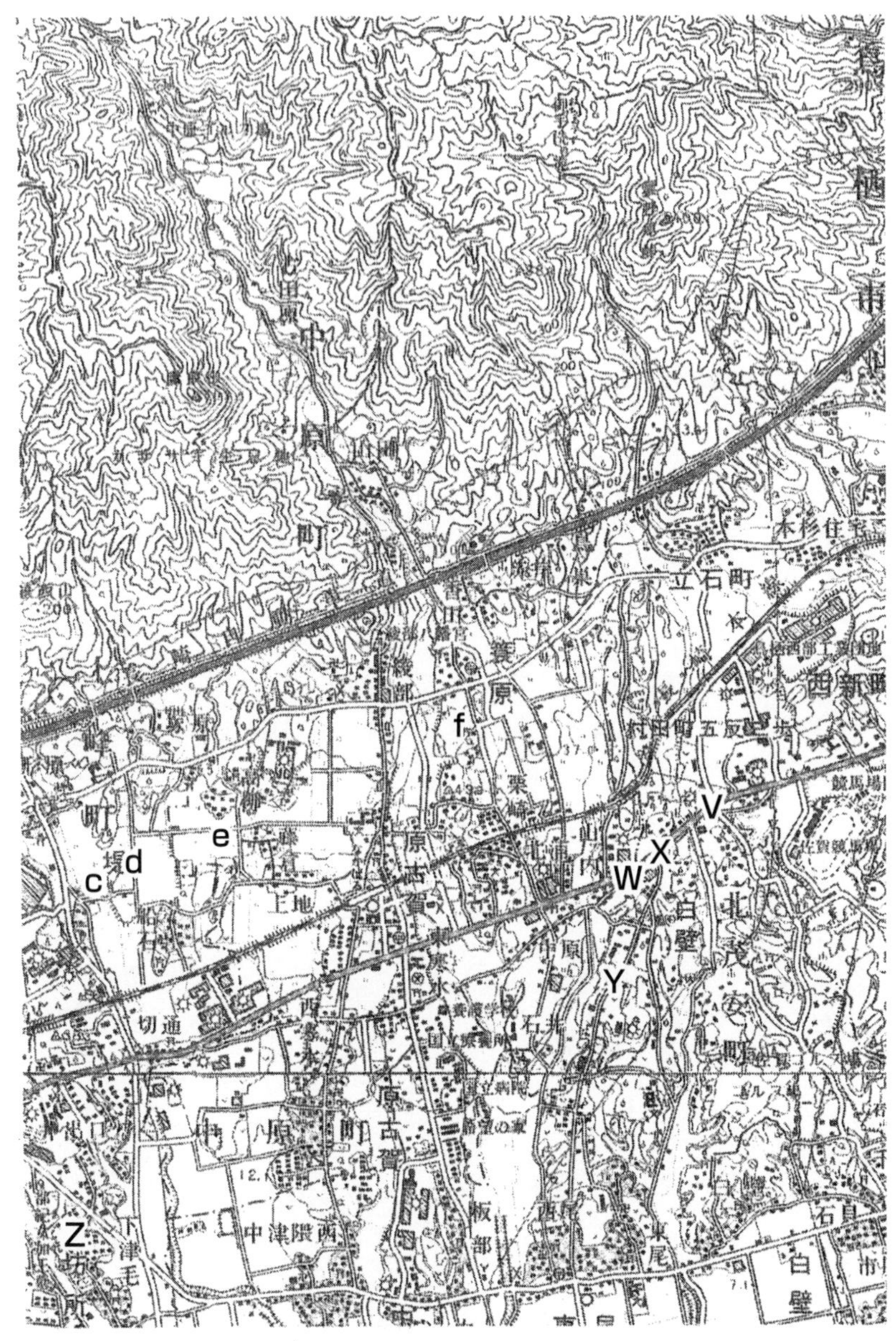

図 51　切山駅想定地付近の古代官道（1/5 万地形図「鳥栖」「久留米」「脊振山」「佐賀」

は記されていないが、これが切山駅に相当し、平安時代に入っても、位置と名称を変えなかったのではないだろうか。X点には、独立小丘陵があり、むしろ平安時代以降の想定駅路がこの丘陵の西側を切っている。ただし、この道は、筑後国府への連絡路として、それ以前から存在していた可能性があるので、切山の駅名は、これに由来するのかもしれない。

六　筑前国御笠郡家から筑後国御井郡家への伝路

『延喜式』によれば、筑前国では、御笠郡に一五疋、筑後国では、御井・上妻郡、狩道駅に各五疋、肥前国では、基肄駅に各五疋の伝馬を設置している。御笠郡家の位置は不明であるが、大宰府の近くに存在したことは間違いないであろう。したがって、御笠郡家から基肄駅への伝馬路は、城山道を通る駅路と同じルートであったろう。御井郡家は、久留米市のヘボノ木遺跡が有力視されており、同遺跡は大隅路に沿わない。したがって、基肄駅で大隅路と分かれ、関屋土塁を通り、東南に進むルートが想定される。先述したように、古寺遺跡で発掘された幅約六・五メートルの道路がこれにあたる可能性が高い。遺構の年代は、はっきりしないが、同じ路幅で三回の補修を行ったとされる。この道路は、東南に延びて小郡官衙遺跡に達していたと推測される。同遺跡は、御原郡家に比定されてきた遺跡であるが、筆者[78]は、郡家ではなく、『日本書紀』持統天皇三年（六八九）六月条に見える筑紫小郡の可能性を指摘したことがある。ここから南については、具体的な経路を示すことは難しいが、松村[79]が駅路のルートであるとした丘陵・微高地上を南下して、「杜の渡し」で筑後川を渡河し、ヘボノ木遺跡に達していたと推測される。

なお、木下[80]は、『延喜式』以前は、大宰府から御井郡家への伝馬路は、城山道を通らずに、東方の宝満川流域の低地を通って、小郡官衙遺跡に達していたとしている。すなわち、小郡官衙遺跡を御原郡家として、伝馬路はこれを通っていたのが、『延喜式』では、御原郡に伝馬は置かれていないので、伝馬路は整理されて、伝馬も駅路の「城山道」を通るようになったとするものである。

七　肥前国府への伝馬路

次に、肥前国府への伝馬路について検討する。『延喜式』によれば、肥前国に置かれた伝馬は、基肄駅の五疋のみである。当時、肥前国府へ赴任するため伝馬に乗った国司は、肥前路を通った可能性が高いが、本来は以下述べるような駅路とは別路の伝馬路を通っていたのではないか。八並丘陵中に、切り通し状の通路（図45・j－k）があり、城戸からの伝馬路は、ここを目指したのであろう。途中に「車路」（Z）、「オノ上」（l）の小字地名があり、後者は塞の神にちなむ可能性がある。また、やや西に外れるが、大化前代の古い交通路を示す場合がある「大坂」の通称地名がm点に存在する[81]。なお、n点では奈良時代の瓦を出土するが[82]、遺跡の性格は不明である。j－k道の南は、t－u道につながると考えられるが、これらの谷筋の道の両側には、大久保北遺跡、大久保遺跡、うつろ坂遺跡などの古代の集落が分布している[83]。これより先は、はっきりしたルートを復原することは難しいが、方位を西南に変えて、養父郡家の比定地である鳥栖市の蔵上町に達していたのであろう。途中の大木川が基肄・養父郡界となる。

そこから西の経路も明瞭ではないが、鳥栖市平田町に「車地」（図51 a）の通称地名が存在する[84]。この地名は、寛政一〇年（一七九八）の立石家文書「養父郡平田邑名寄帳」に記されているものである[85]。また、車地に東接して、「大人」（b）の通称地名がある[86]。この地名の由来は不明であるが、巨人伝説にちなむものであろう。烽の比定地である朝日山も巨人伝説に関わるが、巨人の足跡と伝えるものは、朝日山の東北の鳥栖市本町と秋葉町に存在した[87]。平田町の「大人」は、「車地」とセットになっていることから、むしろ古代官道にちなむ地名ではないだろうか。

ところで、上峰町に、堤土塁[88]（c）と呼ばれる幅約一〇〜四〇メートル、高さ一〜五メートル、長さ約三〇〇メートルの版築による土堤状の遺構が存在するが、その性格には諸説あり、はっきりとしなかった。ところが、その東北東への延長線上にあたる八藤遺跡[89]（d）で、幅約六メートルの道路状遺構が検出されたので、西谷正[90]は、堤土塁を古代道路の基底部にあたるのではないかと解釈した。徳富則久[91]は、堤土塁西側部分の地形観察を行い、土塁南側に土塁の尾根方向に並行する幅約四〜五メートルの帯状平坦面が存在することから、周辺の地形状況から見て、幅六メートルの道路敷きがあったと仮定することも可能な状況であるとしている。さらに、八藤遺跡の東北東への延長線上にあたるみやき町の高柳三本桜遺跡[92]（e）や本村遺跡[93]（f）でも、その続きと考えられる道路状遺構が検出され、後者の両側溝の心々距離は、約五・五〜六メートルと八藤遺跡のものとほぼ道幅が共通している。これら一連の道路状遺構を、さらに東北東へ延長すると、みやき町と鳥栖市の境界付近に位置する丘陵に達し、徳富[94]は、そこに切り通しが確認できないとして、想定道路は、やや北に屈曲して鳥栖市立石町を経由して、養父郡家に向っていたのではないかとする。木下[95]も同様の経路を考えているが、その場合は、丘陵を避けて、やや北へ膨らむ迂回路となる。それに対し、本村遺跡で検出された道路状遺構をそのまま東北東へ延長すると、先述した「車地」および「大人」の地に達するのである。現在のところ、その間の丘陵に切り通し等は発見されていないが、丘陵の西側には、圃場整備以前まで、本村遺跡の道路状遺構のほぼ延長線上に乗る直線道も存在したことなどから、想定伝馬路は、特に丘陵を迂回しないで、まっすぐに「車地」や「大人」に達していたのではなかろうか。なお、堤土塁を反対に西南西へ延長すると、神埼郡家の比定地である神埼市の馬郡・竹原遺跡に達することから、木下[96]はこの一連の道路を養父・神埼両郡家を結ぶ伝路と位置づけている。おそらく当初は、両郡家にも伝馬が置かれて、肥前国府へ赴任する国司等に利用されていたのであろう。

なお、木下[97]は、基肄城内の大字小倉の小字「車道」（図44Ｖ）について、この地名が文化三年（一八〇六）に作製されたと見られる「椽之城太宰府旧蹟全図　南[98]」において、基肄城石塁水門の傍に「□迄車道ト云」と記されているのに注目して、東北門（Ａ）から南水門（Ｂ）をつないで谷沿いに通る道路を意味しているのではないかとしている。そして、福岡県築上郡椎田町の想定駅路に沿って、大字上り松に「車路」と「車道」の小字地名が見られることから、車路も車道も同様の地名であるとしている。

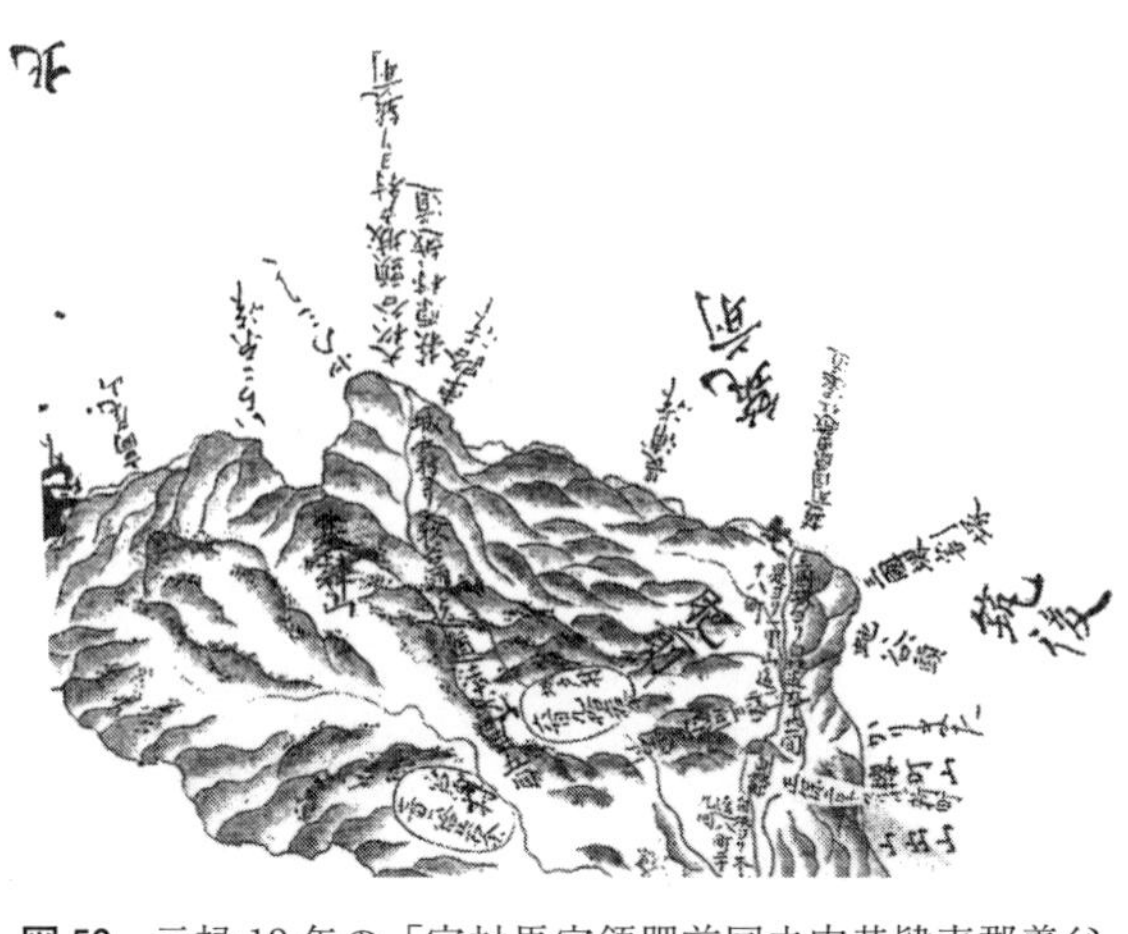

図52　元禄13年の「宗対馬守領肥前国之内基肄壱郡養父半郡絵図」（部分）に見る「車路峠」（宗家文庫史料、長崎県立対馬歴史民俗資料館所蔵）

元禄一三年（一七〇〇）の絵図[99]（図52）には、基肄城の東北門付近に「車路峠」と記されているので、文字通り「車道」と「車路」は、同じものと見なしてよかろう。鏡山猛[100]は、基肄城の土塁内側の平坦地を「車道」と称することを紹介しているが、挿図では「車路」と書いている。香川県坂出市から飯山町にかけて所在する城山城の場合は、土塁上の平坦地を「車道」と称し、城山長者が自分の娘を車に乗せてまわったという伝承[101]がある。一般的に、古代山城の土塁線に沿った平坦地を「車道」というとされているが、実際には、右の二例しかなく、しかも基肄城の場合は、木下[102]が述べるように、南門から東北門への道を指すのが正しいとすれば（元禄絵図の「車路峠」の記載もこれを裏付けることになろう）、従来の「車道」の解釈は再検討するべきであろう。

さて木下[103]は、「車道」について、右のように述べた上で、伝馬路のルートは、駅路と城戸で合流せずに並行して、基肄城の南門から東北門を抜けて、筑紫野市の萩原に出ていたのではないかとしている。車路を本来、天智朝に築造された古代山城を連絡する軍事道路とすれば、このようなルートが存在したことは肯定できるが、伝馬路自体は、城戸で駅路と合流していたと見た方がよいであろう。それは、「衛禁律」に「筑紫諸城を越える者徒一年」とあり、基本的に筑紫内の城内の通過は禁じられていたと考えられるからである。杷木の神籠石の場合は、従来駅路が城内を通過するように考えられていたが[104]、近頃、木下[105]自身が大山峠を越える神籠石内部を通らない駅路を想定している。やはり官道である伝馬路が基肄城内を通るのは問題があるのではないか。

八　筑紫横道

ここまで、基肄・養父両郡における『延喜式』の駅路と伝馬路を中心に見てきたが、この付近には、近年の発掘調査などによって、他にも興味深い古代道路が散見される。

まず、大刀洗町の宮巡遺跡[106]（図48Ｇ）では、両側溝間の心々距離が九メートルで、ほぼ東西方向に延びる八世紀中ごろの遺物をともなう道路状遺構が検出されている。日野[107]は、この道路をそのまま西へ延長すると、小郡官衙遺跡（ａ）のすぐ南を通って、日野[108]自身が肥前路敷設の目標物であるとした剣塚古墳（Ｗ）に達し、反対に東へ延長すると、大宰府から豊後国府方面へと向う駅路にぶつかることから、この道路を『延喜式』には見えない八世紀代の駅路ではないかとしている。道幅九メートルというのは、全国的に見ても、駅路の幅員として適当であるが、この道路に沿って駅家が設置されていたかについては、なお検討の余地があろう。

近頃は、片岡[109]がこの道路について再検討し、「筑紫横道」と仮称している。片岡は、筑紫横道の発掘地点を整理し、その西への延長は、剣塚古墳より南へ一七〇メートルほどずれるので、何か別の基準があったのではないかとしている。また、この道路が御原郡条里の里界線となっていることも指摘している。

ところで、『肥前国風土記』基肄郡姫社(ひめこそ)郷の条に、山道川の西に荒ぶる神が居て、交通妨害をしたので、筑前国宗像郡の珂是古にこの神を鎮めさせたという説話がある。日野[110]は、この記事から「山道川の辺りにかなり早くから古道が存在していたことを暗示するようである」としている。また永藤靖[111]は、「おそらくこの説話の原型は、山道川という二つの郡を跨って流れる川を境界として、祭祀されていた荒ぶるカミの祭祀起源を説明したものであろう」として、「この幡が国境を跨いで、二点を往復したのもそのためであった」と指摘している。

山道川は、現在の秋光川に比定され[112]、ほぼ筑後・肥前の直線国境に沿って、その西側を流れているので、かつての筑紫国と火国の自然的国境であったと推察される。そして、御原郡の姫社の社は、小郡市大崎の岩船神社（H）に、また女神を祀った社は、鳥栖市姫方町の姫古曽神社（I）に、それぞれ比定されている[113]。両社は、国境をはさんでほぼ東西に並ぶので、直線国境と直交するような方向で、両社を結ぶ東西道が存在したことがうかがわれる。

古道が国境を通る場合、国境の一点に神社を祀るのではなく、国境をはさんで両側に神社を祀るケースは、たとえば下野と陸奥の国境にあたる白坂に、住吉神社と玉津島神社が祀られている例[114]など多数挙げることができるが、それらの形態がいつ頃から行われているのかは判然としない。筑後・肥前国境をはさんで対峙する岩船神社と姫古曽神社の位置は、上記のような境界祭祀の古態を示す可能性があり注目される。

それでは、この東西道は、どことどこを結ぶ道路なのであろうか。岩船神社と姫古曽神社を結んだ線を西へ延長すると、養父郡家の所在が想定される鳥栖市養父町・蔵上町のやや北に達する。反対に東へ延長すると、大刀洗町の下高橋官衙遺跡[115]（J）付近へ達することが注目される。同遺跡は、東西に隣接する馬屋元地区と上野地区とから成り、前者は二重の溝で囲まれた約一七〇メートル四方の区画の中に、官衙的な建物群を配置し、後者は、溝で囲まれた東西一五〇メートル、南北一七〇メートル以上の区画の中に倉庫群を配置する。この遺跡の性格については、八世紀後半からの御原郡家ではないかという説[116]が一般的である。したがって、この東西道は、養父郡家と御原郡家とを結ぶ伝路であった可能性がある。ただし、この道路は、具体的な痕跡が見つかっているわけではないので、今後の歴史地理学的、考古学的調査に期待したい。

九　前伏遺跡と北大手木遺跡の道路

小郡市小郡の前伏遺跡[117]（K）では、両側溝をともなう幅約六メートルの道路状遺構が検出されており、八世紀前半から中ごろの遺構と見られている。その方位は、北四〇度東で、この道路を東北に延長すると、小郡官衙遺跡Ⅱ期のコの字型建物のほぼ中央部に達する。反対にそのまま西南へ延ばすと、r点付近で、大隅路と合流していたと考えられる。

次に、久留米市北野町今山の北大手木遺跡[118]（図48L＝図53へ）で発掘された道路状遺構がある。両側溝の心々距離は、約八メートルで、方位はおおよそ北三七度西である。年代を確定できるような出土遺物は存在しない。検出された長さは、わずか三〇メートルほどなので、この道路がどこへ向っていたか知るのは容易ではないが、日野[119]と本田岳秋[120]が、それぞれ字界図を用いるなどして考察を試みている。

まず、日野は、この遺構の東南への延長線上に、空中写真で地割の線が見られるとしている（図53）。すなわち、今山の小字「船底」と「大手木」（チ）、中の小字「行広」と「下大島」（リ）、陣屋の小字「前田」（ヌ）、仁王丸の小字「玉池」と「片原」（ル）の小字の境付近になるという。そして、最終的には、この道路は、筑後川に達していたとする。反対に、北西へ延長すると、大刀洗川の右岸に一致する地割の線があり（ト）、さらにそれを伸ばすと、大隅路と交差することになるが、その地点は、前伏遺跡で検出された道路状遺構の西南への延長線が大隅路とぶつかる地点（図53ワ＝図48r）に一致するという。さらに日野は、北大手木遺跡で検出された道路の延長は、この地点で終わるのではなく、さらに西北へ延びて、肥前路と合流するが、この地点（図53タ＝図48W）はまた筑紫横道の肥前路との接点とも一致するという。以上のような直線道路の性格について、日野は、筑後川をさかのぼって進攻する外敵に備えて、大宰府から筑後川に兵士を派遣する軍用道路ではないかとして

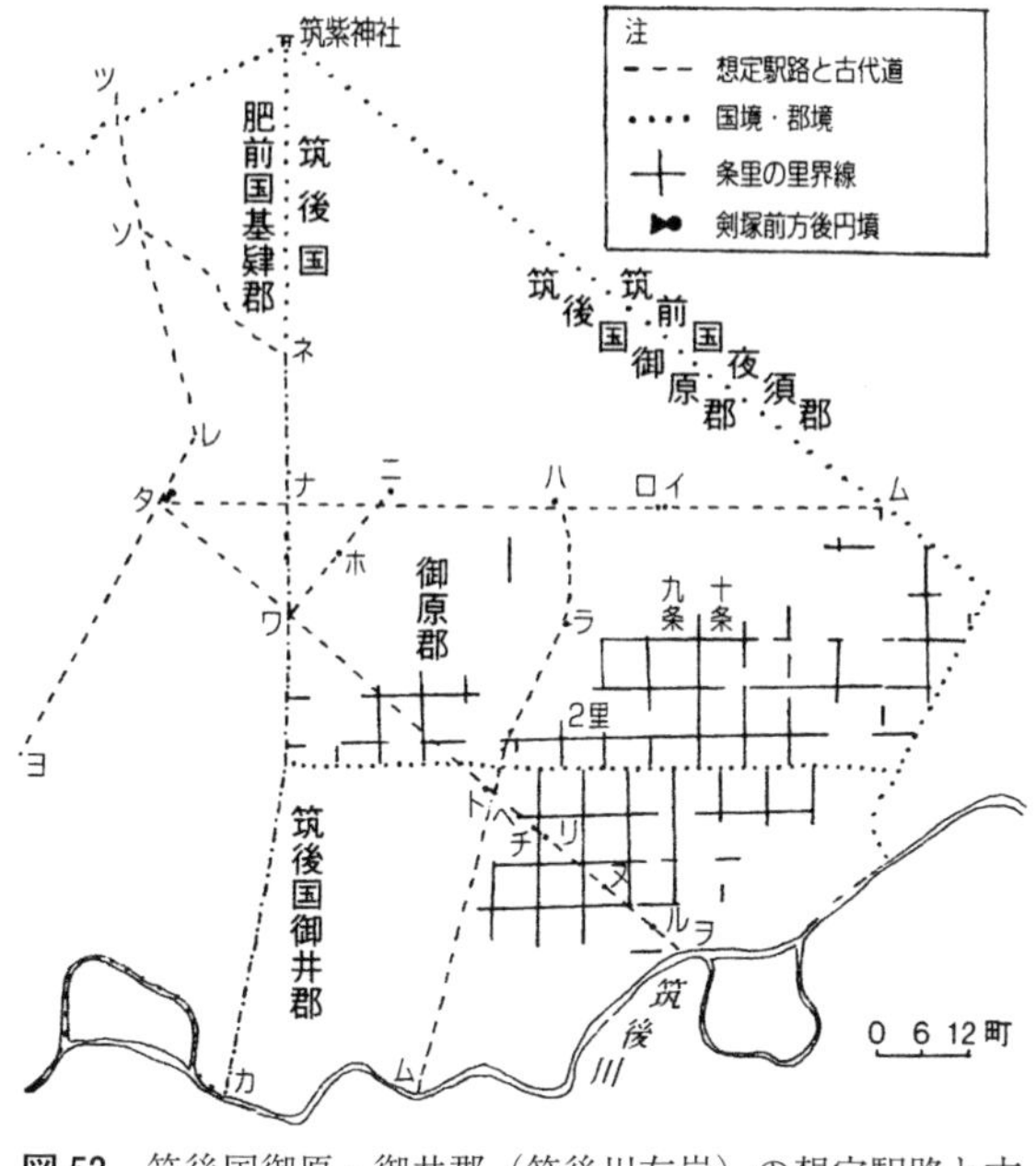

図53　筑後国御原・御井郡（筑後川右岸）の想定駅路と古代道（日野尚志「最近の発掘で検出された古代の道路状遺構について」『古代交通研究』9より）

いる。

一方、本田は、旧北野町の字界図を検討して次のように述べている（図54）。

北大手木遺跡で検出された道路を南東へ延長すると、B→C→Dの痕跡を経由して、陣屋へ到達する。そして、陣屋で南方向へ屈曲して、北野天満宮（E）の裏手へ至るルートを想定することができる。陣屋から北野天満宮にかけては、このルートの両側に「万才丸」、「在府屋」、「西小路」等の字名が集中し、陣屋跡あるいは居館跡の存在が想定されている。また、北野天満宮の裏手は陣屋川に接岸し、陣屋川を経由して筑後川へ出ることは容易である。このルートをさらに南へ延ばすと、久留米市木塚古墳付近を経由して筑後国府から東へ延びる伝馬道に至り、逆に北西へ延長すると小郡市端間に到達する。

ところで、北野天満宮はその名のとおり、京都北野天満宮の分社である。同社に伝わる『筑後國北野天神縁起』によると、その勧請は天喜二（一〇五四）年といい、北野社領「河北荘」の成立にともなうものと考えられている。しかし、「河北荘」の立券は一二世紀中ごろともいわれている。一方、延喜五（九〇五）年の『筑前観世音寺資財帳』には、大宝三（七〇三）年「筑後国□井郡加駄野」が「園□地」として官施入されたとあり、保元三（一一五八）年の観世音寺関係文書にも「賀駄御苑」の記載があるという。この地域の開発が古くから有力社寺と密接に関連していたことがうかがわれる。直接これらの荘園を示す資料となり得るか、さらに詳細な検討が必要であるが、上記のように推定した道路の東側に位置する陣屋堂出遺跡からは「次成」と刻まれた九世紀後半の土師器が出土している。

これらのことから北野大手木遺跡で検出された道路は、観世音寺あるいはその起源が遡上するとした場合の北野天満宮の荘園などの管理、またそこで生産された農作物を輸送するために整備された、宝満川と陣屋川、あるいは西海道と伝馬道を結ぶ連絡道の可能性が考えられる。

図54　北野町内の古道（福岡県教育委員会編『北大手木遺跡』福岡県教育委員会より）

日野と本田の説を比較検討してみると、まず北大手木遺跡から東南へのルートについて図54のC点までは、両者とも同じであると見なされる。ただし、その方位は、北大手木遺跡で検出された道路状遺構が北から三七度西に振れるのに対し、本田の場合、西から三七度北に振れる方位となっており、日野の場合は、西から四〇度北へ振れる方位となっている。その先は、日野がなお直線をまっすぐ延ばすのに対し、本田は南下するルートを主張する。この場合、C点から先も、日野が指摘するような痕跡が存在することから、古代官道の直進性を考慮すると、そのまま南東へ向っていたのではないだろうか。ただし、河北荘が成立すると、それとの関係で南下する道路が作られた可能性は、充分考えられる。本田は、この道路の性格について、荘園との関係を考慮しているが、この道路の直進性を考慮すると、日野が述べるように、本来は軍事的な目的で敷設されたもので、それが後に荘園に利用されたと考えた方がよいのではないか。

ところで、北大手木遺跡から西北方向について日野は、図48r点を経て、W点へ達するとしているが、この間は六・七五キロメートルもあり、発掘された道路の方位、本田・日野のそれぞれの方位はすべて若干異なるので、このような線引きができるかについては、なお充分な検討が必要であろう。ただし、一つ注目されることは、もし、日野が想定するように、北大手北遺跡（L）、r点、W点を連ねる直線を引くと、そのライン上に、小郡市二森の小字「古郡」（M）と、上西鯵坂の小字「古郡」（N）、小郡市寺福童の小字「車町（くるままち）」（O）が乗ってくることである。

二森の「古郡」と西鯵坂の「古郡」とは、大字は異なるが、接しているので、本来は一つの地名であったと考えられる。日野[121]は、この地名を御原郡家に由来するものとし、その範囲から、方二町の郡庁域を想定した。また条里の里界線から方一里の郡家域を復原している。そして、現在、二つの小字の間を流れている水路を、宝満川の旧流路ではないかとして、洪水の結果、御原郡家は、小郡官衙遺跡に移転したと推測した。のちに、日野[122]は、古郡から小郡官衙遺跡へ移転したのか、その反対であったかは不明であるとした。

その後、大刀洗町の下高橋官衙遺跡[123]（J）で、官衙状の遺構が発掘され、その年代が八世紀前半以降であること等から、御原郡家は、小郡官衙遺跡から下高橋官衙遺跡へ移転したという解釈が出された[124]。さらに、小郡市の上岩田遺跡[125]（P）でも、七世紀第3四半期に始まる官衙遺跡が発掘され、これが御原郡の初期評家で、七世紀末に、その機能が小郡官衙遺跡に移転したとされた[126]。小郡官衙遺跡が御原郡家であった時期は、Ⅱ期の七世紀末から八世紀中ごろとなる。以上のような御原郡家の移転説が通説とされてきたが、近年、片岡[127]が小郡官衙遺跡の年代を再検討したところ、Ⅱ期の開始時期が七世紀末から八世紀前半以後、Ⅲ期の開始時期が八世紀中ごろから後半以後となり、下高橋官衙遺跡と小郡官衙遺跡のⅢ期が併存していた可能性が高くなった。従来は、小郡官衙遺跡のⅡ期に存在した倉庫群が、Ⅲ期には見られなくなり、下高橋官衙遺跡の上野地区に倉庫群が出現することが郡家の移転説の大きな根拠の一つになっていた。しかし、下高橋官衙遺跡の馬屋元地区は、中心部分の発掘調査は行われていないものの大型の側柱建物が検出されており、郡庁域とされるが、小郡官衙遺跡のⅢ期にも、政庁的な建物が検出されており、郡家移転説には矛盾があった。

また、松村[128]や田中正日子[129]は、「倉庫令」に「凡そ倉は、皆高く燥ける処に置け」とあるのに対し、小郡官衙遺跡Ⅱ期の正倉が低地部にあること等から、この遺跡が郡家であることに疑問を呈していた。さらに、上岩田遺跡[130]では、評域を越えた出挙を行っていたことを示す木簡が出土している。筆者[131]は、以上の点や西海道における両遺跡の位置、交通路との関係等から、小郡官衙遺跡や上岩田遺跡は、単なる郡（評）家ではなく、筑紫小郡と関わる遺跡ではないかとした。小郡官衙遺跡が郡家であることに懐疑的な田中[132]は、すでに、下高橋官衙遺跡以前の御原郡家は、上岩田遺跡や井上廃寺の周辺、もしくは古郡の小字名と条里遺構も確認される小郡市二森・西鯵坂の周辺に考えると述べていた。その後、田中[133]は、上岩田遺跡の発掘調査の結果から、同遺跡を初期御原評家と解釈したが、評域を越える出挙木簡が出土したことから、上岩田遺跡には、大宰府の補完的な施設もあったのではないかとした。しかし、田中がもう一つの御原郡家の候補地とした古郡の地が、北大手木遺跡で発掘された道路状遺構の延長線上に乗る可能性があり、しかも同地は、松村[134]が想定した基肄駅から小郡官衙遺跡を経て、ヘボノ木遺跡へ達する駅路（ただし木下[135]が述べるように、この道は、伝路と解釈した方がよいと考えられるが）との交点にもあたることから、古郡の地を、下高橋官衙遺跡の御原郡家の候補地として、再検討する必要が出てきたと言えよう。

ただし、二森の小字「古郡」の地は、現在、ほぼ完全に住宅密集地となっている。上西鯵坂の「古郡」の方では、若干の土師器の散布が認められる程度である。古郡の西北約五〇〇メートルの端間は、中世における宝満川の代表的な川津であり[136]、したがって古郡の地は水運の便に恵まれていた。しかし、洪水も受けやすく、もしこの地に御原郡家が存在したとすれば、日野[137]が述べるように、そのことが郡家移転のきっかけになった可能性がある。郡家の近くには、一般的に古代寺院が存在する場合が多いが、古郡付近には、現在のところ、その存在は知られていない。古郡の東北約一・五キロメートルの稲吉元矢次遺跡[138]（Q）では、古代の瓦を出土しているが、同遺跡で検出されている掘立柱建物は、官衙的な遺構と解釈されている。一般的には、上岩田廃寺とそれが廃止された後は、井上廃寺（R）が郡寺と解釈されているが、特に前者は、西海道で最古級の古代寺院で、通常の郡寺とは異なる印象を受ける。以上のように、古郡周辺を御原郡家と見なすには、まだ材料不足であるが、交通路との関係から見れば、非常に興味深い位置となるので、今後の調査に期待したい。

次に、「車町」についてであるが、この地名は、熊本県菊池市大字野間口の小字名としてあり、隣接する大字西寺にも小字名として存在する。鶴嶋俊彦[139]は、この二つの小字「車町」間の境界線自体を肥後国大水駅から東に二重駅方面へ向う官道に比定して、「車町」を「車路」の転化地名であるとしている。小郡市の車町地名についても、多田隆[140]が古代官道に関する地名であるとして、小郡官衙への官道に由来するとしているが、具体的な官道の復原は行われていなかった。その位置は、大隅路から東に五〇〇メートルほど入った所にある。地名は、その範囲が狭まったり、移動したりすることもあるので、この「車町」地名が大隅路に由来する可能性もないわけではないが、やはり北大手木遺跡から大隅路や肥前路に達する官道に由来すると考えた方がよいであろう。

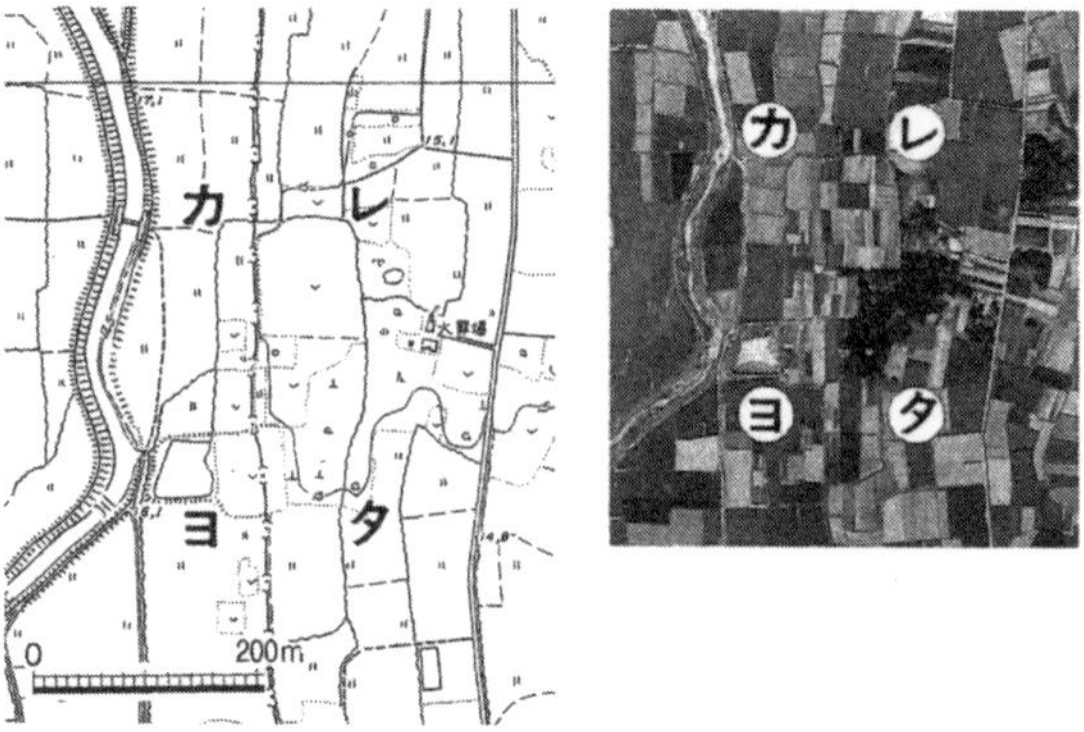

図55　r点付近の方形地割（左：1/5000国土基本図Ⅱ-IC59を縮小。右：1961年国土地理院撮影 KU61-1 C23-10）

このように考えると、r点は、少なくとも五本の古代道路の接点となる。また、先述した筑後国御原・肥前国養父郡家を結ぶ伝路もこの付近を通過したことになる。その痕跡は不明であるが、今単純に、岩船神社と姫古曽神社を直線で結ぶと、やはりr点を通ることになる。それはともかくとして、当然、r点には何らかの古代的施設が存在した可能性がある。ほとんど水田地帯を通る大隅路であるが、r点付近は微高地となっている。そこで、昭和四六年（一九七一）測量の五〇〇〇分の一国土基本図を検討すると、r点付近に、東西一二〇メートル、南北二四〇メートル程度のきわめて明瞭な方形地割（図55カ―ヨ―タ―レ）が認められる。現在は、直線国境より西の部分は、圃場整備によって削平されているが、かつては、全体が周囲の水田より一段高くなっていたと見なされる。その中を駅路が貫通していたことになるが、現在残っている東側の部分は、山林および畑地となっており、特に畑地の部分には、土師器の濃密な散布が認められるので、今後の調査に期待したいところである。

最後に、この北大手木遺跡で検出された道路状遺構の性格について考えてみたい。「車町」の地名の存在からも、日野[141]が述べるように、本来軍事道路として敷設された可能性が高いが、もし、下高橋官衙遺跡以前の御原郡家が古郡にあったとすると、伝路としての位置づけも可能であろう。その場合、幅が約九メートルと駅路並みに広いが、本来軍事道路として、その幅で敷設された道路に、のちにそれに沿って御原郡家が設置されたとすれば、問題はなかろう。

一〇　飯田遺跡

鳥栖市飯田町の飯田遺跡[142]1区（図48Ｓ）で、古代に推定される溝三条が検出されており、これらは並行していることから、道路の側溝である可能性がある。それぞれの溝の幅は約五〇センチメートルであるが、外側のＳＤ一〇八と一〇四とを対応させると、その心々距離は約一二メートルとなり、内側のＳＤ一〇三と一〇八とを対応させると、約九メートルとなる。その位置は、大隅路から西に約六〇メートル入った所で、方位は西南から東北を指している。この道を大隅路を越えて、そのまま東北へ延ばすと、「車町」地名の北約五〇〇メートルを通り、前伏遺跡で検出された道路から約五〇〇メートル東南を並行して、小郡官衙遺跡と井上廃寺の中間を通って、筑前国夜須郡家の想定地である筑前町大字三並の字八並付近を指向しているようである。

おわりに

以上のように、筑紫平野には、駅路や伝路の他にも、幅の広い直線道が散見される。これは、律令国家にとって、肥前国基肄・養父両郡の地域が西海道における最重要地域の一つであったためと考えられる。そのため様々な官道がはりめぐらされていたのであろう。今後の歴史地理学および考古学の研究によって、それらの実態が解明されることに期待したい。

註

（1）『万葉集』巻四、五七六番歌。
（2）貝原益軒『筑前国続風土記』文献出版、二〇〇一年。
（3）久保山善映「基山の史蹟について　城の山道を中心として　古代北九州の交通（一）」『肥前史談』四―一、一九三一年。
（4）久保山善映「王朝時代の駅路と基肄駅」『佐賀県史蹟名勝天然記念物調査報告』四、一九三四年。
（5）伊藤常足『大宰管内志　下巻』文献出版、一九八九年。
（6）太宰府市史編集委員会編『太宰府市史　環境資料編』太宰府市、二〇〇一年。
（7）前掲註（4）。
（8）木下良「肥前国」藤岡謙二郎編『古代日本の交通路Ⅳ』大明堂、一九七八年。
（9）服部昌之「北九州地方における条里制遺構」竹内理三・井上辰雄、加藤晋平・坂詰秀一・佐々木銀彌・平川紀一編『日本歴史地図〈原始・古代編〈下〉〉』柏書房、一九八二年。

(10) 日野尚志「国—郡—里(郷)の成立」小郡市史編集委員会編『小郡市史　第一巻　通史編　地理・原始・古代』小郡市、一九九六年。
(11) 服部昌之「古代の直線国境について」『歴史地理学紀要』一七、一九七五年。
(12) 久保山善映「太宰府を中心としたる王朝時代西海道の一駅路に就いて」『筑紫史談』三〇、一九二三年。
(13) 木下良「古代官道の軍用的性格—通過地形の考察から—」『史朋』四七、一九九一年。
(14) 前掲註(4)。
(15) 片岡宏二「筑紫君の台頭と小郡」小郡市史編集委員会編『小郡市史　第一巻　通史編　地理・原始・古代』小郡市、一九九六年。
(16) 前掲註(4)。
(17) 日野尚志「肥前国の郡家について」『佐賀大学教育学部研究論文集』三四—一(I)、一九八六年。
(18) 前掲註(8)。
(19) 小郡市教育委員会編『西島遺跡5』小郡市教育委員会、一九九七年。
(20) 木本雅康「基肄・養父両郡の郡家」基山町史編さん委員会・基山町史編集委員会編『基山町史　上巻』基山町、二〇〇九年。
(21) 前掲註(4)。
(22) 基山町教育委員会編『関屋土塁』基山町教育委員会、一九九三年。
(23) 木下良『国府—その変遷を主にして』教育社、一九八八年。牛山佳幸『「小さき社」の列島史』平凡社、二〇〇〇年。
(24) 前掲註(17)。
(25) 前掲註(11)。
(26) 前掲註(17)。
(27) 基山町教育委員会編『古寺遺跡』基山町教育委員会、二〇〇三年。

(28) 木下良「国郡制下の条里制と道路」鳥栖市教育委員会編『鳥栖市誌　第二巻　原始・古代編』鳥栖市、二〇〇五年。
(29) 木本雅康「福岡県小郡市西島遺跡5周辺の歴史地理―古代道路を中心として―」小郡市教育委員会編『西島遺跡5』小郡市教育委員会、一九九七年。
(30) 木本雅康「筑後国御原郡の郡界と筑後・肥前国境について」奈良文化財研究所編『古代地方行政単位の成立と在地社会』奈良文化財研究所、二〇〇九年。
(31) 前掲註(20)。
(32) 前掲註(29)。
(33) 前掲註(17)。
(34) 小郡市教育委員会編『西島遺跡5』小郡市教育委員会、一九九七年。宮田浩之「推定西海道付近で検出された掘立柱建物群」『古代文化』五〇―五、一九九八年。同「西島遺跡5」小郡市史編集委員会編『小郡市史　第四巻　資料編　原始・古代』小郡市、二〇〇一年。
(35) 前掲註(34)宮田浩之「西島遺跡5」。
(36) 木下良「西海道の古代官道について」九州歴史資料館編『大宰府古文化論叢　上巻』吉川弘文館、一九八三年。
(37) 松村一良「筑後国府を縦断する古代駅路」『Museum Kyushu』九、一九八三年。同「筑後国府の調査」『古代文化』三五―七、一九八三年。同「筑後国府の調査と駅路」『条里制研究』五、一九八九年。
(38) 木下良「日本の古代道路―駅路と伝路の変遷を中心に―」『古代文化』四七―四、一九九五年。
(39) 福岡県教育委員会編『小郡正尻遺跡』福岡県教育委員会、一九八六年等。
(40) 松村一良「古代官道跡」久留米市史編さん委員会編『久留米市史　第一二巻　資料編（考古）』久留米市、一九九四年。
(41) 小郡市史編集委員会編『小郡市史　第三巻　通史編　現代・民俗・地名』小郡市、一九九八年。
(42) 米倉二郎「九州の条里」『九州アカデミー』一、一九六〇年。
(43) 日野尚志「筑後川流域右岸における条里について―筑前国夜須・上座・下座三郡、筑後国御原・御井（一部）二郡の場

合―」『佐賀大学教育学部研究論文集』二三、一九七五年。
(44) 久留米市教育委員会編『筑後国府跡―第二一〇次調査報告書―』久留米市教育委員会、二〇〇六年。
(45) 松村一良「道路遺構SF二一五〇について」久留米市文化観光部文化財保護課『筑後国府跡（2）』久留米市教育委員会、二〇〇九年。
(46) 前掲註(36)。日野尚志「駅・伝路の改廃」小郡市史編集委員会編『小郡市史　第一巻　通史編　地理・原始・古代』小郡市、一九九六年。
(47) 一九六一年国土地理院撮影　KU-六一-一C　二二-九。
(48) 前掲註(36)。
(49) 前掲註(36)。
(50) 前掲註(37)。
(51) 秋本吉郎校注『風土記』岩波書店、一九五八年。
(52) 前掲註(51)。
(53) 木下良「国府の『十字街』について」『歴史地理学紀要』一九、一九七七年。
(54) 前掲註(37)「筑後国府の調査」。
(55) 永田英明「駅家の成立に関する試論」『東北大学附属図書館研究年報』三一・三二、一九九九年。
(56) 前掲註(37)「筑後国府の調査」。
(57) 木下良『事典　日本古代の道と駅』吉川弘文館、二〇〇九年。
(58) 前掲註(53)。
(59) 前掲註(37)。
(60) 前掲註(38)。
(61) 前掲註(17)。

(62)　前掲註(29)。
(63)　前掲註(17)。
(64)　松隈嵩「基肄城のつくり」鳥栖市教育委員会編『鳥栖市誌　第二巻　原始・古代編』鳥栖市、二〇〇五年。
(65)　木下良「『立石』考―古駅跡の想定に関して―」『諫早史談』八、一九七六年。木本雅康『古代の道路事情』吉川弘文館、二〇〇〇年。
(66)　鳥栖市教育委員会編『八ツ並金丸遺跡』鳥栖市教育委員会、二〇〇五年。
(67)　前掲註(17)。
(68)　二万分の一地形図「鳥栖」大日本帝国陸地測量部、一九〇〇年測図、一九〇二年発行。
(69)　日野尚志「駅路考―西海道・南海道の場合―」『九州文化史研究所紀要』五、一九七九年。
(70)　木下良「空中写真による計画的古代道の検出」斎藤忠先生頌寿記念論文集刊行会編『考古学論叢　中巻』吉川弘文館、一九八八年。
(71)　鳥栖市教育委員会編『鳥栖市誌　第三巻　中世・近世編』鳥栖市、二〇〇八年。
(72)　前掲註(20)。
(73)　前掲註(69)。
(74)　前掲註(51)。
(75)　島方洸一・金田章裕・木下良・立石友男・井村博宣編『地図でみる西日本の古代』平凡社、二〇〇九年。
(76)　武部健一『完全踏査続古代の道―山陰道・山陽道・南海道・西海道』吉川弘文館、二〇〇五年。
(77)　前掲註(57)。
(78)　前掲註(29)、(30)。
(79)　前掲註(37)。
(80)　前掲註(38)。

(81) 服部英雄の教示による。
(82) 前掲註(27)。
(83) 佐賀県教育委員会編『柚比遺跡群3』佐賀県教育委員会、二〇〇三年。
(84) 前掲註(81)。
(85) 前掲註(71)。
(86) 前掲註(81)。
(87) 松浦根士「ウシどんの足跡」『郷土史料』八、鳥栖市教育委員会、一九五七年。
(88) 上峰村教育委員会編『堤土塁跡』上峰村教育委員会、一九七八年。上峰町教育委員会編『八藤遺跡Ⅱ　堤土塁跡Ⅱ』上峰町教育委員会、一九九八年。
(89) 前掲註(88)『八藤遺跡Ⅱ　堤土塁跡Ⅱ』。上峰町教育委員会編『八藤遺跡Ⅲ』上峰町教育委員会、一九九九年。
(90) 西谷正「朝鮮式山城」『岩波講座日本通史　第三巻　古代2』岩波書店、一九九四年。
(91) 徳富則久「肥前国三根郡の交通路と集落」『古代交通研究』六、一九九七年。
(92) 中原町教育委員会編『原古賀遺跡群(3)』中原町教育委員会、一九九二年。
(93) 中原町教育委員会編『本村遺跡』中原町教育委員会、一九九九年。
(94) 前掲註(91)。
(95) 前掲註(28)。
(96) 前掲註(38)、(57)。
(97) 木下良「古代山城と軍用道路」鳥栖市教育委員会編『鳥栖市誌　第二巻　原始・古代編』鳥栖市、二〇〇五年。
(98) 前掲註(6)。
(99) 「宗対馬守肥前国之内基肄壱郡養父半郡絵図」、「田代領図」(宗家文書)。
(100) 鏡山猛『大宰府都城の研究』風間書房、一九六八年。

(101)『川津のむかし話』川津町子供会、一九八三年。
(102)前掲註(96)。
(103)前掲註(96)。
(104)白石成二『永納山城と熟田津—伊予国からみた古代山城論—』ソーシアル・リサーチ研究会、二〇〇七年。
(105)前掲註(57)。
(106)福岡県教育委員会編『九州横断自動車道関係埋蔵文化財調査報告二六　福岡県三井郡大刀洗町所在宮巡遺跡・春園遺跡・十三塚遺跡』福岡県教育委員会、一九八三年。
(107)前掲註(46)。
(108)日野尚志「肥前国の条里と古道」小田富士雄編『風土記の考古学⑤肥前国風土記の巻』同成社、一九九五年。
(109)片岡宏二「小郡官衙遺跡（福岡県小郡市）の再検討」『条里制・古代都市研究』二三、二〇〇八年。
(110)日野尚志「古代における大宰府周辺の官道について」『歴史地理学紀要』一六、一九七四年。
(111)永藤靖『風土記の世界と日本の古代』大和出版、一九九一年。
(112)後藤蔵四郎『肥前国豊後国風土記考証』大岡山書店、一九三三年。
(113)前掲註(110)。
(114)岩田孝三『関址と藩界』校倉書房、一九六二年。
(115)福岡県教育委員会編『下高橋馬屋元遺跡（2）』福岡県教育委員会、一九九八年。大刀洗町教育委員会編『下高橋（上野・馬屋元）遺跡Ⅳ』大刀洗町教育委員会、一九九九年。
(116)高倉洋彰「古代九州の郡衙の構造と規模」『考古学ジャーナル』四一八、一九九七年。小田富士雄「上岩田遺跡の構成と歴史的位置」小郡市教育委員会編『上岩田遺跡調査概報』小郡市教育委員会、二〇〇〇年等。
(117)福岡県教育委員会編『九州横断自動車道関係埋蔵文化財調査報告一一　小郡市所在前伏遺跡の調査』福岡県教育委員会、一九八七年。

(118) 福岡県教育委員会編『北大手木遺跡』福岡県教育委員会、二〇〇〇年。
(119) 日野尚志「最近の発掘で検出された古代の道路状遺構について—筑前・筑後・豊前・肥前四国の場合—」『古代交通通研究』九、二〇〇〇年。
(120) 前掲註(118)。
(121) 前掲註(43)。
(122) 日野尚志「筑後国の郡家について」『佐賀大学教育学部研究論文集』三六—一(Ⅰ)、一九八八年。
(123) 前掲註(115)。
(124) 赤川正秀「筑後国御原郡衙Ⅱ」『考古学ジャーナル』四一八、一九九七年。
(125) 小郡市教育委員会編『上岩田遺跡調査概報』小郡市教育委員会、二〇〇〇年等。
(126) 前掲註(116) 小田富士雄「上岩田遺跡の構成と歴史的位置」。
(127) 前掲註(109)。
(128) 松村一良「西海道の官衙と集落」下條信行・平野博之・知念勇・高良倉吉編『新版古代の日本　第三巻　九州・沖縄』角川書店、一九九一年。
(129) 田中正日子「九州における律令支配と官衙」『古代文化』五〇—五、一九九八年。
(130) 前掲註(125)。
(131) 前掲註(30)。
(132) 前掲註(129)。
(133) 田中正日子「評制下の上岩田遺跡と筑紫大宰の支配をめぐって」小郡市教育委員会編『上岩田遺跡調査概報』小郡市教育委員会、二〇〇〇年。
(134) 前掲註(37)。
(135) 前掲註(38)。

(136)　前掲註(71)。
(137)　前掲註(43)。
(138)　小郡市教育委員会編『稲吉元矢次遺跡』小郡市教育委員会、一九八八年。
(139)　鶴嶋俊彦「肥後国北部の古代官道」『古代交通研究』七、一九九七年。
(140)　前掲註(41)。
(141)　前掲註(119)。
(142)　鳥栖市教育委員会編『鳥栖市文化財年報　二〇〇二・二〇〇三・二〇〇四・二〇〇五年度版』鳥栖市教育委員会、二〇〇七年。

〔補記〕
本章の三において、古寺遺跡で検出された道路状遺構について、御笠郡家と御井郡家とを結ぶ伝路ではないかとしたが、下原幸裕は、基山町宮浦の千塔山遺跡で検出された一号溝が、古寺遺跡の道路状遺構の西北への延長線上にほぼあたり、波板状硬化面を持つことなどから、道路状遺構であることを指摘している（下原幸裕「千塔山遺跡と道路遺構」基山町史編さん委員会・基山町史編集委員会編『基山町史　資料編』基山町、二〇一一年）。また、古寺遺跡の南南西約二八〇メートルの野入遺跡で検出された、九メートルを隔てて、南南東から北北西にカーブを描いて並行する二本の溝について、片岡宏二は、道路の両側溝である可能性を指摘している（片岡宏二「野入遺跡」基山町史編さん委員会・基山町史編集委員会編『基山町史　資料編』基山町、二〇一一年）。

第一〇章　肥前国彼杵郡の古代駅路

はじめに

本章では、肥前国彼杵郡の古代駅路を復原する。

平安時代に成立した『延喜式』によれば、肥前国には一五の駅家を記しており、西海道は小路にあたるので、各駅に基本的に五疋ずつの駅馬を配していた。そのうち、彼杵郡には新分駅が置かれていたと見なされる。奈良時代に成立した『肥前国風土記』では、彼杵郡に二駅が記されていたので、一駅減少していることがうかがわれる。すなわち、奈良時代までは、東彼杵と大村に駅家があったのが、平安時代初期に、両駅は廃止されて、大村市旧草場郷に新しく新分駅が置かれ、その際に駅路も多良岳の中腹を走るルートに変わったと見なされる。これによって、駅路の距離が大きく短縮された。この措置は、あるいは、平安時代に入ると現れてきた新羅海賊等に対する防衛強化の意味を持っていたのかもしれない。

以下、彼杵郡を中心に、具体的な駅路のルートについて述べるが、便宜上まず『延喜式』に見える平安時代のルートを取り上げ、その後、『風土記』に見える奈良時代のルートについて記す（図56）。

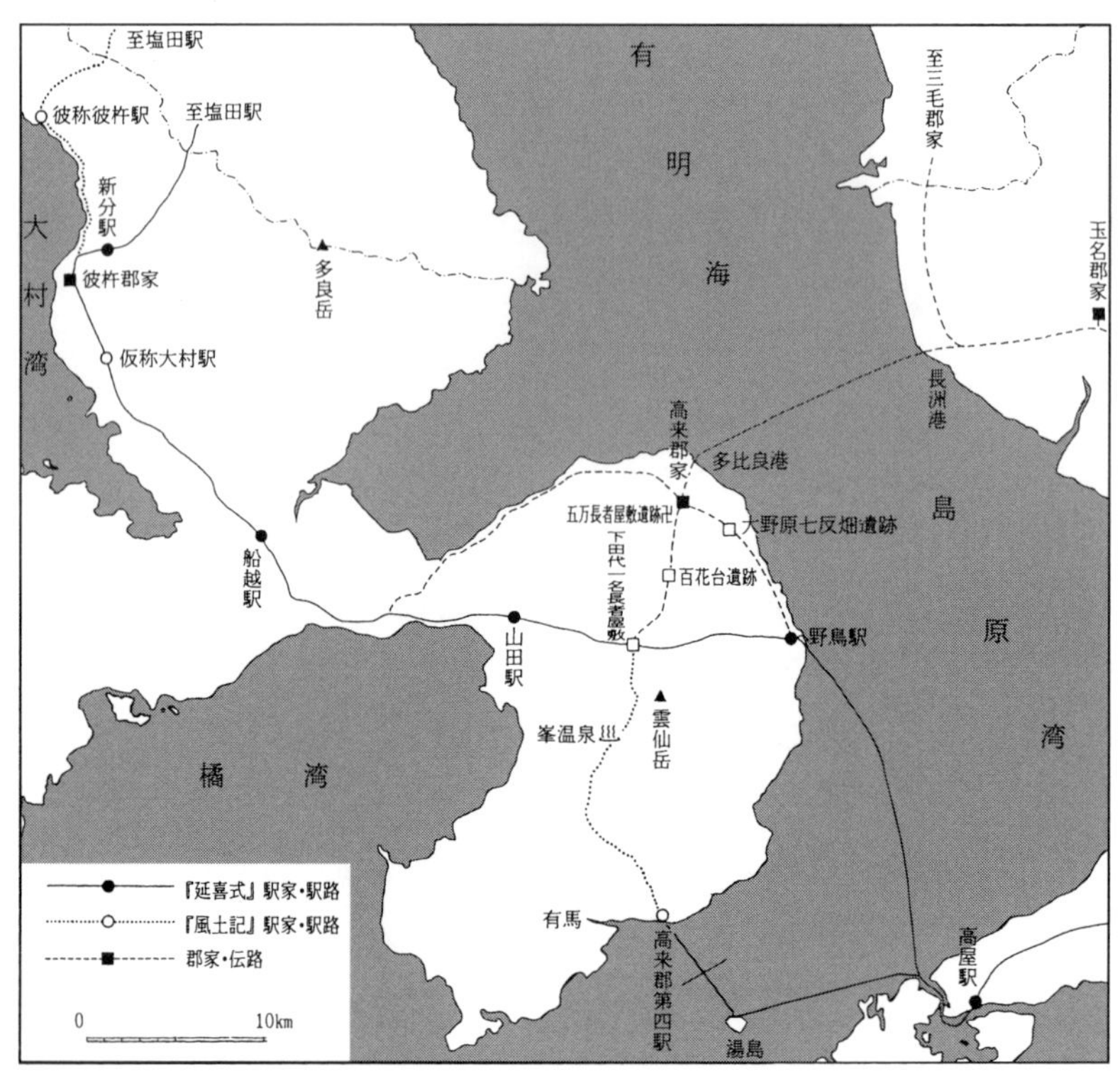

図 56　肥前国彼杵・高来郡の古代駅路概念図
（木本雅康『古代官道の歴史地理』同成社より）

一　『延喜式』当時の駅路

『延喜式』において、新分駅の前駅である塩田駅の位置については、佐賀県嬉野市塩田町馬場下の小字「塩田」付近に比定する説[1]と、同市嬉野町吉田の印役社付近に比定する説[2]があるが、いずれにせよ、彼杵郡の地域には、長崎県東彼杵郡東彼杵町遠目郷から入ることになる。そこで、新分駅の位置については、後述するように、大村市草場に比定して、そこまでの経路について述べる。

木下良[3]は、塩田駅から新分駅までの駅路は、多良岳西北麓の高原地帯を通過するとして、吉田川の谷をさ

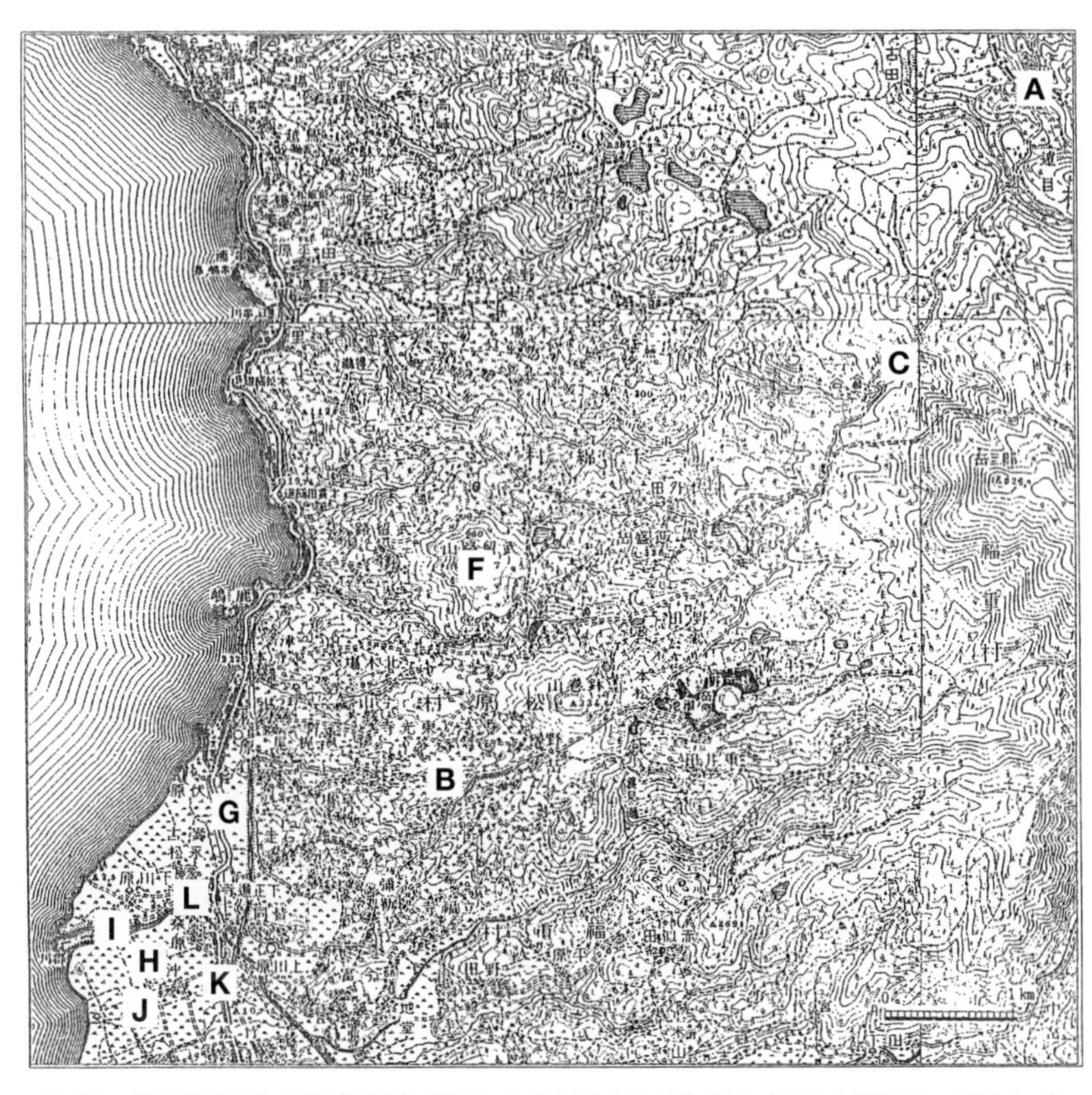

図 57　新分駅付近の想定駅路（明治 33 年測量 1/5 万地形図「鹿島」「諫早」、明治 34 年測量 1/5 万地形図「早岐」「大村」を縮小）

かのぼって、約五八〇メートル、約五二〇メートルの二峠を越えるとしているが、後者の峠が、藤津・彼杵郡界の図57のA点にあたるようである。ここには、現在「百貫石」と呼ばれる高さ約一・二メートル、幅約一・八メートルの自然石が建っている（図58）。その由来については、次のような伝説がある。[4] 江戸時代この地の領有をめぐって、鍋島藩と大村藩の間で争いが絶えなかったが、天明七年（一七八七）両藩の間で合意が成立した。それによると、この百貫石の上に立ち、遠目の山々を見渡せるだけの地域は、大村藩の領有とするということであった。現在、百貫石の位置は、県道改良工事のため、北西に約三〇メートル移動しているという。右の伝説によれば少なくとも近世には、この石が存在していたことになるが、あるいは、もともと駅路に沿って、藤津・彼杵郡界に置かれたものではなかろうか。すなわち、後述するように、想定駅路に沿って立石の存在が知られ、彼杵・高来郡界の火の見峠にも同様に、想定駅路に沿って「弁慶の足形石」と呼ばれる石が存在するからである。ここから新分駅想定地（図57B）付近まで、おおよそ直線的な現在道が通っており、この道路がほぼ古代の駅路を踏襲したものと考えたい。旧版地形図によれば、東彼杵町の倉谷付近に、この道に対して「有坂」（C）と記してあり、明治年間ごろまで比較的よく使用されたルートと推測され

図58　百貫石

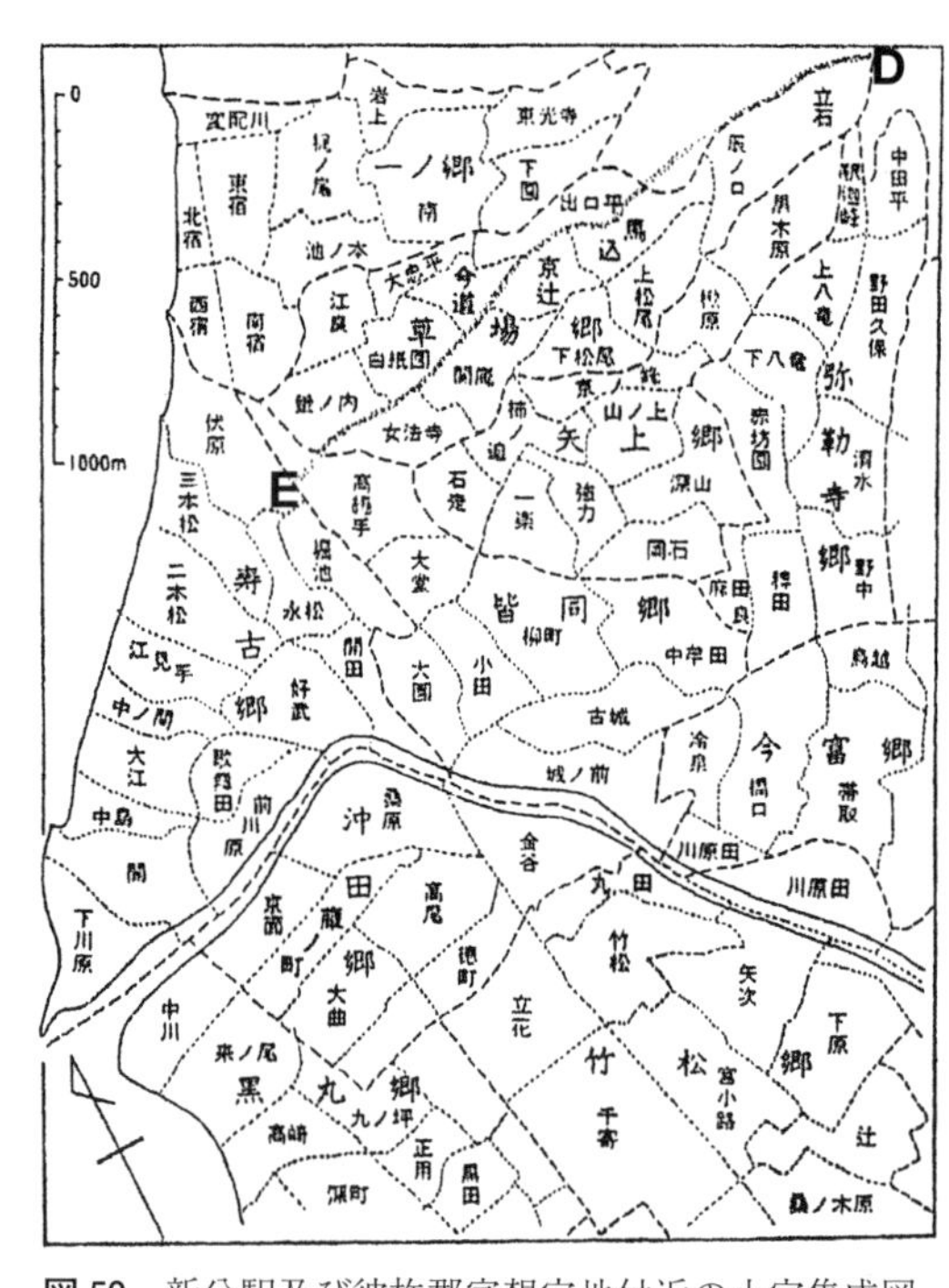

図59　新分駅及び彼杵郡家想定地付近の小字集成図
（藤岡謙二郎編『古代日本の交通路Ⅳ』大明堂に加筆）

る。

新分駅の位置について、木下[5]は、大村市草場郷（現草場町・野岳町）の小字立石・馬込・京辻・今道付近に比定している（図59）。これらの小字地名に沿って、東北から西南へ通る小字界となった現在道（D―E）が、先に述べた想定駅路に連なるものである。立石は、駅家想定地や駅路の渡河点等に、しばしば見られる地名である[6]が、ここでは想定駅路に沿って小字「立石」の地に自然石が立っている（図60）。高さは約二・四メートル、幅は約一・六メートルある。地元では石立権現、山伏墓（やんぼし）と称しており、落人伝説を伝えている。この付近は、見晴らしのよい舌状台地で、駅家の位置として適当と考えられる。なお、想定駅路を二〇〇メートルほど東に登った野岳町の小字「小堂

図60 大村市野岳町小字「立石」の立石と想定駅路

図61 大村市野岳町小字「小堂ノ峯」の立石と想定駅路

図62 大村市草場町小字「関庵」の立石

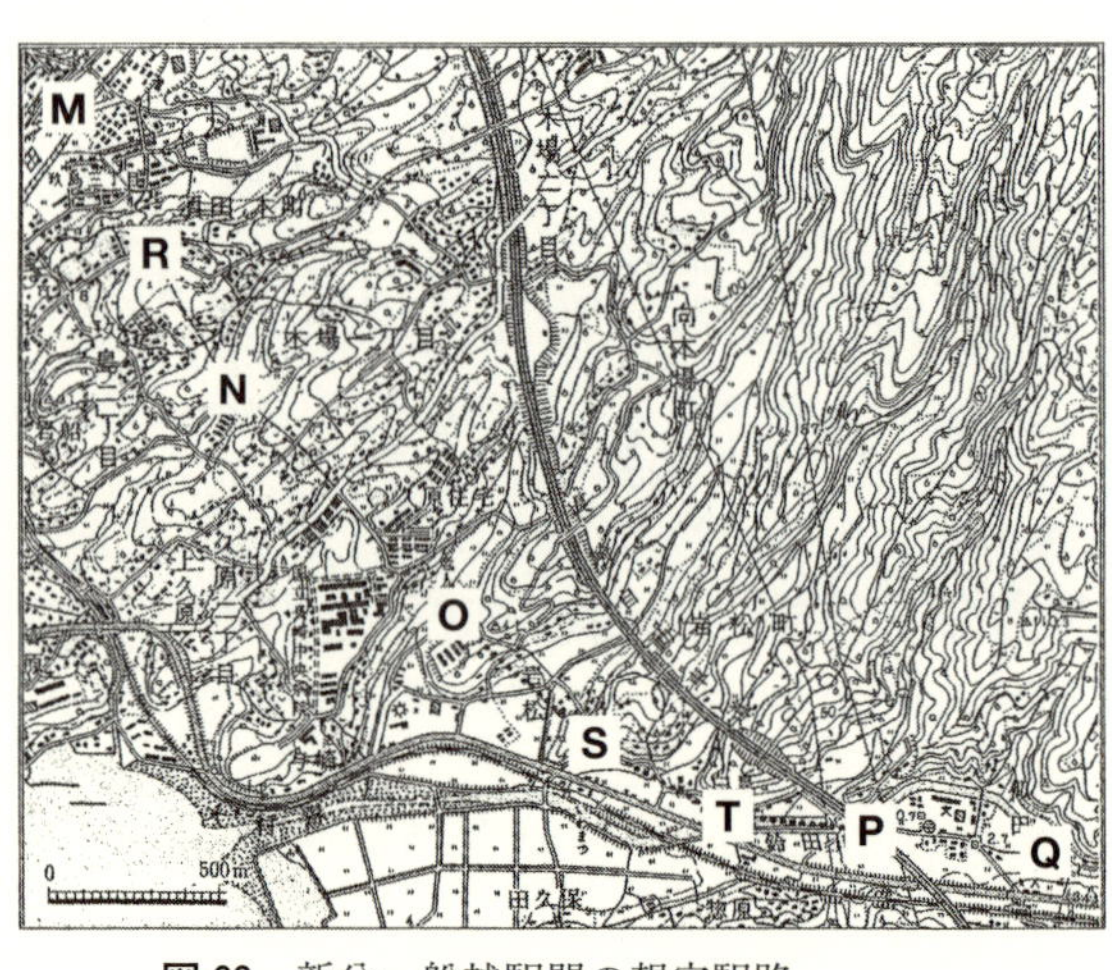

図63　新分―船越駅間の想定駅路
（1/2.5万地形図「大村」「諫早」を縮小）

ノ峯」の地にも、高さ約一・二メートル、幅約一・四メートルの立石が存在する（図61）。さらに、ここから想定駅路を西に約一・五キロメートル下った小字「閑庵」の地にも、高さ約一・二メートル、幅約二・〇メートルの立石が立っている（図62）。

次に、木下[7]は「馬込」地名について、一般的に奥行の浅い谷の入口に位置して、谷口を塞げば馬を囲い込むのに適した地形の場所を指すとしている。すなわち、それらの一部は、駅家想定地付近にあり、すべての駅馬を常時厩舎に繋留しておく必要はないので、非番の馬は、このような馬込に放留されていたのではないかとするのである。当地の馬込の場所も、まさにそのような地形なので、付近に駅家が存在した可能性は高いであろう。なお、新分の駅名の由来について、木下[8]は、これをニイキタと読んで、『風土記』には、はじめ彼杵郡に二駅があり、これを後に一駅にまとめて、新たに分け置いたことによるとする。

次に、船越駅の位置を、諫早市船越名付近に想定して、新分駅からの経路について検討する。多良岳山麓を降りてきた想定駅路は、平野部に入ると土堤状の道となるが、この付近の小字地名を「高縄手」（図57G）と称する。ここから駅路は方向を変えて南下したと見なされるが、郡川の地名などから、郡川の左岸付近に彼杵郡家が想定される。

ここより南の駅路のルートについて木下[9]は、大村扇状地を郡川沿いに扇頂部に近い池田に出て、山麓伝いに大村に

図 64　地籍図に見る大上戸川条里
（大村市教育委員会編『三城城範囲確認調査報告書—平成 16 年度調査までの総括—』大村市教育委員会に加筆）

図 65　大村市武部町小字「武部」の立石

図66　火の見峠付近の想定駅路（1/2.5万地形図「大村」「諫早」を縮小）

至ったとしている。この付近において、明瞭な直線道の痕跡は認められないが、大村市植松と、武部町（図63M）に、それぞれ「立石」の小字地名が存在することは注目される。後者については、大野安生[10]が、「暗小路」と呼ばれる道路に沿って、小字「立石」に隣接する小字「武部」の地に、実際に石が立っていることを指摘している（図64P3点、図65）。立石の大きさは、高さ約一・六メートル、幅約一・〇メートルである。

さて、大村扇状地以南からは、再び駅路を踏襲したと考えられる道をたどることができる。すなわち、木下が、木場・久原の大字界になっているとして取り上げた図63のN―O

道と、鈴田川の谷において、現国道三四号線にほぼ並行するP―Q道である。これらは、いずれも旧長崎街道の一部にあたり、古代駅路を踏襲したものと見なされる。そこで、長崎街道の路線を参考にしながら、さらに想定駅路として、R―N―O―S―T―P―Qまで広げて考えることができる。R―N間は、大村市須田ノ木町と玖島との大字界になっている。O点の西北で、部分的に道が蛇行しているのは、後世勾配を緩くして登りやすくした結果と考えられ、本来の駅路は直登していたであろう。また、想定駅路の屈曲点にあたると見なされるS点やT点は、それぞれ丘陵の突端にあたるので、それらが目標物であったと考えられる。

さて、図66のQ点付近から想定駅路は南東に方向を変えて、火の見峠（R）を越えるが、この部分も、ほぼ長崎街道のルートと同じと見てよいようである。ただし、S―T間の長崎街道は、東寄りに大きくU点まで迂回するが、駅路は、この間を直線的に結んでいたであろう。

図67　弁慶の足形石

火の見峠は、彼杵・高来郡の郡界にあたり、「弁慶の足形石」と称する巨石が存在する（図67）。高さは、約一・二メートル、幅は約二・二メートルある。ちなみに、火の見峠への登り口の部分に沿って、小字「足形」（V）がある。この小字地名は、福岡県行橋市の大字矢留にもあり、そこは帯状の窪地となっており、そのほぼ延長線上で、古代の駅路が発掘されている。[11] また、木下[12]は、佐賀平野の肥前国の想定駅路に沿って、「うーわしがた（大足形）」「ウーシト（大人）さんの足形」の通称地名が存在することを指摘しているが、これらは、駅路の大規模な切り通し遺構のすぐ近くである。以上のような「足形」地名

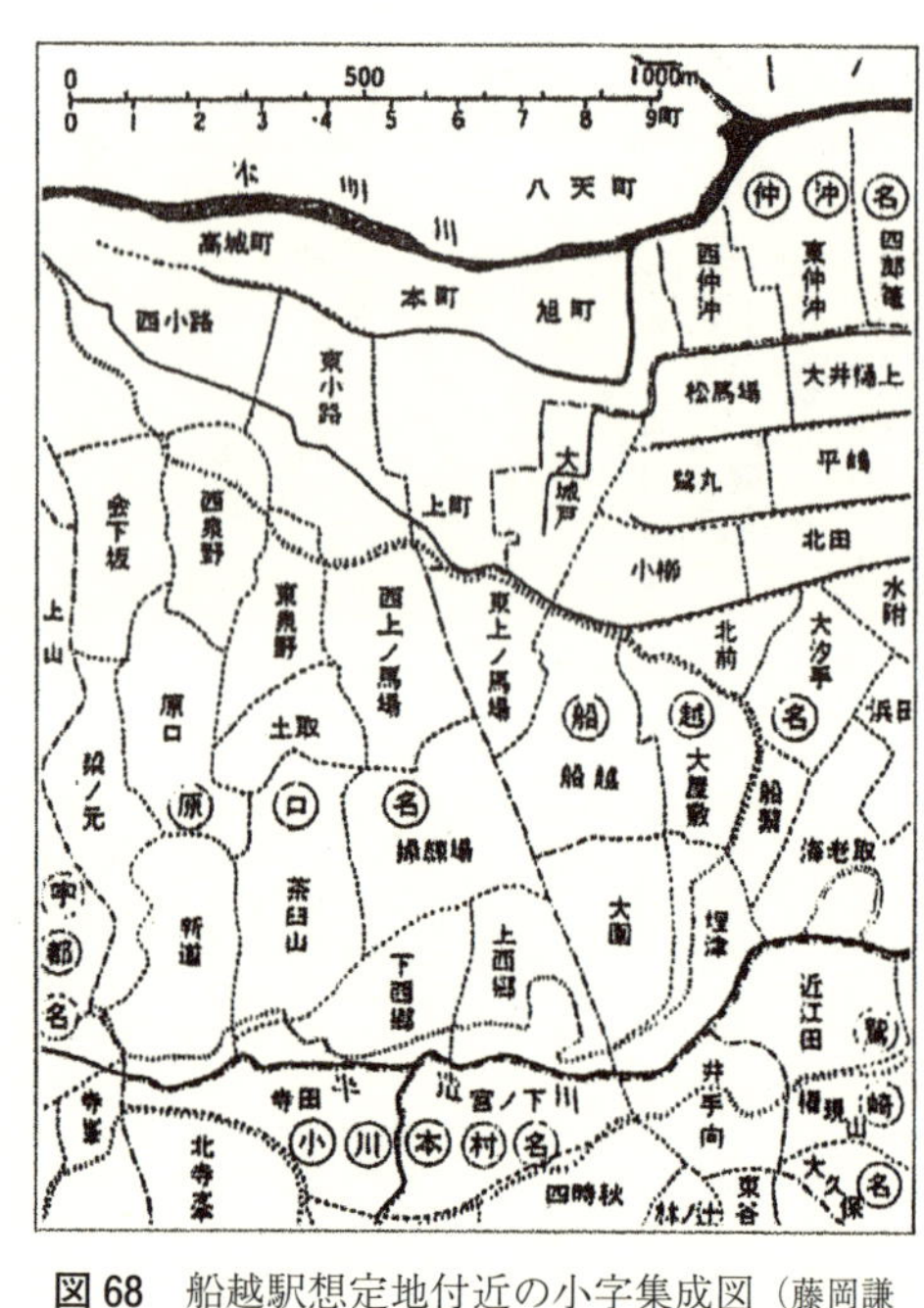

図68　船越駅想定地付近の小字集成図（藤岡謙二郎編『古代日本の交通路Ⅳ』大明堂より）

は、巨人伝説にちなむものであろう。

さて、想定駅路は、諫早市永昌町（W）付近に達した後、城山と上山のギャップを通ることによって、本明川の攻撃斜面を避けたであろう。そこから先は、島原鉄道の経路付近を通って、X点へ達したと推測される。

船越駅の位置について、木下[13]は、諫早市の旧船越名から旧原口名（現船越町・立石町・上野町・野中町・西郷町付近）にかけての台地に比定している（図68）。船越名には、小字地名として「船越」「東上ノ馬場」、通称地名として「立石」がある。また、原口名には、小字地名として「西上ノ馬場」「東泉野」「西泉野」が存在する。さらに木下は、船越名の小字地名として「埋津」「船繋」が見えることから、本明川の支流半造川による水運の便もあったのではないかとしている。なお、船越名の東北に接する幸町から仲沖町・仲沖名にかけて広がる田井原条里[14]は、九坪程度の地割が認められ、駅田との関係が考慮される。

二　『風土記』当時の駅路

　以上で『延喜式』における彼杵・高来郡の駅路の経路についての記述を終えることにするが、次に『風土記』当時の駅路について検討することにしたい。まず、彼杵郡については『延喜式』では、新分一駅であるのに対し、『風土記』では、駅名が不明なものの駅数は、二ヶ所となっている。この問題について木下[15]は、『風土記』の段階では、彼杵と大村にそれぞれ駅家があったが、後に駅路のルートに変更があり、それにともなって、両駅を廃止して、その中間に置いたのが『延喜式』に見える新分駅であるとしている。そして、先述したように、木下は、新分の駅名が「新たに分け置いた」ことから名付けられたとする。きわめて妥当な見解であるが、駅路の変遷の時期や理由はどうであろうか。

　木下は、当初の彼杵郡家は、その地名や、ひさご塚古墳の存在、また交通の要所であることから、現在の東彼杵の地にあり、それが後に、大村市の郡川下流域に移転したことが契機となって、駅家の統合と駅路の変更が行われたとしている。その時期について木下は触れていないが、もし全国的な駅家・駅路の再編成の時期にあたる平安時代初期であるとすれば、木下説では、おおよそ奈良時代まで、郡家は東彼杵にあったことになる。しかし、郡川下流域に、鬼の穴古墳が存在することや、明瞭な条里地割が見られることなどからすると、仮に郡家の移転があったとしても、時期的に遅すぎるのではないだろうか。また、駅路の変更と郡家の移転との間には、直接的な関係はないのではないのだろうか。筆者[16]は、駅家の統合および駅路の変遷については、ひとまず全国的な駅家・駅路の再編成の時期である平安時代初期を考え、彼杵郡家は、はじめから大村の郡川下流域にあったか、もし当初は東彼杵に存在したとしても、それは評家の段階くらいまでで、奈良時代には大村に移っていたのではないかと考える。

それでは以下、東彼杵と大村にあったと想定される駅家を、それぞれ彼杵駅・大村駅と仮称して、その付近の駅路について検討する。

仮称彼杵駅の前駅である『風土記』当時の塩田駅の位置については、嬉野市塩田町馬場下の小字「塩田」付近に考える説[17]と、嬉野市嬉野町下宿付近に考える説[18]がある。いずれにせよ『風土記』当時の駅路が、俵坂峠を越えて、彼杵郡の地域に入ったことは間違いないであろう。したがって、後世の長崎街道のルートが、おおよそ古代の駅路のルートを踏襲していると想像される。俵坂峠下の坂本郷の地名は、中世以前の資料には未確認のようであるが、この地名は、一般的に『和名抄』の郷名として、古代の駅路が峠にさしかかった所にしばしば見られるので、あるいは古代にさかのぼる地名である可能性もある。

仮称彼杵駅の位置については不明確であるが、東彼杵町彼杵宿郷付近が有力であろう。近世の彼杵宿の中心は、彼杵川の右岸で、したがって長崎街道は、ここを経由するために、彼杵川を二度渡ることになるが、古代にはその必要がないので、駅家は彼杵川左岸の平野部に置かれたのではないだろうか。彼杵評（郡）家が存在したとすれば、その位置についても検討しなければならないが、明確な比定地はない。ひさご塚古墳の近くに、駅家を併置していたとも考えられよう。

次に、仮称彼杵駅から仮称大村駅までの経路は、途中の大村市郡川下流域に想定される彼杵郡家までは、ほぼ大村湾沿いに南下する近世の長崎街道のルートと同じと考えてよいであろう。この区間は、丘陵が海に迫って通りにくいが、さりとて丘陵上も大村湾に注ぐ川の河谷がいずれも深いので、駅路の通過地としては適当ではない。止むを得ず海岸沿いを通らなければならないので、このことが後に多良岳の中腹を横切る『延喜式』駅路のルートを通過させる要因となったのかもしれない。なお、崖崩れなどでこのルートが使えなくなった際には、臨時的に彼杵港から、大村市松原の港や、彼杵郡の郡家津が想定される郡川の河口部へ[19]、大村湾を船で渡ることも考えられていたのではないだろうか。彼杵郡家以南は、『風土記』当時の駅路と、『延喜式』当時の駅路とは、ほぼ同じコースであったと推測される。

仮称大村駅は、『和名抄』の彼杵郡大村郷に存在したと考えられる。なお、『延喜式』には、実際に大村と称する駅家が存在し、これを『和名抄』の彼杵郡大村郷に比定する説[20]もあったが、松尾禎作[21]等は、佐賀県旧東浜玉町の大村に比定した。現在の唐津市浜玉町渕上・浜玉町谷口・浜玉町岡口・浜玉町五反田・浜玉町南山にあたる。このうち、浜玉町五反田には、藤原広嗣を祀る大村神社があり、またこの境内を中心に布目瓦が出土し、奈良時代ごろの知識無怨寺廃寺跡と称されている。その後、西方の唐津市市原の中原遺跡[22]で「大村郷」と記された木簡が出土した。松浦郡大村郷は、『和名抄』に見えないが、『肥前国風土記』に記す松浦郡の一一郷の内の一つと考えられ、後に廃止されたのであろう。したがって、『延喜式』の大村駅は、やはり松浦郡に存在したと考えるべきである。

さて木下[23]は、彼杵郡大村郷の中心地について、大上戸川流域の乾馬場・諏訪・武部の一帯を想定し、古町・陣ノ内・乾馬場・横馬場・裏馬場などの字名に注目している。おそらく仮称大村駅は、この付近にあったと推測されるが、大上戸川流域には若干の条里地割[24]が見られる。ここから、船越駅までの駅路は、『延喜式』駅路のルートと同じであったと推測されるので省略する。

なお、貞観一八年（八七六）に、値嘉島の設置が認可されるが、それにともなって島府が置かれれば、大宰府から駅路が通じなければならない。値嘉島府の位置については、平戸か田平が考えられるが、木下[25]は、平戸市田平町深月免の小字「馬ノ元」と通称地名「万場」について、駅家関係地名ではないかとし、島府へは彼杵郡家から連絡したと推定している。おそらく新分駅から分岐して北上していたと思われるが、近世の平戸往還は、峠を越えて直線的に通っているので、古代駅路を踏襲した道である可能性があろう。[26] また、佐賀県唐津市相知町付近に比定される磐氷駅から、川内峠を越えて、島府へ連絡する駅路もあったかもしれない。もっとも、値嘉島の存在は、『和名抄』や『延喜式』には見えず、実現しなかったとする解釈もあり、成立したとしても短期間で廃止されたと考えられるので、駅路の整備がどの程度行われたかは判然としない。

三　烽について

最後に、彼杵郡の烽について触れておきたい。

『肥前国風土記』によれば、彼杵郡には三ヶ所の烽が設置されていたことがわかるが、具体的な烽の名称は記されていないので、それらがどこにあったかは定かではない。『風土記』に見える肥前国の烽について、それらの比定地と伝達経路について論じたものに岡村広法の研究がある[27]（図69）。岡村は烽の系統について、北部・中部・南部線を考え、北部線と中部線とが松浦郡の八幡岳で統合され、それがまた小城郡の両子山で南部線と統合され、佐賀平野を東進して大宰府に達するものとした。このうち、彼杵郡と関わるものは、中部線で、福江島の権現岳を最前線とし、これを中通島の山王山が受けて、江ノ島の遠見岳、松島の遠見岳、川棚・東彼杵町界の虚空蔵山を経て、八幡岳に伝達する。このうち、二つの遠見岳と虚空蔵山が彼杵郡に所属する。岡村の論考は、肥前国全体の烽のネットワークについて、地図上に呈示した唯一の研究であり貴重であるが、若干の問題点もある。

まず烽は、その管理や、通じなかった時の連絡の便を考えると、むしろ低い山の方がよいが、岡村は、高来郡の烽の一つを多良岳に考えており、これは高すぎて不適当であろう。また、全体的に、駅路との関係も考慮されていない。さらに、高来郡には、『風土記』によると、烽が五ヶ所も置かれていたが、これは、有明海に侵入する外敵を想定していたことによると推測される。とすれば、当然その入口にあたる野母半島の先端に烽が必要なのではないだろうか。久保山善映[28]は、野母半島の先端に位置して、日山神社を祀る日野山（権現山）に、彼杵郡の烽を比定している。また、筆者[29]は大村市・東彼杵町界の武留路山がその形状や駅路に沿っていることから、古代の烽が置かれていたのではないかと述べたことがあるが、これに通じる前後の烽については、特に考察していない。烽の位置については、岡村の述べるように、全体のネットワークを考慮しないと意味をなさない。最近は、コンピューターを利用することによって、ある地点からの可視領域を簡単に示すことができるようになってきた。したがって、現地調査を行いながら、このような新しい方法を併用することによって、肥前国の烽を再検討するべき

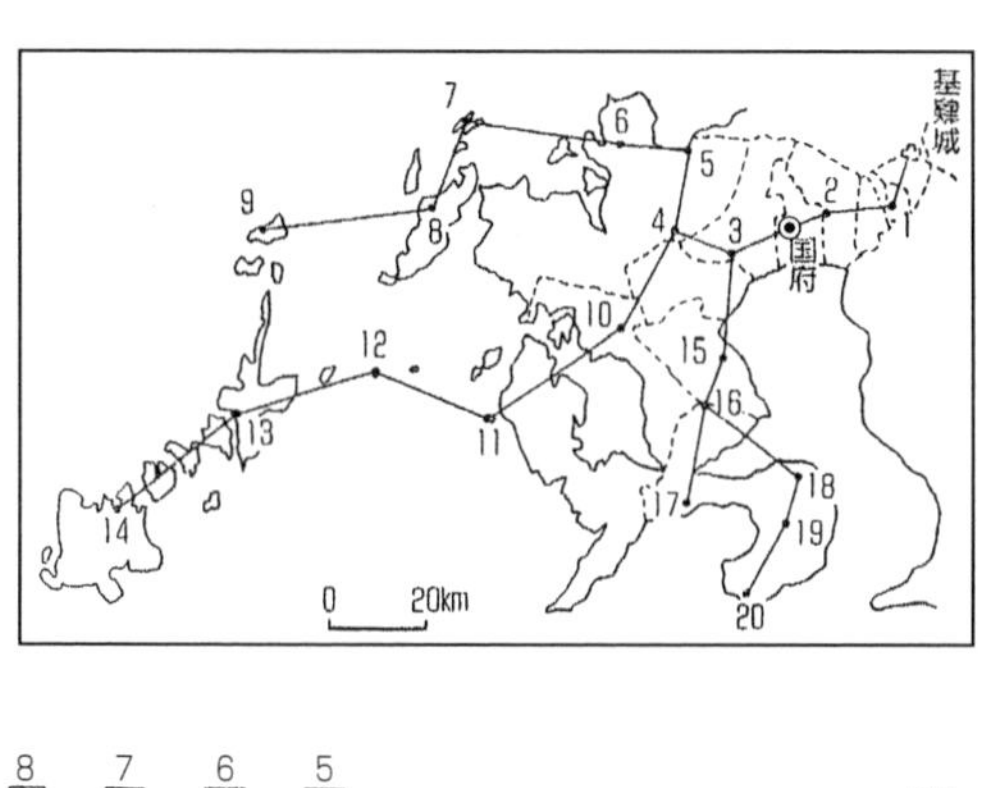

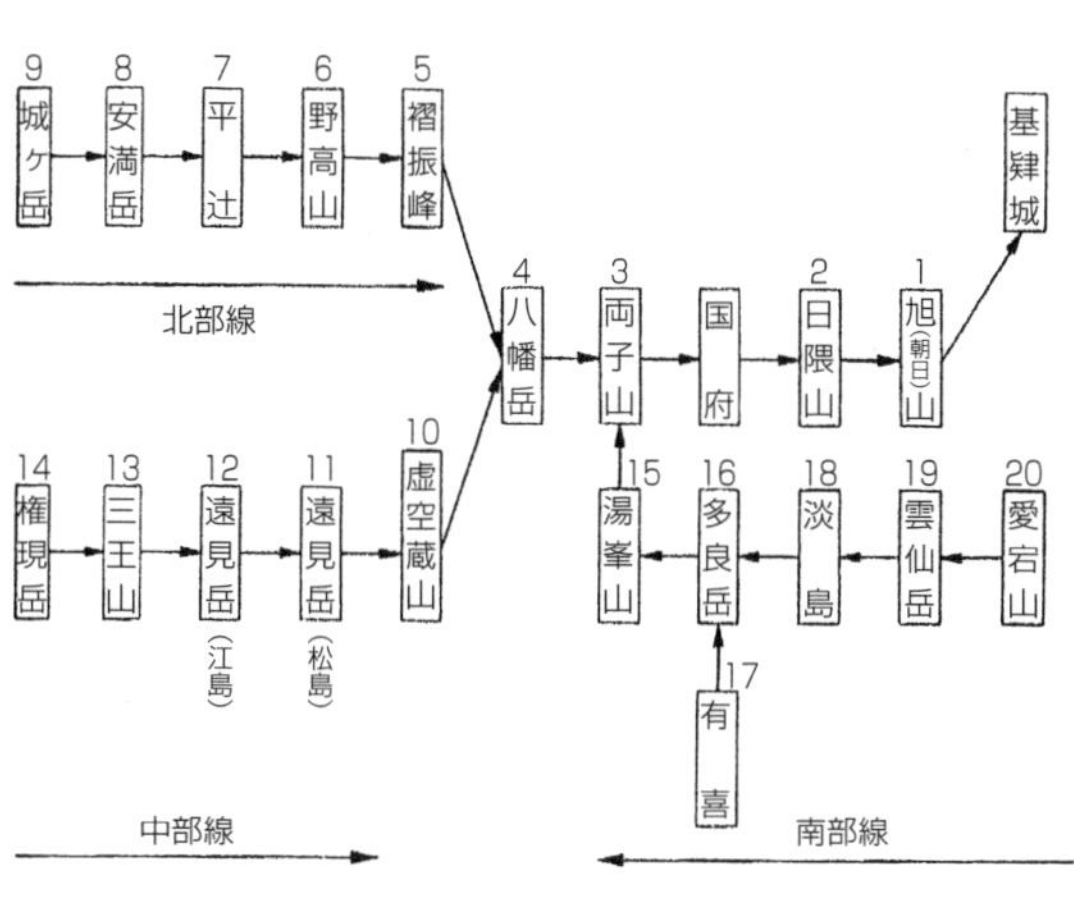

図69　肥前国烽配置と系統図（岡村広法『肥前風土記考』肥前風土記考出版委員会より一部改変）

であろう。

おわりに

以上、肥前国彼杵郡地域の駅路を復原した。特に駅家想定地について具体的に述べ、藤津郡などとの郡界に立っている巨石に注目した。また烽についても触れた。

註

(1) 『角川日本地名大辞典　四一　佐賀県』角川書店」、一九九一年。
(2) 木下良「肥前国」藤岡謙二郎編『古代日本の交通路Ⅳ』大明堂、一九七九年。
(3) 前掲註(2)。
(4) 藤野保編『大村郷村記　第三巻』国書刊行会、一九八二年。東彼杵町教育委員会編『東彼杵町誌　水と緑と道　上巻』東彼杵町教育委員会、一九九九年。
(5) 前掲註(2)。
(6) 木下良「『立石』考―古駅跡の想定に関して―」『諫早史談』八、一九七六年。
(7) 木下良「馬籠(マゴメ)考―古駅想定の手掛かりとして―」『信濃の歴史と文化の研究　二』黒坂周平先生の喜寿を祝う会、一九九〇年。
(8) 前掲註(2)。
(9) 前掲註(2)。

(10) 大村市教育委員会編『三城城跡範囲確認調査報告書―平成一六年度調査までの総括―』大村市教育委員会、二〇〇五年。
(11) 木本雅康「古代の官道」行橋市教育委員会編『行橋市史　上巻』行橋市、二〇〇四年。
(12) 木下良「西海道の古代交通」『古代交通研究』一二、二〇〇三年。
(13) 前掲註(2)。
(14) 木本雅康「条里制の施行」『原始・古代の長崎県　通史編』長崎県教育委員会、一九九八年。
(15) 前掲註(2)。
(16) 木本雅康「国府と郡家」『原始・古代の長崎県　通史編』長崎県教育委員会、一九九八年。
(17) 前掲註(1)。
(18) 前掲註(2)。
(19) 前掲註(16)。ただし、郡津と呼んでいるものが郡家津にあたる。
(20) 吉田東伍『大日本地名辞書　第二冊　下』冨山房、一九〇一年等。
(21) 松尾禎作「肥前駅路私考」『郷土研究』六、一九五五年等。
(22) 佐賀県教育委員会編『中原遺跡Ⅰ』佐賀県教育委員会、二〇〇七年。
(23) 前掲註(2)。
(24) 土肥利男『多良山麓研究』土肥利男、一九六五年。前掲註(14)。
(25) 木下良「松浦郡の古代駅路(2)」『末盧国』一〇六、一九九一年。
(26) 木本雅康「駅制と軍防制」『原始・古代の長崎県　通史編』長崎県教育委員会、一九九八年。
(27) 岡村広法『肥前風土記考』肥前風土記考出版委員会、一九七〇年。
(28) 久保山善映「九州に於ける上代国防施設と烽火の遺蹟」『肥前史談』一三―六、一九三二年。
(29) 木本雅康「古代の官道」『長崎街道―長崎県歴史の道(長崎街道)調査事業報告書―』長崎県教育委員会、二〇〇〇年。

初出一覧

第一章「古代の地方道路」舘野和己・出田和久編『日本古代の交通・交流・情報3　遺跡と技術』吉川弘文館、二〇一六年。

第二章「古代常陸国駅路と内陸水運」上高津貝塚ふるさと歴史の広場編『上高津貝塚ふるさと歴史の広場第二二回特別展　古代のみち―常陸を通る東海道駅路―』上高津貝塚ふるさと歴史の広場、二〇一三年。

第三章「その後の東山道武蔵路」川越市立博物館編『第四一回企画展　古代入間郡の役所と道』川越市立博物館、二〇一五年。

第四章「因幡国気多郡の古代官道」鳥取県埋蔵文化財センター編『青谷上寺地遺跡一三　第一三次・第一四次発掘調査報告書』鳥取県埋蔵文化財センター、二〇一四年。

第五章「島根県出雲市で発掘された推定山陰道駅路の意義」出雲市市民文化部文化財課編『出雲国古代山陰道発掘調査報告書―出雲市三井Ⅱ・杉沢・長原遺跡の調査―』出雲市教育委員会、二〇一七年。

第六章「播磨国明石・賀古・印南郡の古代伝路」兵庫県立考古博物館編『兵庫県古代官道関連遺跡調査報告書Ⅱ』兵庫県教育委員会、二〇一三年。

第七章「西海道の古代官道」『海路』一二、二〇一五年。

第八章「筑前国穂波・嘉麻両郡の古代官道」飯塚市史編さん委員会編『飯塚市史　上巻』飯塚市、二〇一六年。

第九章「肥前国基肄・養父両郡の古代官道」基山町史編さん委員会・基山町史編集委員会編『基山町史　上巻』基山町、二〇〇九年。

第一〇章「肥前国彼杵郡の古代駅路」大村市史編さん委員会編『新編大村市史　第一巻　自然・原始・古代編』大村市、二〇一三年。

あとがきにかえて――本書の意義と今後の展望

本書では、歴史地理学の立場から、日本古代の駅路・伝路を主とする地方道路について復原を行ってきたが、最後にその意義と今後の展望についてまとめる。その際、歴史地理学と歴史学との関係を一つの視角としたい。

かつての日本の歴史学は、イコール文献史学と考えられてきたが、現在では、考古学や場合によっては民俗学なども含めて、学際的に歴史的事象を探究するようになってきた。歴史地理学も、このような広義の歴史学の傘下として括っておくことも可能であるが、Historical Geography と言われるように、地理学の一分野と考える方が一般的である。

1　古代官道の復原の意義

直線的古代官道の復原というと、文献史学の研究者からは、もう日本の大方の所は終わっているのではないかと思われる場合が多いようであるが、武部健一[(1)]の測定によれば、『延喜式』駅路だけでも六三〇〇キロメートルあるとされるのに対し、これまで歴史地理学によって復原された部分は、ごくわずかに過ぎない。この場合の復原とは、考古学の発掘調査によっても耐えられる精度を指すので、最低でも二万五千分の一地形図か、できれば五〇〇〇分の一もしくは二五〇〇分の一の大縮尺地形図によるのが望ましい。ところで、近年、平凡社から出版された『地図でみる東日本の古代』[2]、『地図でみる西日本の古代』[3]は、歴史地理学の研究者による日本の古代地図であるが、古代官道については、木下良が線引きを行っている。ただし、縮尺が五万五千分の一なので、全体を概観するには大変有意義であるが、先に述べたような考古学の発掘成果に耐えられるかというと、やや微妙なところがある。

また、これまでの歴史地理学による復原は、地域的な偏りが大きい。畿内や関東地方の東山道、山陽道、南海道、西海道北部の復原が進んでいるのに対し、東海道や東北地方の東山道、北陸道、山陰道、西南道南部の復原が遅れている。その状況はある程度、考古学の発掘調査による官道の検出状況とも対応している。すなわち、関東地方や北部九州の西海道の発掘件数が突出しており、その他の地域との差がはなはだしい。たとえば東山道武蔵路においては、東京都国分寺市だけでも、約七〇ヶ所の発掘地点があるが[4]、その件数は、北陸・山陰・南海各道で発掘された駅路の地点をすべて合わせたものより多いであろう。検出例の多い東山道でも、東北地方へ入ると、確実な駅路の遺構と言えるものは数えるほどしかない。山陽道では、瓦葺駅館はいくつか発掘されているが、駅路自体の検出は非常に少ないし、西海道では、北部の事例は大変多いのに対し、南部は数例に過ぎない。

以上のように、古代官道の復原は、まだきわめてアンバランスにしか行われていない。そして近年は、古代の歴史地理学の研究者自体が極端に減っており、その中でも、官道の復原を行っている者は、数えるほどしかいないのが現状である。官道の復原自体は、文献史学にたとえれば、史料集を刊行するような基礎的作業に相当する。現在の文献史学の発展の基礎にあるのは、たとえば古代史で言えば、『国史大系』や『平安遺文』の刊行であろう。歴史地理学においては、それらに相当する基礎作業の一つである官道の復原自体がまだまだ不充分なのである。六三〇〇キロの駅路を考えると、筆者なども、風車に立ち向かうドン・キホーテのような気持ちになるが、今後とも、この基礎作業を続けていきたい。

2　古代官道と地域性

また、「日本の古代駅路が直線的大道であったというのは、確かに律令国家に対する見方を変えるような大発見であった。しかし今後、歴史地理学による復原や、考古学による発掘が続けられても、同じような事実が増幅されるばかりで、真新しさはないのではないか」といったことが文献史学の研究者から指摘されることが多い。この点についても、時間に関する学問である歴史学と、空間に関する学問である地理学との違いが表れていると思う。歴史学においては、あるテーマがどのように時間的に変化していくかということに関心が持たれる。地理学において、この「あるテーマ」に相当するものを、たとえば「直線的大道である古代駅路の検出」とすると、それが地域によって、どのように異なっているかが興味の対象となる。例を挙げれば、様々な地形的条件―扇状地、砂丘、山地等々において、どのような所に駅路を通しているのか、あるいは、第五章で取り上げた出雲国の場合のように、原則は、直線的大道である駅路が、地形的な問題から、必ずしもそう成り得なかった場合もある。さらに、様々な人文的な問題からも影響を受ける。前節では、古代官道の復原はドン・キホーテ的な基礎作業と書いたが、実際には、「直線的大道である古代駅路の検出」一つとっても、地域によって様々な顔があるので、興味が尽きることがない。このように、一つのテーマが地域によって、どのように異なるのか、いわゆる「地域性」こそが地理学の探究するものである。

本書において、どの程度、それが実現できたかは、おぼつかない所があるが、たとえば、第二章の常陸国の場合は、駅路の設定や駅家の位置が内陸水運との関係で選択されているところに、他地域には見られない特徴がある。あるいは、第七章以下は西海道を取り上げたが、条里に対する駅路の余剰帯が原則的に認められないなど、他の六道と異なる点が多い。

文献史学の研究者が時代区分に関心を持つように、地理学においては、地域区分が重要であり、いずれ地域性から新しい地域区分に発展できればと思う。

3　伝路の復原

ここまで、歴史学と歴史地理学との違いに焦点をあて見てきたが、その他、本書における特徴としては、郡家と郡家とを結ぶ伝路について、積極的、具体的に取り上げた点がある。たとえば、第四章の因幡国、第六章の播磨国、第八章の筑前国、第九章の肥前国等では、駅路と伝路とが複線的に配置されていることを指摘した。伝路は、本来自然発生的な道を整備して成立したケースが多いので、律令国家が衰退した後も、駅路と違って後世まで続く傾向がある。したがって、伝路を視野に入れることによって、地域と時代に即した、より立体的な復原が可能になる。こうしたことを踏まえて、一般的な地理学と歴史地理学との違いをあえて言えば、通常の地理学が現代を対象とするのに対し、歴史地理学においては、このような時間的変化をも取り込むことができるのである。

註

（1）武部健一『完全踏査古代の道』吉川弘文館、二〇〇四年。
（2）島方洸一他編『地図でみる東日本の古代』平凡社、二〇一二年。
（3）島方洸一他編『地図でみる西日本の古代』平凡社、二〇〇九年。
（4）国分寺市教育委員会教育部ふるさと文化財課編『古代道路を掘る』国分寺市教育委員会、二〇一七年。

木本雅康さんとその学問

中村太一

木本雅康氏の経歴

木本雅康氏は一九六四年一月四日に富山県富山市で生まれた。一九八二年四月に國學院大学文学部史学科に入学し、一九八六年三月に卒業。同年四月國學院大学文学部文学科に学士入学して故木下良先生に師事し、一九八八年三月卒業。さらに、同年四月に國學院大学大学院文学研究科日本文学専攻博士課程前期に入学して一九九〇年三月に修了、同年四月博士課程後期に進んで一九九三年三月に単位取得満期退学している（なお、当時は単位取得満期退学が事実上の修了であった）。そして、一年後の一九九四年四月、長崎外国語短期大学講師に採用され、一九九七年一〇月助教授に昇任。二〇〇一年四月、同短期大学の四年制大学化に伴って長崎外国語大学助教授になり、二〇〇五年一〇月教授に昇任している。

この間一貫して歴史地理学の立場から、駅路や伝路など日本古代の官道とそれに関連した官衙や条里制といった地域計画の復原に精力的に取り組み、歴史地理学会・人文地理学会・国史学会・交通史研究会等で活躍、条里制・古代都市研究会では評議員、古代交通研究会では副会長を務めた。また、兵庫県・那須烏山市・出雲市・福岡市・飯塚市等から委嘱を受け、自治体史の編纂・執筆や、埋蔵文化財の調査・整備の指導にあたっている。加えて文学畑では宮沢賢治の研究者として知られており、民俗学的な研究成果も含めて多方面でその才能を発揮した。著書に『古代の道路事情』（吉川弘文館、二〇〇〇年）、『遺跡からみた古代の駅家』（山川出版社、二〇〇八年）、『古代官道の歴史地理』（同成社、二〇一一年）がある。

二〇一八年一月二四日逝去、享年五四。昔ならばいざしらず現代の日本においてはあまりに早すぎ、かつ研究者として全盛期を迎えた矢先のことなので、私たちの喪失感と学界への影響は計り知れない。

なお私は、國學院大学の二学年後輩にあたり、学部生の頃から親しく指導を受けた。そのため木本雅康さんのことを「木本氏」などと称するのは、あまりにもよそよそしく感じてしまう。そこで、学術書としては異例かもしれないが、以下、木本さんと記させていただく。

本書について

本書は、同成社古代史選書編集委員による推薦を受けて木本さんが準備した遺稿を刊行したもので、前著『古代官道の歴史地理』の執筆以後に公表した論文を集成・整理し、新たに「はしがき」と「あとがきにかえて―本書の意義と今後の展望」を書き加えた内容になっている。その原稿は文章・図版ともにほぼ完全な形で入稿されていたが、二〇一七年一二月に休職して病気療養に入り、翌月に急逝されたため、最終的な原稿チェックや編集部との打ち合わせ、あるいは校正等をご自身で完遂することが叶わなかった。そのため同社が古代交通研究会前会長で、木本さんの学部卒業論文の副査でもあった鈴木靖民先生に相談し、編集委員各位の同意を得て、先生と私が編集に協力することになった。こうした経緯のため、ごく僅かなものとはいえ、木本さんの手になる元原稿の一部に修正・改変を施し、また各章の体裁を統一するなどの手を加えている。その一つ一つを記すことはしないが、その概要や理由をここで説明しておきたい。

まず問題となったのは、書名が決まっていなかったことである。これに関しては、本書の目的を「歴史地理学の立場から、日本古代の地方道路について考察」する（「はしがき」）としていることや、図版をまとめたクリアファイルの表紙に「日本古代の地方道路」と自筆で記されていることから、木本さん自身は『日本古代の地方道路』というタイトルを考えていたふしがあり、また編集部からも同様な提案を受けた。しかし、（1）「地方道路」といった場合には官設・官営以外の道路も含まれてしまうが、本書の考察対象には必ずしもなっていない、（2）「地方官道」という用語も考えたが、対になる「中央官道」がなく、どこからどこまでが「地方」になるのか、日本の古代道路に関しては簡単には定義できないといった問題があり、いきなり書名に用いるのはいらぬ誤解や批判を受ける可能性が考慮された。そこで、本書の主な考察対象に即して『日本古代の駅路と伝路』というタイトルを提案し、決めさせていただいた。あるいは木本さんの真意からやや離れる結果になってしまったのかもしれず、私自身も未だに確信を持ちきれないでいるが、読者のご寛恕を請う次第である。

第二に、体調が悪化していくなかで執筆が進められたであろう文章や図版には、誤字・脱字や図版番号のずれ、数字・記号の用法の不統一などが見られた。また、最初に原稿を読んだときに誤解してしまった文章や、史料の内容説明に誤解を招いてしまうような表現等もあった。これらについては、論旨や文意等を損なわないよう慎重に、かつ改変を最小限に止めるように修正を施したつもりであるが、直すべき箇所や直すべきではなかった箇所が依然としてあるかもしれない。ただし、ケアレスミス以外で、ある程度の文章改変を伴うような修正は、全体でも数箇所にすぎなかったことを付言しておきたい。

やや心配なのは、旧字体や異体字あるいは外字処理の問題である。若い頃から木本さんはパソコンなどの情報機器の使用を苦手としており、長崎外国語大学に赴任するまでは、原稿の執筆も口頭発表レジュメの作成もすべて手書きで行っていた。ただ就職後は、原稿・レジュメの作成やEメールでの遣り取りにパソコンを使用するようになり、私などはパソコンで作成された木本さんの原稿を初めて見たときに大変感動したものである。とはいえ、全国の遺跡等を見て廻ったり、新しい論文を執筆したりすることに重きを置いていた木本さんは、パソコン操作の習熟には関心が持てなかったようで、文章を打ち込む以外のこと――たとえば文書の体裁を整えたりすることにはあまり頓着していなかった。

そのためか本書の原稿では、入力しづらい旧字体等はスペースや黒丸で処理してあった。これについては、おそらく校正段階において手書きで指示するつもりだったのだと思われるが、結果的に私たちへ残された課題になった。こうした文字のうち、『続日本紀』のような基本史料の用字は問題なく確認できたが、墨書土器や近世絵図のタイトル、あるいは地名や氏名等の固有名詞に用いられている字についてはなかなか確認が取れず、私の手元に初出論文や引用文献がない（もしくは、あるはずだが本の山に埋もれて見つからない）ものについては、編集部に用字を確認してもらうことになった。これについても慎重に吟味したつもりであるが、依然としてミスが存在する可能性があり、そうした間違いについては私の責に帰する。

木下良門下の〝塾頭〟として

木下良先生の國學院大学文学部教授時代（一九八三年四月～一九九二年三月）、あるいはその後における門下生というのは、融通無碍というべきか、その構成員の範囲がはっきりしないグループであった。確実にその内部にいたはずの私でさえ判然としない部分があるのだから、当時先生や私たちと近しかった人たちを除くと、非常に理解しにくい人間関係なのではなかろうか。そこで、あくまでも私の眼を通した思い出話ではあるが、木下門下生とそのなかでの木本さんの立場に関して、少し説明を試みてみたい。なお後述するように、「木下門下生」という定義は各人の自認やアイデンティティに拠るところが大きく、場合によっては拙文からお名前が抜け落ちてしまうケースが出るかもしれない。大変失礼な話で恐縮であるが、完全を期することがなかなか難しい問題なので、ご容赦願えれば幸いである。

さて、木下門下というのは、学部・大学院の研究室やゼミナールによってかっちりと形作られた門流というよりも、歴史地理学や地域史を学ぶための〝私塾〟といった方が実態に近いものであった。そして、その〝塾頭〟の役割を一貫して担っていたのが、木本さんということになる。冒頭に記した木本さんの経歴――史学科を卒業した後に文学科に学士入学し、大学院もそのまま文学畑に進んだこと――を見て、首をかしげた人も多いのではなかろうか。つまり制度的、形式的に言うと、木本さんが木下先生を指導教授として学んだのは、文学部史学科時代だけなのである。一方、木下先生を指導教授として大学院に進学した者には、木本さんの同期生で近代日本を対象とする歴史地理学を学んだ遠山正彦さんと、その二学年下になる私がいる。しかし二人とも博士課程前期（修士課程に相当）まであり、修了後、遠山さんは東京都の社会科教員に就き、私の場合は木下先生が定年を迎えて、後期課程からは鈴木靖民先生の指導学生となった。また私の同期生で、学部卒業後、東京都の遺跡調査会を経て滋賀県文化財保護協会に就職し、発掘調査技師を務めながら古代道路や官衙の研究を続けている内田保之君も、形としては学部時代のみの指導学生となる。こうしたなかで現在、日本古代を研究対象とした木下門下生の中核を占めると見なされている者は、木本さんと内田君、そして私の三人だろうと思われるが、その私たちの共通項は、①学部時代に地理学研究室に所属して木下先生の指導を受け、②現在も日本古代の道路や国府等の研究を続けている、という二点にすぎないわけである。要するに木下門下とは、所属云々といった形式的な要件よりも研究への向き合い方が重要なのであって、これは木下先生の常日頃の言動や指導方針がほぼ直接的に反映されたものと言ってよい。

こうした私たち以外にも、木下門下生を自認しているであろう人々がいる。たとえば、地理学研究室における内田君や私の同期生で、現在、坂東郷土館ミューズで学芸員を務める須藤和佳君などは、現在の仕事は方向性がやや異なるものの、限りなく私たちに近い卒業生である。面白いのは、彼のような地理学研究室出身者だけではなく、他の学科や専攻、あるいは史学のなかでも他の研究室に属していたり、極端な場合には國學院大学とはまったく関係がなかった人のなかにも「木下門下生」を自認したり、その影響を強く受けたと語る人がたくさんいることである。巡検等をご一緒した木本さんの同期生で、中世の城郭史・地域史・考古学を専門とされる宮武正登さん（佐賀大学教授・地域学歴史文化研究センター長）や、大嘗祭等の祭祀史の専門家で国府祭祀の調査をよくご一緒し、若くして亡くなられた中嶋宏子さん（元國學院大学栃木短期大学講師）らがその典型であり、日本道路公団を定年退職後に土木史を研究し、日本全国の駅路はもとより中国―秦の直道に至るまで、晩年の木下先生と調査行を共にした故武部健一さんなどはその最たるものと言えよう。

これらの人々以外にも、時には一週間以上にわたることもあった各地の巡検に同行した学生・院生や卒業生、木下先生を会長として立ち上げた古代交通研究会で共に活動した古代史や考古学を専門とする人たち、『万葉集』などの上代文学をめぐって先生と頻繁に研究交流をしていた文学畑の方々が多数いて、それぞれの人の木下先生に対する思いや距離感については、とてものこと把握しきれない。木下門下を〝私塾〟と表現し、その範囲が判然としないと記したのは、以上のような事情があるからである。

かくのごとく木下門下生とは漠としたグループだったのであるが、その一方で、一つだけはっきりしていたことがある。それは前述の通り、木本さんがその「木下塾」の〝塾頭〟であり、誰もがそれを認めていたということである。木本さん自身がそれを公言することはまったくなかったが、おそらくは内心そうした自負も持っていたのではないかと思う。それは、次に述べる歴史地理学に対する使命感からも読み取ることができよう。

歴史地理学に対する情熱と使命感

三〇年以上前のことになるが、國學院大学から渋谷駅までの帰り道で、木本さんが歴史地理学の存在意義について力説されたことがあった。まだ学部生だった私などはただただ拝聴するだけだったが、普段はきわめて穏やかな木本さんがやや熱く語られたので、強く印象に残っている。また大学院に進んだ後も、「歴史地理学を歴史学の一部だと思っている人がいるんだよねぇ」といった愚痴を何度か聞いた。その他いろいろな話を総合してみると、当時は〝マイナーな〟存在だった地理学研究室を選んだことに対し、どうやら一部の友人から揶揄されたり、疑問を呈されたりしたことがあったらしい。その一方で、私にはそういった嫌な経験をした記憶がまったくない。あらためて考えてみると、たった二学年の違いとはいえ、私が研究室に入った頃には木本さんがすでに実績を上げつつあり、そのおかげで、そうしたことを言う人はもういなくなっていたのだろう。

とはいえ歴史地理学を歴史学の補助学とみる向きは依然としてあり、木本さんは、こうした見方に対する警戒感の表明や異議申し立てを度々してきた。たとえば、前著の「はしがき」で、金田章裕さんが提唱した「景観史」に対し、その名称があたかも歴史学の一分野のような印象を与えてしまう危険性を指摘したり、本書の「あとがきにかえて」で歴史地理学を「広義の歴史学の傘下として括っておくことも可能であるが、Historical Geography と言われるように、地理学の一分野と考える方が一般的である」と書いたりしているのが、それにあたる。あるいは木本さんの論文や著書において、枕詞のようになっている「歴史地理学の立場から」という文言もそうで、やや奇異に感じている人もいるのではなかろうか。しかし、これらの文章は、日本史学や考古学が圧倒的に強い國學院で歴史地理学を研究してきた木本さんならではの慎重な言い回しなのである。

このように木本さんは、おそらくは学部生の頃から、自らが拠って立つ学問的アイデンティティを真剣に考えていた。他方、学部生・院生時代の私はというと、その木本さんに守られる形になっていたので、そうしたことにあまり問題意識を持ったことはなく、自分がやりたい研究を自由にしていた感が強い。今から思えば、歴史地理学への向き合い方という点で、当初から大きな差がついていたわけである。そうした私たちにとって一つ大きなインパクトになったのが、木下先生の後任として國學院に来られた吉田敏弘先生との出会いであった。

その吉田先生との交流については、簡略なものではあるが、前著の「あとがき」で触れられている。しかし、実際に木本さんが受けた影響はもっと大きかったようで、吉田先生たちの研究内容や考え方を、木本さんにしては珍しく〝熱い〟口調で解説してくれた姿が昨日のことのように思い出される。とくに地理学としての歴史地理学を強く説く吉田先生の姿勢に、木本さんは大いに共感し、意を強くしたのであろう。以後、駅路や伝路の事例研究を進めるとともに、自らの研究を地理学に位置づける道を探っていったものと推察される。その木本さんの到達点が、後述する動態的復原の歴史地理学である。

ちなみに、同様な「吉田インパクト」を受けた私の反応は、木本さんとは異なるものになった。ここで初めて自分の学問的アイデンティティを真剣に考える機会を得た私は、やがて、自分が研究したいのは列島古代の交通や流通、あるいはそれらが集中する都城のシステムであり、その解明を通して社会や国家の一端を明らかにするところにあると気づき、その課題は地理学というよりも歴史学の範疇に入るであろうことをあらためて自覚したのである。その結果、私は自分の研究を、歴史地理学の研究手法を多く借用・応用する歴史学であると規定するようになった。かくして、考古学に進んだ内田君を含め、木下先生の掌の上から巣立ちの道を模索していた私たちの選択は、まさに三者三様のものになったわけである。

動態的復原の歴史地理学

先に木本さんが「景観史」という用語に対して批判的な指摘をしたと述べたが、それはあくまでも名称の問題であり、その内容となる「景観要素の精緻な分析・復原を基礎とした、景観変遷への文脈論的接近」（金田章裕『古代景観史の探究』吉川弘文館、二〇〇二年）に関しては、景観復原に関する歴史地理学の方向性として高く評価し、また影響も受けている。これは、個々の景観要素に関して時期ごとの状況を可能な限り厳密に復原し、その機能と変遷について歴史的な生態ないしベクトルを探ろうというもので、それを踏まえつつ、木本さんが各地の事例研究を行って提示したのが「（道路という景観要素に関する）動態的復原のモデル」（前著「研究のまとめと今後の課題」）である。そして木本さんは、この動態的復原を実践するにあたって伝路を研究上の重要な柱に位置づけた。前著の序章「古代官道研究の成果と課題」が、駅路よりも伝馬制と伝路の問題を多く扱っているのはこのためである。

木本さんは、駅路だけで考えられてきた従来の「単純な」官道研究は、伝路を視野に入れることによって立体化することが可能になり、新たな研究段階に進むことができるとする。たとえば、官道のルートに二つの説があった場合、それらを駅路と伝路と考えることによって空間的な広がりや柔軟性が得られる。また、伝路に使われるルートは、ある程度大化前代の交通路を反映し、中世・近世の主要道にも踏襲されていく傾向があるので、大化前代の交通路解明の手がかりになると同時に、中世以降を対象とした交通路研究との連係が可能になると展望して、その議論は実に近現代の道路体系にまで及ぶのである。前著および本書に収録されている事例研究の多くはその実践であり、たとえば本書第四・六・八・九章では伝路を視野に入れた官道の復原に取り組み、なかでも第九章「肥前国基肄・養父両郡の古代官道」では、官道がはりめぐらされていた両郡の景観要素としての古代道路網について精緻な分析・復原が行われている。また、前著の終章「武蔵国中・北部における古代官道と鎌倉街道」や本書第三章「その後の東山道武蔵路」は、東山道武蔵路（駅路）から古代伝路、中世鎌倉街道へと移り変わっていく当該地域の主要交通路について、その動態的復原を試みた研究として位置づけることができる。

ちなみに私個人としては、時間軸を飛び越えて、古代の駅路と現代の高速道路、伝路と国道・県道を対比しつつ、それらの共通性等を指摘する木本さんや武部さんの議論にはやや違和感を覚えてしまうが、これも本書の「あとがきにかえて」で述べられている地域性の問題などと同様に、地理学的な問題関心に基づくものと見なすべきであろう。

こうした動態的復原に加えて木本さんは、官道の復原は文献史学における史料集の刊行に相当する基礎作業の一つであると指摘し、「今後とも、この基礎作業を続けていきたい」との決意を述べる（「あとがきにかえて」）。この場合の復原とは、「駅路の復原は、常に伝路を視野に入れつつ、時間的にも空間的にも立体的に行う必要が」あり、「これまで駅路一本で復原してきた地域については、再検討の必要がある」（前著「研究のまとめと今後の課題」）ので、事実上、前著と本書で復原案が示された地域以外の事例に関しては、あらためて検討しなければならないということを意味していた。

さらに、こういった「基礎作業」――復原事例やその動態的分析の蓄積にとどまらず、体系化や理論化に関する研究が必要と感ずる人もいるだろう。実はそうした点については、博士の学位取得に向けた課題として、以前から鈴木・吉田両先生との間で遣り取りがあったと仄聞する。したがって木本さんとしても、前著および本書で「今後の課題」としたような問題について、今後は「歴史地理学の立場」から理論化する研究に取り組む予定だったのではないかと察せられる。その内容はたとえば、官道の「動態的復原」の諸事例を踏まえた、古代交通路の実態・機能や地域社会における性格・意義、あるいはそれらの前後の時代との関係性に関する総論であったり、「地域性」等といった地理学的な課題を論じたりするものになったのではなかろうか。しかし、それは不慮の病、そして急逝のため実現し得なかった。ご本人はもとより、私たちにとっても無念きわまりない「研究の中断」と言えよう。

求む！　若き学問的後継者

かくして、木本さん自らが「ドン・キホーテのような気持ちになる」と記す〝伝路を視野に入れた全国的な古代官道の復原〟とその体系化という課題が残された。「これを誰が受け継ぐのか？」という問いが発せられたとき、学界では私の方を見る人がいるかもしれない。しかし今となっては、木本さんと私の研究は随分と違った方向に進み、それぞれに個性が生じている。たとえば、古代道路に関する私の問題関心は大規模計画道路とその機能にあるので、大規模性を持たない例が多い伝路はあまり研究対象にならない。もちろんまったく関係がないとは思わないし、今後、実際に研究する機会があるかもしれないが、「全国的な復原を目標にしなければならない」と言われると戸惑ってしまう。

また現実的な問題もある。先に触れた「動態的復原」の歴史地理学は、学部生以来自らの学問的アイデンティティを追究し続けてきた木本さんが、金田章裕さんの理論に触発されて編み出したものであり、それを咀嚼して実際の研究に応用し、体系化するには相応の時間を要するであろう。五〇の坂を越えた私などは、これを自家薬籠中の物とした上で安定した研究成果を生み出せるようになった頃には、すでに現役を終えている可能性が高い。

要するに、木本さんの学問を継承できるとしたら、それは若い人たち――大学生や大学院生、あるいはこれから大学に入ってくる人たちなのである。無論、木本さんの考え方や手法をそのまま鵜呑みにしたり、最初から全国すべてのルートを一人で復原しようとしたりする必要はない。むしろ複数の人が、考え方の多様性を保ちながら交流、議論しつつ各地の古代道路を研究していく方がよい結果を得られるだろう。思えば、私たち――木下先生やその門下生もそうやって研究してきたのだから。

そして、「古代の歴史地理学の研究者自体が極端に減」り、「官道の復原を行っている者は、数えるほどしかいない」(「あとがきにかえて」)現状に危機感を覚えていた木本さんであるから、本書を読んで古代道路に興味を持つ人が増えればとても喜んでくださるであろう。そうした人のなかから「古代道路研究に取り組んでみよう！」と考える新しい世代が登場してくれたならば、それこそが木本さんに対する何よりの供養になるのではないだろうか。

（なかむらたいち・北海道教育大学教授）

日本古代の駅路と伝路

■著者略歴■

木本雅康（きもと・まさやす）

1964年　富山県に生まれる。

1986年　國學院大學文学部史学科卒業。

1993年　國學院大學大学院文学研究科博士課程後期単位取得満期退学。

その後、長崎外国語短期大学講師、同短期大学助教授、長崎外国語大学助教授を経て、

2005〜2018年　長崎外国語大学教授。

2018年1月24日　逝去。

〔主要著書〕

『古代の道路事情』（吉川弘文館、2000年）

『遺跡からみた古代の駅家』（山川出版社、2008年）

『古代官道の歴史地理』（同成社、2011年）

2018年6月17日発行

著　者　木本雅康

発行者　山脇由紀子

印　刷　三報社印刷㈱

製　本　協栄製本㈱

発行所　東京都千代田区飯田橋4-4-8（〒102-0072）東京中央ビル　㈱同成社

TEL 03-3239-1467　振替 00140-0-20618

©Kimoto Masayasu 2018. Printed in Japan

ISBN978-4-88621-794-3 C3321